中国**记忆**文库

总顾问 陈圣来
强荧
总主编 方立平

张明华 著

上海良渚文化专论

上海良渚文化书系

上海文化发展基金资助项目

总策划 方立平
吴元浩
方舟

上海三联书店

目 录

1 引言

一 上海金字塔——福泉山的重大发现

5   福泉山是上海的"金字塔"

12 良渚文化与埃及古文明

二 福泉山"口"字形环河遗迹,在都市文明起源研究中的意义

19 长江下游都市文明起源初探

32 良渚文化纵横论

43 良渚社会文明论

三 马桥黑陶杯上率先发现了得到认可的古文字

57 最早成熟的文字刻在马桥陶杯上

67 太湖地区新石器时代的陶文

四 石制礼器的认识,是对"玉器时代"一说的否定

77 规整精致的石礼器

80 "玉器时代"之我见

82 关于"玉器时代"的再讨论

86 学术讨论要符合逻辑理顺概念

五 率先复原豪华型玉戚,具有突破性意义

91 良渚玉戚的完整发现及其重要意义

93 良渚玉戚研究

六 一件琮形玉器破解了多个学术难题

109 良渚文化的琮形镯

112　湖绿色透光琮形玉镯

118　良渚玉符试探

125　良渚兽面为虎纹的又一重要例证

128　良渚玉器虎纹及其源流

139　关于金沙石人像形象的考辨

145　三星堆"兽面具"辨析

148　良渚古玉的刻纹工具是什么?

150　玉器中的哥德巴赫猜想

七　江海遗址的几层淤泥,坐实了良渚文化消亡的原因是洪水泛滥

159　4 000 年前上海人突然失踪

163　淀山湖底的村庄

166　良渚文化突然消亡的原因是洪水泛滥

170　良渚文化消亡研究中的两个关键问题

八　珍宝璀璨意义非凡,呈现了"海派文化"的源头端倪

177　刻有神秘图案的玉璧

185　玉琮、合符与双子琮

191　上可通天小玉鸟

193　小玉鸟神器

197　奇特组合玉项链

200　祭祀先贤玉纺轮

203　迷雾重重玉梳背

206　善自约束的玉带钩

210　从上海良渚玉器形制考察予后续文化之影响

222　光可鉴人的圆石镜

225　香烟袅袅的陶熏炉

229　轻薄若纸的黑衣陶壶

233　精彩别致的陶礼器

236　从上海良渚陶器形制考察予后续文化之影响

253　刻纹密布的象牙雕

引　言

　　良渚文化的研究,学术界经历过不少曲折。1936 年,率先发现发掘良渚文化的浙江施昕更先生认为:"从其本身的文化特质上看来,是与山东城子崖同一文化系统的产物,那是无可疑义的。"①在传统的文化传播论和黄河中心论盛行的年代,即使人们已经发现了良渚文化的特色,但仍然停留在极其一般的认识上。1959 年,梁思永认为:良渚文化"大量的圜底、圈足和平行横线的凸纹,是这个地区(长三角地区)所以异于其他两区(山东沿海区、豫北区)的特征。圜底显示出一个重要的技术上的差异"②。1960 年,考古学家夏鼐先生也只是承认"良渚文化,是受了龙山文化影响的一种晚期文化"③。

　　随着良渚文化遗址的不断发现,特别是 1982 年,上海福泉山遗址良渚大墓大量精彩文物及因墓地由人工堆筑的迹象得到确认,引发了浙江反山、瑶山遗址的一连串发现。20 世纪八九十年代开始,人们对良渚遗物、遗迹研究逐渐深入,学术论坛热闹非凡。大家对某件器物、某种纹样、某种遗迹及与相关古文献记载展开了全面研究。专业会议也开了不少,相关报告、图录、论文集多有出版。最有影响力的如为纪念良渚文化发现 60 周年,南京博物院在 1996 年编辑了《东方文明之光——良渚文化发现 60 周年纪念文集》④,收集江苏草鞋山等重要遗址发掘报告 12 篇,论文 36 篇,并附有《良渚文化考古记事(1936～1996)》《六十年来良渚文化文献资料分类目录索引》,极大地推动了良渚文化的研究。2001 年,杭州"国际良渚学中心"编的《良渚学文集》⑤更有魄力,他们以"尽量保留发表时的原貌"的宗旨,分:综论、发掘报告、简报、玉器、陶器、石器、木器 5 类编辑。以 300 万字的巨大篇幅,内含 1949～2001年的文献。

　　对良渚文化研究,课题很多,石器研究、玉器研究、陶器研究、墓葬研究、遗迹研究……有没有文字? 有没有城市? 有没有阶级……精彩纷呈,解决了不少学术问题,其中很大的争论集中在了良渚文化文明阶段是在"门槛外?""门槛上?""门槛内?"大课题上。学界唇枪舌剑,不亦乐乎。不过,到了近阶段大家的观点基本倾向于"门槛内"。苏秉琦先生在 1984 年 11 月 17日就有预感:"良渚文化在中国古代文明史上,是个熠熠发光的社会实体……我们这个号称具有五千年历史的文明古国的黎明期历史虽然还是'若明若暗',但已决不再是'虚无缥缈'的传

---

① 　浙江省立西湖博物馆,施昕更:《良渚》浙江省教育厅出版,1938 年,杭州,第 2 页。
② 　梁思永:《龙山文化——中国文明的史前期之一》,《考古学报》1959 年第 7 册。
③ 　夏鼐:《长江流域考古问题》,《考古》1960 年第 1 期。
④ 　南京博物院:《东方文明之光——良渚文化发现 60 周年纪念文集》,海南国际新闻出版中心,1996 年。
⑤ 　国际良渚学中心编:《良渚学文集》,2001 年,杭州。

说神话了。"①1992 年，他坚定地认为"良渚文化可能已进入方国时代的问题已提到日程上来"了②。2019 年，浙江良渚古城的申遗成功，列入联合国教科文组织《世界遗产名录》总算让文明的讨论有了一个圆满的世所公认的结论。

良渚文化出土器物中，玉器的发达程度让人出乎意料，其中有很多是见所未见的新奇造型，让人浮想联翩，其中不乏有些急功近利、捕风捉影的说法。一件小小的"锥形玉器"可以是"砭石""贬针""玉砭""巫镞""玉礼兵""象征光芒、羽毛""男性生殖器之偶像"，不一而足③。"玉冠状器"是"神人像之冠冕""是由河姆渡背负日月的双鸟(纹象牙器)变化而来的""柄形法器上的装饰""神座上的神像""(良渚)神徽上的羽冠""源自天秤座"……结果浙江周家浜饰有玉梳背(冠形玉器)的象牙梳的完整出土④，把所有人对"冠形玉器"的考证(不乏长篇大论)一笔勾销，全盘否定，考古界遭遇了一次罕见的全军覆没的"滑铁卢"。在对反山良渚"琮王"上"神徽"的辨识过程中，观点的繁杂奇厄程度达到了无以复加的地步。据不完全的统计，光是神徽下部的动物形象，称其为"犬""猪""蹻""鹰""虎""饕餮纹""鱼面纹""原始神""女性乳房与男性睾丸结合体"……同一个纹饰图案，截然不同的观点不下三十多种，相关论文更是不计其数。⑤我曾撰文惊呼，这是良渚文化研究中的"哥德巴赫猜想"⑥。看看至今不见消停，时有新说的诡异状态，让人唏嘘不已。其间，还有学者以良渚、红山等发达玉器文化为依据，引《越绝书》风胡子的"石兵之时""玉兵之时""铜兵之时"的学说，反复推崇"玉器时代"一说，将其嵌入丹麦考古学家汤姆生的石器、青铜器、铁器三个历史发展阶段之中，并被称为开创了历史发展的新模式，给良渚文化学术研讨掀起过了一阵阵波澜⑦，笔者亦曾连发三篇文章参与讨论，予以否定⑧。良渚文化的课题还有很多，这是一项需要严谨、踏实、科学态度的工作，任重而道远。

上海的良渚文化有享誉海内外的福泉山遗址等十余处。以下的良渚文化专论，都是笔者从长期考古实践和研究积累的许多文论中挑选出来的，其中许多创见性的观点和突破性的发现，大都萌发自上海的良渚文化的重要遗迹和遗物，更有不少是毫不起眼极易被人忽视了的蛛丝马迹。虽有一些见解得到了学界的认可，赞扬，但受资料掌握等客观条件的限制，自己学识的浅陋，有些观点不一定完善、精当，甚至差错，但我相信，读者应该感受到作者研究良渚文化独有的视角、方法和观点，能够从中清晰地感悟到上海良渚文化的精华、风貌、意义所在，以及曾经给予中华文明的重大贡献。同时也为上海这座历史文化名城，还有这么一份别样厚重精彩的历史底蕴而感到骄傲。

---

① 苏秉琦：《太湖流域考古问题》，《东南文化》1987 年第 1 期。
② 苏秉琦：《迎接中国考古学的新世纪》，《东南文化》1993 年第 1 期。
③ 张明华：《中国古玉——发现与研究 100 年》，上海书店出版社 2004 年版，分别见之第 322—323 页。
④ 出处同上，分别见之第 332—333 页。
⑤ 出处同上，分别见之第 246—251 页。
⑥ 张明华：《玉器上的哥德巴哈猜想》，《中国收藏》2013 年第 1 期。
⑦ 叶辉等：《牟永抗、吴汝祚等人经过大量考古发掘证明中国在石器和青铜器之间曾有一个玉器时代》，《光明日报》1990 年 7 月 4 日；牟永抗：《试谈玉器时代》，《中国文物报》1990 年 11 月 1 日；牟永抗等：《试论玉器时代——中国文明时代的一个重要标志》，《考古学论文集·四》，文物出版社 1997 年版，第 164—187 页；牟永抗等：《关于"试论玉器时代"一文的若干说明——答谢仲礼、张明华诸同志》，《中国文物报》1999 年 12 月 29 日、2000 年 1 月 5 日。
⑧ 张明华：《"玉器时代"之我见》，《中国文物报》1991 年 10 月 27 日；张明华：《关于"玉器时代"的再讨论》，《中国文物报》1999 年 5 月 19 日；张明华：《学术讨论要符合逻辑理顺概念》，《中国文物报》2000 年 7 月 12 日。

一　上海金字塔——福泉山的重大发现

　　考古大家苏秉琦先生生前曾对上海福泉山遗址有过精辟且高度评价："埃及的金字塔是石头堆的,是文物,福泉山是土堆的,也是文物。""福泉山的良渚墓地——土台是重要的,比其中的器物都重要。土台反映墓主身份。每个墓中的器物都是特制的,都是为其所用的。""……太湖流域良渚文化遗址普遍存在的如上海'福泉山'、武进(常州市)'寺墩'等……墓坑都在人工堆成土丘上(我们似乎不妨称之为'土筑金字塔')……"可见福泉山的发现在我国考古界具有多么重要的地位。说到这,福泉山的发现是否仅仅停留在象征意义上的金字塔?两者之间究竟有没有关联?虽然目前还不能板上钉钉,但从一些蛛丝马迹中发现,此说并非空穴来风。更为重要的是,以后浙江反山、瑶山,包括已经发现的江苏草鞋山、圩墩、赵陵山等良渚墩形墓地,为我们证实了东方金字塔群的客观存在,也为以苏秉琦先生的中国文明起源形成发展的"多元一体模式"及"满天星斗说"提供了强有力的支持。

福泉山是上海的"金字塔"

　　说到山，在人们的眼里无非就是华山、黄山、泰山……上海不以山出名。而福泉山则在上海的青浦，其实它不是山，只是一座高仅七八米，长宽各约百米的大土墩（图1）。可是1982～1988年，上海考古队在"福泉山"的三次发掘，让它名声大振，远播海内外。从墩顶到地下二三米处，古文化遗存层层叠压。从人们熟悉的唐、宋、元、明、清，一直到比较陌生的距今五六千年前的新石器时代，文物、墓葬、遗迹层出不穷，珍宝璀璨，目不暇接。比照习见的古文化遗址一般只包含一两个时期的遗存堆积，福泉山几乎每一文化层都有丰富精彩的文物和惊人的重大遗迹，世所罕见。

图1　上海青浦福泉山遗址

　　从上海市区乘车去青浦重固镇约一小时的路程（20世纪70年代初，必须从县城转坐小火轮方能进入）。这里青瓦白墙，水网纵横，高高的石拱桥，清清的小河水，舟楫如梭，集市喧闹，一派江南水乡风光。重固原名魍魉，民间传说这里曾是宋朝韩世忠与金兵鏖战后掩埋阵亡将士的地方。福泉山位于重固镇的西缘，它虽不高，却有些神秘。光绪《青浦县志》载："福泉

　　＊　本文原载张明华：《考古上海》，上海文化出版社2010年版，第64—78页。

山……初因形似号覆船,后以(山东南角下的)井泉甘美,易今名。"县志上还附有一幅图,描绘了当年山上草木葱茏,庙宇高耸,香火缭绕的繁荣景象。上面曾有一片竹林,不知何故,生长了20多年还是矮得像灌木丛。白天,山上能见到许多近现代的坟墓和散乱的死人骨头,夜幕降临,阴森森的,磷火点点,随风飘移,令人毛骨悚然,望而却步。早在20世纪60年代初,考古工作者在山上山下都曾采集到古器物的残片,根据经验,这里被认定是一处古文化遗址。1977年,考古队员在上面开挖了不少探坑,但福泉山的宝物似乎不肯轻易露面,与考古队员们捉起了迷藏,当时仅发现了少量、稀薄的文化层堆积。然而到了1982年,有民工在山的东侧取土时,发现了一片半圆形的残玉器。经鉴定,这是距今4 000多年前良渚文化(以1936年由浙江考古工作者在余杭县良渚镇率先发现的新石器文化遗存为典型定名)大墓中的玉制重器——玉璧。据文献记载,玉璧这类玉制重器是氏族显贵或王专门用于祭祀上天的礼器,发现了它,表明这里存在良渚大墓的可能。关于良渚大墓,当时报道的特别是经过科学发掘的资料屈指可数,在上海更是"零"的记录。4 000多年前的古代社会,正是中国社会跨入文明的关键阶段,能在上海地区发现良渚文化遗址,这对探明和认识良渚文化的社会形态及中国文明的起源、进程都有不可估量的意义。

时不我待,机不可失,上海的考古工作者从1982年9月6日至12月18日对福泉山进行了又一次发掘。也许是好事多磨吧,这次差一点又造成了失之交臂的遗憾。

考古队的专家带领着10多个民工,在福泉山的山上山下,从夏末挖到初冬一连好几个月,开挖了好多探坑,仍毫无收获。许多探坑深到好几米,坑中却是一片空白。正当大家心灰意冷、行将鸣金收兵之际,幸运之神终于降临。上海博物馆考古部的两位老先生那天正在土墩的东缘寻踪觅迹,可是天公不作美,阴沉沉地飘着细雨,两人的心情也跟天气一样,灰灰的,闷闷的。为了估算探坑回填的工程量,他俩到工地再去巡视一遍。老孙向来心细,虽然毫无希望,还是心存侥幸或者说是严格按照考古程序,对每一个探坑,再作最后一次检查。轮到土墩东缘的一坑,他照例跳入深近3米的坑底,在四壁仔仔细细地观察起来,还是没有什么征迹,偶尔一抬头,看见坑口一片因下雨刚剥落开裂的泥土里露出了一块灰白色的小东西,老孙踮脚抬头一看,是玉琮!天哪,这是先民与天地沟通的礼器,它只会在4 000年前的良渚文化大墓中才有发现。良渚文化正处在中国文明进程最关键的时刻,它的每一件出土文物,它的埋葬制度,它的任何迹象都会对这一重大课题的研究起到佐证作用。上海之前没有发现过,外地虽有几处发现,但科学性不够……老孙心跳急剧加速,只觉得胸膛里"咚!咚!咚!"的响声让耳朵也听到了,他有些晕眩,但他同时幸福地预感到上海的历史即将因此而改写。他连忙招呼同事老郑把他从深坑中拉上来,在上面细细地观察、认真地清理起来。不出所料,在它的周围发现了延伸面颇广的、密密层层的石器、玉器、陶器等。事关重大,不能轻举妄动,他们立即用泥土覆盖如初,派人通宵值班,并向上级领导报告,请求支援。第二天,考古部的专业人员全部出动,绘图、拍照、清理……这果然是一座随葬特别丰富精彩的良渚大墓。其中出土了中国最早的组合繁复的管、珠,色彩斑斓的玉项链(图2),湖绿色透光玉戚(图3),琮形玉镯(图4),大石斧(图5),新石器时代最大刻纹最细密的象牙器,以及小巧玲珑的黑衣三足陶盉、鸟形陶盉、红彩高柄黑衣陶罐等几十件珍贵文物。然而,美中不足的是这座身份非同一般的大墓,被比它晚葬了约2 000年的汉墓挖去了头部。至少那一串很漂亮的项链被搅得很乱,至今无法有序复原。不久,中国考古所所长夏鼐先生闻讯也赶到上海,仔细鉴赏并高度评价了这批出土文物。然而,这些丰富的发现,使谜一般的福泉山罩上了更加神秘的面纱。珍宝是谁掩埋的? 墓主是什么样的身份? 4 000多年的大墓为什么会高高地埋葬在"山"上?

图2 玉项链 良渚文化 上海福泉山遗址出土

图3 湖绿色透光玉戚
良渚文化 上海福泉山遗址出土

图4 湖绿色透光细刻人兽纹琮形镯
良渚文化 上海福泉山遗址出土

图5 大石斧 良渚文化 上海福泉山遗址出土

为了探明这些问题,1983年11月23日,上海博物馆集结了考古队的所有精兵强将,率领40多位民工在福泉山上展开了更大规模的发掘。

在墩顶上不断发现汉代古墓葬,形式比较一致,在墓底有一层黑灰,人体居中,周围堆满了大小不同的釉陶罐、壶、钵、熏炉等生活用品。以后又发现过铜矛、石砚(图6)和文房用品等。福泉山西北坡的几个探坑,相继清理出距今 5 000 多年的崧泽文化遗存和距今 4 000 年左右的良渚文化堆积。在崧泽文化遗存中发现了一座以男子为中心的三人合葬的珍贵墓例和罕见的崧泽文化灶塘。这座灶塘呈浅瓢形,周围有一圈经长期烧火结成的红烧土,中间是乌黑的炭灰,附近还有一件特大型的折角足陶鼎,高 36 厘米,口径 45 厘米。经计算,其容量一次可解决一二十人的吃饭问题(图7)。这是目前所见中国新石器时代最大的陶鼎,估计这里曾经是 5 000 多年前上海先民聚居炊饮的场所。更为可喜的是在福泉山东北角的 15 号探坑内又发现了一座良渚大墓。虽然也有一座汉墓压在它的上面,而且相差仅仅 10 厘米,但让它逃过了一劫,如此惊险令人额手称庆。经清理,墓中出土了玉璧、玉饰片、陶器等一批良渚文化精品。其中有两件玉琮,质地、纹样和形式大小一模一样,不经意之间被叠放在一起,这两件玉琮其实是一件长柱形器,后可能根据某种意义不明的宗教需要,被人拦腰一分为二。专家们面对这些完全可能被破坏的大墓和一片狼藉的场景,无不咋舌,后怕不已。

图 6　石砚　汉　上海福泉山遗址出土

图 7　陶鼎　崧泽文化　上海福泉山遗址出土

图 8　彩绘背水陶壶　大汶口
文化　上海　福泉山遗址出土

几乎在同时,福泉山西北角 27 号探坑又有一座良渚大墓被清理出来了,玉琮、玉璧等 100 多件文物熠熠生辉。其中一串珠、锥项链出现在人体的头颈部,虽然原来穿系的绳子已腐朽,但一颗颗玉珠、玉锥形器十分有序地呈"8"字形盘绕排列,难得地保持着入土时的完整和原始状态。

可是,世上没有十全十美的事情,第 17、18 号坑里的两座规模很大的墓葬还是出现了被古人无意中毁坏了的懊恼事。前者只出土了几件石钺、石铲和几颗散乱的玉珠。后者在墓主胸腹部只有几颗玉珠和残玉管。意外的是,就在第 23 号坑大墓的北缘出土的一堆残陶器中发现了一件完好无损的彩绘背水壶(图8)。这是唯山东大汶口文化独有的陶器,它现身在千百公里之外的上海,不禁令人遐想联翩。是交换?是赠礼?是联姻?不管怎么说,至少为上海先民和老山东——北方大汶口先民早在 4 000 多年前已有来往提供了重要的实物依据。

一星期后,考古队员凭经验从地层剖面的细微变化中又找到了两座完整且随葬品特别丰富的良渚大墓。一座平面呈刀形,没有先例,令人费解。两墓中出土的细刻蟠螭纹陶鼎、禽鸟纹双鼻陶壶,细刻纹阔把陶壶工艺超群,堪称一绝。双鼻壶壁薄如纸,比著名的龙山文化的蛋壳黑陶还要纤轻。陶鼎的三足上采用了前所未见的镂孔技术,更不可思议的是陶鼎的外表施过一层泥质黑衣,上面细刻着密不透风的蟠螭纹和神鸟纹。常识告诉我们,鼎作为炊器,是放在火上使用的,泥质陶衣经不起火烤,会氧化变红,更会脱落。这是福泉山先民的疏忽?如此明显的精心制作,不可能!显然,这件陶鼎制作的初衷一开始就是不能在火上烧烤的器具。联系其精细轻薄的工艺,应该是一件专门用于敬神祭祖的礼器。另一座有木板葬具的大墓中除了有一批精彩的良渚文物外,尤其值得重视的是在坑底相当于人体的腰部出土了一件不起眼的长方形小玉器,侧面看如方棱方角的"6"字,经考证,这是我国最早的玉带钩。它的出土,首次将中国带钩的发明年代提前了 1 000 多年,让人刮目相看。

1986～1988 年的第三次发掘规模更大,除了继续发现良渚文化墓葬和一大批精美文物,还清理到了良渚文化崧泽文化居住遗址一处和反映良渚先民重大宗教活动的祭祀遗迹三处。其中良渚大墓的掩埋又出现了十分特殊的形式,即墓中除了大量文物之外,还有在几具墓主人的脚后清理到了陪葬的人骨架,有的明显呈手臂反绑的悲惨状态。良渚社会正当进入文明社会的关键阶段,福泉山良渚墓中出现了与原始社会没有阶级、没有剥削、没有压迫形态格格不入的人殉现象,说明福泉山良渚文化已经向阶级矛盾日益激化的文明社会跨出了坚实的一步。福泉山的人殉事实,为中国文明的起源提供了重要的考古依据。

福泉山上连续不断的重大发现,惊动了中国的考古界,也惊动了当时的上海市领导。1987 年 5 月 10 日《新民晚报》刊发了笔者撰写的整版报道《上海也有"金字塔"》。1987 年 10 月 13 日,时任上海市市长的朱镕基同志亲临福泉山遗址,指示要好好保护遗址,待条件具备时可建立博物馆。

经过三次大规模的考古发掘,福泉山上的探方总面积达到了 2 500 平方米。特别是 1984 年,考古队员从高耸成墩的福泉山良渚墓地堆土中发现了夹杂良渚、甚至早于良渚一二千年的崧泽、马家浜文化的遗存,这种时序颠倒的堆积现象反映了良渚高土台墓地是人们在附近田地中将含有早期文化遗存的取土人为堆筑而成,是良渚文化的首领或王为了显示他们的地位,特意动用了大量的人力物力为他们营造高土坛墓地,这是太湖地区特有的大型的贵族墓地。这一发现,为以后顺利寻找发现发掘太湖地区浙江反山、瑶山等大型良渚墓地,提供了极为关键的考古学依据,并确认了代表着居墩而葬的良渚首领(或王)至高无上地位。而且就此一改中国之前只有地下葬的单一形式,出现了特权人物以大墩、高墩为葬的"金字塔"式的陵寝制度。经统计,三次发掘共清理了宋墓 3 座、唐墓 1 座、汉墓 96 座、战国墓 4 座、良渚墓 32 座、崧泽墓 18 座,除了发现如前所述的一大批良渚文化的文物精品,还有芙蓉出水般美妙的北宋越窑莲花青瓷盖罐(图 9),罕见的战国墓及双尾龙纹玉璧(图 10)和崧泽文化的骨牙器等其他时代的一大批稀有文物。

图9 越窑莲花盖罐 北宋 上海福泉山遗址出土　　图10 双尾龙纹玉璧 战国 上海福泉山遗址出土

当然,如此丰富、重大的考古发现是令人振奋的,但对科学发掘的技术要求来说,则尤其苛刻。这么多这么复杂的墓葬、遗迹,犬牙交错地集中在一个区域内,得凭专家的直觉、眼力、经验、身手,把它们从色差不大的泥土里一一清理出来。福泉山是人工堆筑的重要结论就是大家从辨别良渚墓葬坑内外的填土中都是早于这些墓葬的遗物而判断出来的。有几座良渚大墓的发现,在没有挖到文物时,仅从土色的微妙变化中先发现了墓坑,才很有把握地清理到文物和墓主遗骸的。一个稀有的良渚刀形墓坑也是在极其繁难的坑内外土的颜色、致密度差异的细小区别中得以肯定的。

我国著名的考古学家苏秉琦先生生前曾对福泉山遗址作出了精辟的评述:"埃及的金字塔是石头堆的,是文物,福泉山是土堆的,也是文物。""福泉山的良渚墓地——土台是重要的,比其中的器物都重要。土台反映墓主身份。每个墓中的器物都是特制的,都是为其所用的。"①将上海的福泉山与埃及的金字塔相媲美,出自一位德高望重的学者之口,令人兴奋,值得庆贺!我们为上海这座历史文化名城增添了福泉山这一颗沉甸甸、亮闪闪、色彩斑斓的远古明珠而感到高兴感到自豪。

1984年福泉山遗址被评为上海市市级文物保护单位。1988年,有关方面对福泉山遗址采用砖墙全面围护。2000年10月,一部全面报道和研究福泉山遗址的专著《福泉山——新石器时代遗址发掘报告》正式出版。2001年福泉山遗址被国务院公布为全国重点文物保护单位。同年,在福泉山保护区的门侧布置了对外开放的"福泉山遗址陈列室"。相信在不久的将来,这里会建立起一座现代化的福泉山遗址博物馆,以其精彩真实的一面向全世界展示上海悠久璀璨的历史文化。

金字塔举世闻名,但它远在非洲的埃及。考古学泰斗苏秉琦先生生前将福泉山与金字塔媲美,"上海也有金字塔",是否太夸张了?危言耸听了?其实,此说并非过誉,福泉山不仅是象征意义上的金字塔,相反从已经发现的一些蛛丝马迹中,会让人产生更加新奇更加激动人心的期待。

---

① 摘自上海博物馆研究员杨嘉佑在1984年11月17日出席《太湖流域古动物古人类文化学术座谈会》上的苏秉琦讲话笔录。

在福泉山出土的玉琮、琮形镯、锥形器和象牙雕刻器物上，一种大圆眼、小圆眼的刻画图案，这种上人下兽的巫师御虎蹻的形象，恰恰与埃及的狮身人面像异曲同工。在良渚文化中具有礼器功能的唯有首领或王独享的玉琮、玉璧上一种顶立一只小鸟的框型刻画图案，与埃及第一、二王朝的王徽图案十分相像，时代接近，这难道是一种巧合？埃及方尖塔往往以一对的形式安置于大神殿门前，象征太阳和月亮，有趣的是中国夏商时期用于礼祀日月的玉圭，其形就是扁化了的福泉山等处出土的外形与埃及方尖塔完全一致的良渚文化玉锥形器。福泉山遗址是由上海考古工作者首次发现的中国最早的由人工专为首领或王堆筑的高土台墓地，它与以后盛行的帝王陵寝具有同等意义。

参考琢刻于埃及卡尔纳克神殿墙壁上相当于良渚文化晚期的图特摩斯三世远征亚洲的情景，中国的甲骨文与埃及的许多象形文字几乎一模一样等林林总总的线索……足以说明以福泉山遗址为代表的良渚文化与以金字塔为代表的埃及古文明确实有着千丝万缕的联系。

2005年，因工作需要我离开了考古部，以后福泉山北面又有随葬大量精美玉石陶器的大型良渚墓葬发现，让人心潮澎湃，并生出一阵莫名的心绪。人家河姆渡、牛河梁、三星堆、兵马俑……在荧屏上一部部专题片，一座座现代化的专题博物馆，在弘扬中华文明和灿烂文化的各种场合风光无限，振奋人心。福泉山作为全国重点文物保护单位，一座近在眼前、宝藏精绝的"金字塔"，不要说国人、世人，就连上海本地有多少人了解它认识它？相信上海不会甘居落后。

良渚文化与埃及古文明

选题《良渚文化与埃及古文明》，看似有些玄乎，其实不然，因为自从笔者田野发掘，首先发现上海福泉山遗址的良渚大墓墓地是人为堆筑而成的高大的"山"形之后，埃及金字塔的影子一下就浮现在我的面前。

这里有几个要素：一、在良渚文化之前的中国墓葬制度，都是在平地上操作，要么平地掩埋，要么挖坑深埋，福泉山人为堆高成"山"、成"陵"的巨大工程型的奢侈形式是为首现。经检索，太湖地区已经发现、报道的良渚墓地，几乎都是什么山、什么墩，虽然之前无人报告系人为堆筑的迹象，但与福泉山一样人为堆筑的可能性极大。这应该是中国陵寝制度的源头。二、这些"山"上、墩上的墓葬都是随葬品极其丰富、精彩、稀贵的大墓，甚至出现了象征军权的豪华型玉戚和象征神权的琮、璧礼器，2010 年福泉山又发现了我国第一件刻满人兽纹、长近 1 米的象牙权杖，说明他们的身份已经非同一般。而且，古代中国历来有山是通天阶梯的概念。这批特权者似有升天成仙的愿望与地位。当然，考古大家苏秉琦 1984 年把上海福泉山与埃及金字塔相媲美的"土筑金字塔"一说，更使我毫不犹豫地选择了这一课题。

良渚文化与古埃及的鸟形图符

良渚文化有三个闻名于世的，被称作谜一般的图案（图 11），刻画在美国弗利尔美术馆的三件玉璧上。雕刻精细，顶部有一长尾巴鸟，下部连一收腰凸顶长方形，中间都饰细刻纹。其中一件在底边上附一上翘的弯月形。有两件的鸟足与长方形图案间有一花柱。人们对良渚时代刻画出如此完满的图案颇为费解，一些学者研究认为鸟站在山上是一个岛字，应是岛夷或鸟夷的标志[①]。笔者初见时亦甚惊异，但总感觉它们不似单纯的图纹装饰。用文字解释更觉勉强，因为其线条繁复，且具象性太强（笔者曾将三个鸟纹请上海自然博物馆鸟类专家鉴定，居然能分出鸦、鹊、鹡鸰三种）。从其完整性与独立性考虑，极似具体器物的写生图。1988年，上海福泉山遗址一座良渚大墓出土了一件鸟形小玉器（图 12），扁薄形，鸟脚以下已经残缺，酷似弗利尔玉璧上的鸟形。经将此器按弗利尔图形复原，形制规整，结构得体（图 13）。按文献记有少皞氏以鸟命官和禹合诸侯需执代表不同身份瑞玉的资料，认为它可能是良渚社会的职官符。本来这只能算是一种推测，但 1990 年 7 月上海良渚文化讨论会上，有人展示了他

---

* 本文原载于香港《龙语》，1992 年十·十一月合刊，第 65—71 页。

① 石兴邦：《山东地区史前考古方面的有关问题》，《山东史前文化论文集》1986 年齐鲁书社。

们发现的一件玉璧,一面有一美弗利尔式图案,反面还有一侧视图,为笔者认定其为立体器物的推论提供了有力的佐证。

如果不是巧合的话,笔者发现埃及早期王朝第一、二王朝(约距今 4700—4900 年)代表历代国王的一种镌刻于石碑上的阳纹图符,居然和良渚鸟形图案肖似。上面同样高居一只小鸟(晚期变成其他动物),下面为一长方框,框内有鱼、蛇、陶罐及一些不知名器(图 14)。我们认为,埃及人将这一形式的图案作为历代各帝王崇高的象征图符,虽然其全部意义尚不明确,但与良渚人一样,崇鸟一点是肯定的,它有通天的意思。这也说明笔者将良渚的弗利尔图形器物,认作是部族中高级首领或王的图符纹物,应该说是合理的,持有者都是通天的、上承天意、至高无上的领袖。

图 11 美国弗利尔美术馆藏良渚玉璧上的细刻鸟纹

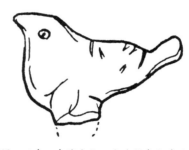

图 12 玉鸟 良渚文化 上海福泉山遗址出土

图 13 以福泉山出土玉鸟根据美国弗利尔美术馆
玉璧上的小鸟纹复原的图徽

图 14 埃及第一、二王朝诸王图徽

良渚文化人兽纹与埃及的狮身人面像

狮身人面像是埃及的一大奇迹,传统的说法认为是埃及法老哈佛拉以狮身人面像来象征他的威严,象征它具有狮子的体力和勇敢。据说这个人面其实就是哈佛拉的相貌(图 15)。

令人惊奇的是,笔者将仅见于良渚琮、璧、符等珍贵玉礼器上著名的细刻"人兽纹"与其比较,几乎如出一辙(图16)。良渚"人兽纹"许多人认为是一个胸前饰一兽面的鸟爪神人图案,笔者实在不敢苟同。根据图案下部的兽形在某些玉器上单独出现的情况,它是单独的兽形而非人形的胸饰,根据兽形的特征:壮腿、阔嘴、无角及当地出土老虎遗骸的资料认定它是虎,而不是如有些学者所推论的猪、龙、鸟、蛙。根据巫师乘三蹻(龙、虎、鹿)的记载,笔者认为"人兽纹"上面是一个面罩倒梯形面具、头戴羽冠的巫师,下面虎形作为巫师脚力的虎蹻,反映了巫师御虎蹻,上天入地与神祇沟通的形象。狮身人面像虽然人兽连体,是否含有同样的意义?笔者认为这是可能的,因为传说狮身人面像象征法老的威严,具有狮子的体力与勇敢的说法,像中国新石器时代(含良渚文化)的首领或王都是巫师一样,埃及法老和大臣们都是僧侣,法老本人更是僧侣之长①。他同样具有沟通天地神祇的使命和代理人的特权。将他的头置于非洲的百兽之王——雄狮的颈上,应该说与良渚巫师骑在虎蹻身上是异曲同工,是中埃两个不同民族两种近似的表达方式。

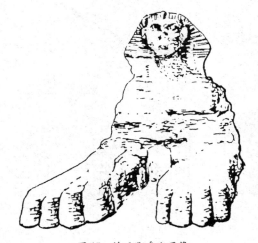

图15　埃及狮身人面像　　　　图16　反山遗址良渚文化"琮王"上的羽冠神人御虎蹻纹

良渚文化玉锥形器和埃及方尖塔

良渚文化的玉锥形器,上面往往刻有精美的人兽纹,仅见于良渚大墓,且一墓至多一两件,是良渚文化中难识其用途的一种器物。虽然说法很多,但笔者在早期比较认同祖先崇拜说,因为其形制及民俗学资料证明,原始先民确有系挂、执握这一类男根形器物的习俗,它在人们心目中具有使部族人丁兴旺,发达昌盛的特殊作用。1989年访美,笔者见华盛顿纪念碑造型与玉锥器十分一致,究其原因,美国朋友终未能说得清楚,只知道受埃及文化的启发。回国后,经查有关资料,发现这一形制纯系埃及大神殿前方锥形尖塔的翻版(图17,1、2),有资

---

①　〔美〕爱德华·麦克诺尔·伯恩斯等:《世界文明史》1987年商务印书馆。

料证明先后有五十座方尖塔曾直接搬运至欧美各地。埃及神殿主要是埃及人敬奉太阳神的大型建筑,考古界研究认为,以一对的形式置神殿门前,似象征太阳神和月亮神。中国早期文献上也有敬奉祭祀日、月的纪录。《周礼、冬官、玉人》:"圭璧五寸,以祀日月星辰。"而且礼圭类也是尖顶形,与良渚玉锥与埃及大神殿前的方尖塔形似。另外,被古人尊奉为人类始祖、夫妻关系的伏羲、女娲,分别是太阳神和月亮神。反映在考古发现的不少汉墓画像砖上,伏羲常与女娲连体交尾,伏羲手中常捧着太阳,女娲手中则常捧着月亮(图17,3);伏羲或持规,因其是太阳神,日行圆,象天,女娲或持矩,因其是荫神(地母),地方(图17,4)。如此,埃及先民的方尖塔形或崇奉太阳神与月亮神,是否与中国良渚先民挂执方尖形的玉锥形器,和以后的圭璧祀日月星辰及太阳神伏羲和月亮神女娲的传说,有着殊途同归的意义?

图 17

1. 良渚玉锥形器。　2. 埃及方尖塔。　3. 手捧太阳,月亮的伏羲,女娲。　4. 手持规矩的伏羲,女娲。

良渚玉锥形器和埃及方尖塔,大小悬殊,但形制酷似,一个高高耸立在神圣的大神殿门前,一个形影不离地执握系挂于地位显赫的首领身上,反映了人们对它们同样的珍视、虔诚与祈望。

值得重视的中埃古文化关系上的几个问题

埃及庞大的石垒金字塔,作为国王的陵寝建筑,最大的一座是为法老胡夫建造的,高 146 米,底边长 230 多米,规模之大令人咋舌。良渚文化虽无此等建筑,但良渚大型的高土台型的部族首领或王的墓地,同样令人吃惊。江苏草鞋山遗址,底边长 100 多米,高 8 米,上海福泉山遗址,东西长 94 米,南北宽 84 米,高 7.5 米。正如苏秉琦教授所说的,"埃及的金字塔是石头堆的,是文物,福泉山是土堆的,也是文物……"说明上海福泉山、江苏草鞋山、浙江反山、瑶山等良渚首领或王的大型高土台墓地,正是中国的土筑金字塔,它们可能具有与埃及石垒金字塔相似用意,企望政权坚如磐石,永恒、巩固。

联系前面我们发现的小鸟纹图案、人兽纹和狮身人面像、玉锥形器与方尖塔等诸多共同点,完全应当引起考古界的重视。虽然历史上古文化的产生、发展在异域也会各自出现一些相同的内容,但我们至少不能忽视以下五个重要情况:一、小鸟纹作为埃及国王的标记图符的时代,正是埃及第一、二王朝时期,距今约 4700—5000 年,和中国良渚文化早期相仿。二、在埃及卡尔纳克神殿的墙壁上,至今还保留着图特摩斯三世远征亚洲的情景。三、良渚晚期社会,已是一个有发达农业(水稻、蚕桑),发达手工业(精美玉、石器、黑衣陶、漆绘),高度意识形态(高土台墓地,杀殉、繁复的礼制、礼器、陶文),宽广地域(除太湖地区外,明显地波及陕西、山西、山东、广东),有集权式人物(执豪华型良渚玉戚为军权,持琮、璧、符等礼器示神权)的"方国"式政权。四、埃及的古文字有许多字形与中国的甲骨文一致(图18),而且都是从右至左从

埃及文:○ ⌒ ⌒⌒ ≋≋ ⌒

甲骨文:⊖ ☽ ⋔ ⋙ ⌒

今汉字:日 月 山 水 目

图 18　埃及与中国的古文字有极大的相似度①

上到下的书写格式。五、有人考证认为:四五千年前,长江流域有人向南,一路到达南亚、南洋群岛,甚至遍及大洋洲,南美洲。(美洲的)印加文化具有浓厚的中国河姆渡文化、良渚文化、巴蜀滇越文化气质和仰韶文化、马家窑文化、龙山文化的气质,这可能是由于古中国文化从太平洋北路和南路分别传入美洲和南美洲,而后又从南、北向中美洲交汇的缘故。因此,我们可以乐观地认为,良渚文化与埃及古文明,虽然如埃及的"斯芬克思"(狮身人面像)之谜和中国良渚的"人兽纹"之谜一般,令人难以捉摸,但它们之间的关系在中埃两国考古工作者的共同努力下,循着这些蛛丝马迹,终将得到破译。

---

①　丁易:《中国的文字》,北京三联书店 1951 年版,第 11 页。

二 福泉山"口"字形环河遗迹，在都市文明起源研究中的意义

　　《长江下游都市文明起源初探》一文，是我于1998年3月出席日本京都《长江文明研讨会》提交的论文。会上，我将在上海福泉山外围发现有一周断断续续的"口"字形的河道的现象，结合江苏草鞋山、寺墩等遗址差不多都有类似的资料，提出了自己的看法，认为这是良渚先民高土台墓地的成功设计，是人工堆筑的陵寝式墓地取土筑墩、成河（壕），一举两得的杰作。这种特殊的、以后被城市长期沿用的封疆形式，对长江流域都市文明起源产生过不小的影响。会上当场被国内一位同行一口否定。想不到几年后，类似的迹象在浙江等地发现了好几处，而且，规模更大、惊世骇俗的"良渚古城"，甚至以文明的标志物，在联合国一举申遗成功。

　　以下的三篇论文，由此而展开的议题中心，多角度地论证了"良渚文化"已经进入文明社会。这些在浙江"良渚古城"尚未发掘报道之前的研究成果，具有一定的前瞻性。

长江下游都市文明起源初探

序　论

都市,指国都,泛指城市。

英国著名考古学家柴尔德(V.G.Childe)认为城市的出现,是国家文明开始的标志。[①]中国有学者也说:"'文明'一词是英语 Civilization 的译语,而该英文词汇的语源,则是拉丁语 Civilisatio 意为'城市化'。Civilisatio 与 Civitas(城邦、国家)一样,又都是由拉丁语 Civis(市民)派生出来的。因此,文明的原意就与城市和国家有关。"同时发现"文明时代所特有的社会组织是国家,而与国家相应的、作为国家的物化形式的聚落形态则是城市。因此,似乎可以认为,城市是国家出现、文明时代到来的唯一标志"。[②]虽然此说不一定完善,至少,我们选择都市文明作为当前的课题,是十分迫切、及时的。

长江下游,一般概念上是江西迤下的江、浙、皖、沪段,也有"太湖平原和杭州湾地区为中心,包括江苏南部、上海市和浙江北部地区"一说[③]。万里长江像一条巨龙,自西向东虬曲奔腾而下,至九江突兀引颈上扬,到南京又向东昂首浩荡入海。这里自远古时代起,就是哺育人类的摇篮。古人类、古文化遗址像点点繁星熠熠闪烁。北岸有著名的安徽薛家冈[④]、凌家滩遗址[⑤]、江苏的营盘山[⑥]、龙虬庄[⑦]、青墩遗址[⑧]等,它们都是几万平方米,高出地面2至4米的台形遗址。龙虬庄和青墩两址有四面环水的特征。从文化面貌角度观察,凌家滩有一墓出土131件随葬品,且有玉立人、玉龟及充满神秘色彩的八角形纹玉片等,龙虬庄见有文字陶片,青墩发现了太湖地区玉琮、璧、镯,有段石锛、贯耳陶壶等良渚文化典型器。虽然不乏文

---

* 本文原载《上海博物馆集刊》第8集,上海书画出版社2000年版,第64—78页。

① V G Childe, The Urban Revolution, The Town Planning Review 21, No.1, 3 1950.引自陈星灿《文明诸因素的起源与文明时代》,《考古》1987年第5期,第458页。

② 许宏:《关于城市起源问题的几点思考》,《中国文物报》1997年1月26日。

③ 安金槐:《中国考古》,上海古籍出版社1992年版,第135页。

④ 安徽省文物工作队:《潜山薛家冈新石器时代遗址》,《考古学报》1982年第3期,第283—324页。

⑤ 安徽省文物考古研究所:《安徽含山凌家滩新石器时代墓地发掘简报》,《文物》1989年第4期,第1—9页;另见第30页。

⑥ 南京博物院:《近十年来江苏考古的新成果》,《文物考古工作十年》,文物出版社1990年版,第104页。

⑦ 龙虬庄遗址考古队:《龙虬庄》,科学出版社1999年版。

⑧ 南京博物院:《江苏海安青墩遗址》,《考古学报》1983年第2期,第147—190页。

明因素,却与城市文明很难联系上。南岸由于安徽境内大部为山岳丘陵,也许不适宜先民的生活,重要遗址几乎要到宁镇地区才有发现,而且文化面貌分为比较清晰的两大块:一为宁镇地区,一为太湖地区。宁镇地区有最近发现的江苏薛城①以及北阴阳营②、太冈寺③、咎庙④、三星村⑤等著名遗址。其中,薛城是一台形遗址。从文化面貌上观察,这里除了像魏正瑾先生归纳的宁镇地区土著的"石器中盛行精致的多孔石刀,陶器中鼎、盉腹部带有上翘的角状把手或半环形把手,豆的盘上多有一道垂棱,把上常见一道凸起等"⑥特征外,晚期比较普遍地受到了良渚文化的影响。太冈寺的"良渚式"黑衣陶,咎庙的有段石锛、玉璜、玉璧,以及兽面纹玉冠形饰等,都是良渚文化的典型器。当然,要从这些遗址中寻找"城市文明",目前尚有困难。

太湖地区,大概以常州、上海、杭州三点划线,可连成一个等边三角形。在这一北临长江出海口,南濒杭州湾,西纳一碧万顷的太湖水网地区,历来是中国最富庶的鱼米之乡。从距今六七千年的马家浜文化到距今五千多年的崧泽文化,再到四千多年的良渚文化,一脉相承,谱写了中国新石器时代的辉煌历程。近年由于良渚文化的重大发现不断,有力地促进了中国文明进程研究的深入,良渚文化让人耳熟能详,福泉山⑦、寺墩⑧、草鞋山⑨、赵陵山⑩、反山⑪、瑶山⑫、汇观山⑬等遗址更是名闻遐迩。象征凌驾于平民之上的陵寝式高土台墓地,象征复杂礼仪和军、政、神权的高祭坛、豪华型玉戚、琮、璧,象征奴隶制萌芽的杀殉,象征文明的甲骨文式陶文,象征王徽的鸟盾式图案,象征当时最先进生产力水平的精绝的琢玉工艺等等,可比较清晰地看出良渚文化时期社会进入文明的轮廓。⑭但有关城市文明的迹象却少见报道和专论。良渚的城市文明迹象有还是没有,是多还是少,以及其他什么原因,这是下文所要议论的内容。

一　与城郭异曲同工的环绕河与陡坡

城市的封疆形式,一般为城墙、城堡、环壕之类,长江下游新石器时代晚期的一些聚落遗

①　薛城考古队:《南京薛城新石器时代遗址发掘获重大成果》,《中国文物报》1998年1月28日。

②　南京博物院:《北阴阳营》,文物出版社1993年版。

③　江苏省文物工作队太冈寺工作组:《南京西善桥太冈寺遗址的发掘》,《考古》1962年第3期,第117—124页。

④⑥　魏正瑾:《咎庙遗址内涵的初步分析》,江苏省哲学社会科学联合会:《1981年年会论文选》,第34—37页。

⑤　王根富:《金坛三星村遗址》,《中国文物报》1996年9月22日。

⑦　上海市文物保管委员会:《上海福泉山良渚文化墓葬》,《文物》1984年第2期,第1—5页。

⑧　车广锦:《玉琮与寺墩遗址》,徐湖平主编:《东方文明之光》,海南国际新闻出版中心1996年版,第371—373页。

⑨　南京博物院:《苏州草鞋山良渚文化墓葬》,出处同前,第1页。

⑩　江苏省赵陵山考古队:《江苏昆山赵陵山遗址第一、二次发掘简报》,出处同前,第18页。

⑪　浙江省文物考古研究所反山考古队:《浙江余杭反山良渚墓地发掘简报》,《文物》1988年第1期,第1—131页。

⑫　浙江省文物考古研究所:《余杭瑶山良渚文化祭坛遗址发掘简报》,《文物》1988年第1期,第32—51页。

⑬　浙江省文物考古研究所、余杭市文物管理委员会:《浙江余杭汇观山良渚文化祭坛与墓地发掘简报》,《文物》1997年第7期,第4—33页。

⑭　张明华:《良渚社会文明论》,《中国民间文化》1994年第2期,第133—154页。

址周围多见人工河流环绕。这是我在上海福泉山遗址发掘过程中率先注意到的迹象。虽然1982年清理福泉山第一座良渚大墓时，已经发现周围有不少小河浜，但没有感到什么特别。直至最后要写发掘简报，当我需要将自己测绘的墓葬遗迹移植到大比例的地图上时，突然发现，福泉山周围居然有一圈断断续续的小河，用虚线连接起来，竟成了以福泉山遗址为中心的环绕河（图19）。我一下想起了当年写《崧泽》报告时，也画到过崧泽遗址有这种情况，找出报告一看果然也是。再找邻近省市的发掘报告，如龙虹庄、青墩、寺墩遗址等①，其他不少遗址虽然未作具体说明，但我们从一些能见的平面图或现场环境观察，如江苏草鞋山（图20）、赵陵山、钱底港②，上海崧泽③（图21）、浙江水田畈④等遗址的周围，几乎都见断断续续的小河、水塘，隐隐约约地呈现出当年环绕一周或更复杂的形状。其中，寺墩遗址最为典型。

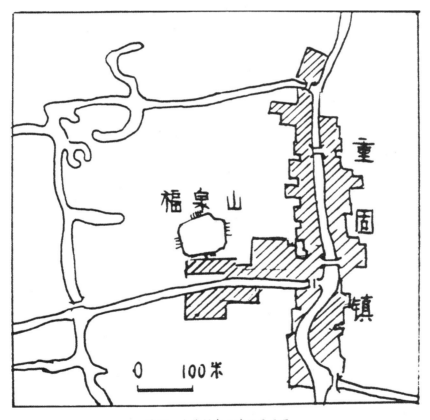

图19　上海福泉山遗址平面图

　　① 车广锦：《玉琮与寺墩遗址》，徐湖平主编：《东方文明之光》，海南国际新闻出版中心1996年版，第371—373页。

　　② 南京大学历史系考古专业、常熟博物馆：《江苏常熟钱底巷遗址发掘报告》，《考古学报》1996年第4期，第473—513页。

　　③ 上海市文物保管委员会：《崧泽——新石器时代遗址发掘报告》，文物出版社1987年版。

　　④ 浙江省文物管理委员会：《杭州水田畈遗址发掘报告》，《考古学报》1960年第2期，第93—106页。

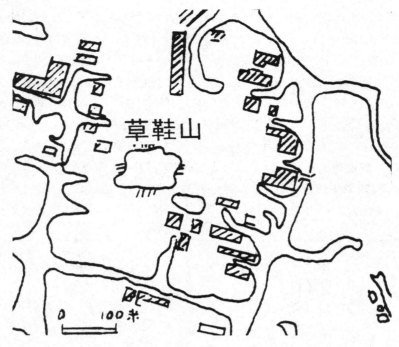

图 20　江苏草鞋山遗址平面图

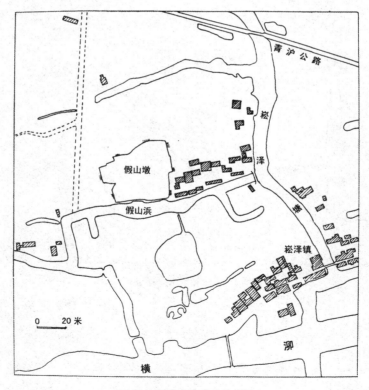

图 21　上海崧泽遗址平面图

　　寺墩遗址已经过多次发掘,新石器文化层堆积含崧泽和良渚文化。遗址以一直径一百多米、高二十多米的人工堆筑的祭坛为中心,周围有一圈圆角方形的河道环绕,此河道的外围是一周地形较高的良渚大墓,旁边是较低平的居住区。距墩外三百米处又有一周河道环绕。祭坛的正北部位有一条河道联通内、外两周河道,正东部位经钻探,也有一条河道联通内、外环河。根据迹象推测,正南部、正西部也应有河流直通内、外环河。这四条河道很清楚地把寺墩遗址墓地与居住区划分成四个区域(图22)。车广锦先生为此著文认为"已基本确定其为面积约九十万平方米的良渚文化的古城古国",并且大胆地推测"寺墩古国是依照玉琮的形制来设计这座城的",甚至"浙江莫角山遗址的总体布局,同样是玉琮的形制"。"玉琮上表示祭坛的圆形穿孔,当具有与祭坛同样的功用,无疑象征天地之间的沟通"。"寺墩遗址居住区为河道分成四个区和若干个小区,也应由相应数目的宗族集团占据。贵族墓地也被河道分割成数块,当分别葬以各宗族的显贵,也即王室人员"。①车先生的有关推论虽然尚未达到完全可信的程度,但这种由环河界定聚落的形式,在长江下游是比较普遍的。由于寺墩遗址,包括其他类似的环绕河道基本未经清理,尚难肯定其开挖年代。时代为马家浜、崧泽或良渚时代?我认为应该是良渚时代的。因为人工堆筑高土墩祭坛和大墓地,在长江下游大都盛行于距今约四千年的良渚时代,而太湖地区基本上是地势低洼的平原地形,良渚人用土,不可能也没有必要

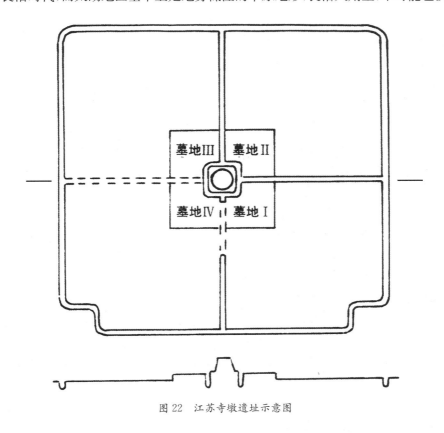

图22　江苏寺墩遗址示意图

　　①　车广锦:《玉琮与寺墩遗址》,徐湖平主编:《东方文明之光》,海南国际新闻出版中心1996年版,第371—373页。

依靠远程搬运。按照遗迹,粗略计算环绕河的取土量与大土墩的堆土量,两者体积也基本持平,因此大土墩的土源应该来自环绕河的开挖。

良渚人动用大量人力物力开挖环河,堆筑祭坛、墓地,一方面反映了先民的意识形态、社会形态已经发生了根本变化,同时这种规律性地用环河形式圈一块几百或几十万平方米的,中间甚至有墩形祭坛、大墓或生活区的现象,似乎昭示了距今四千多年前,长江下游已经出现了一种以环河与外界分隔的,有别于域外的农、牧、渔、猎业的新的特殊社会阶层。

有学者考证,"中国古人造字,'国'先写作'或',当中的'口'字即是围墙,后来孳乳的'国'字,外面一大'口'也是围墙,所谓内城外郭也。其他表示国家的文字如'邑''邦'也都逃脱不了城墙和封疆。"[①]汉字"城"泛指城郭,内外两重城墙,内称城,外称郭。孟子《得道多助,失道寡助》:"三里之城,七里之郭"。笔者以为,典型的寺墩乃至长江下游的环河式格局,可能是"国"、"邑"、"邦"之类表示封疆的又一种形式。两者区别在于城墙是高凸形的,环河则是下凹形的;由土方的衍变,前者形成了护城河和城墙的组合,后者为环绕河同高土墩(祭坛、大墓地)的组合。

《左传·哀公七年》有"禹合诸侯于涂山,执玉帛者万国",其中"万国"一词,客观地认识,不应该是今义的国家,实则是指有一定封疆形式的、城市式的方国或邦国,是指当时各个区域的政治、经济、宗教、文化的中心。

当然,由于考古发掘工作的具体困难,古代的迹象不少又在自然或人为的作用下消失,让人不辨有无及全貌。事实上,自然、地理环境也不尽相同的长江下游,其封疆形式也不可能千篇一律。

被严文明教授推测也许"就是良渚文化的一座台城"[②]的浙江余杭果园遗址,高出周围农田3至5米,东西长630米、南北宽450米。其外周不但没有环以河流,也未见城墙,却发现土台子周围被修成了陡坡状,并用红烧土夯结实,这种让人很难爬得上去的结构,同样具有城墙的功能。"台城"的形式比较特殊,人们为什么要在生产力并不十分发达的情况下,非要动用大量人力、物力,搬运大量土方去夯筑高出地面几米的地面来。魏京武先生的分析有一定道理,这是"由于社会经济的发展,人口的增长,以及社会政治的需要"。长江下游先民"为了适应这一地区潟湖沼泽的自然环境"而创造的"一劳永逸的建筑"。[③]

另外,江苏越城遗址是一个高出地面约5米的土墩,南北长450米,东西宽400米,面积约十八万平方米。新石器时代文化含马家浜、崧泽文化和良渚文化。令人振奋的是,在西、北两面曾有高出地面4.5米用夯土环筑的土城。过去说是春秋末年的越城遗迹。参照一般古城沿用时间普遍很长的规律(湖南城头山古城从距今六千年始,一直堆垒加固使用了几千年),越城夯土城墙会否也是逐次堆垒而成,通过进一步探考,其上限是否可以前推,对此我们抱有很大希望。

---

① 杜正胜:《夏代考古及国家发展的探索》,《考古》1991年第1期,第43—56页。
② 严文明:《良渚随笔》,《文物》1996年第3期,第28—35页。
③ 魏京武:《对良渚文化莫角山城址的认识》,《文博》1998年第1期,第21—22页;另见第86页。

二 精绝的手工业映衬出比较可信的城市背景

长江下游新石器时代晚期,其手工业的精绝程度是举世瞩目的。浙江桐乡罗家角遗址六七千年前工艺复杂的榫卯、企口木构件,江苏梅堰遗址五六千年前的细刻纹鱼形骨匕,三星村遗址鹰、鳄纹骨牙雕饰有柄石斧,上海崧泽遗址五千多年前的竹编纹带盖大陶罐等等,历历在目,至四千年前良渚时代的玉、石、陶、象牙工艺,更是让人惊诧不已,叹为观止。其中玉器数量之大、质量之高、工艺之精,令人不可思议,是中国新石器文化的巅峰之作。

良渚前的崧泽人,一墓只有一两件小玉玲、璜、环之类的玉器随葬品,然良渚大墓一般都有十几甚至上百件玉器。浙江反山 11 座墓葬,出土玉器一千二百余件组①。瑶山 11 座墓出土玉器七百余件组②,其中一墓多达二百余件组。玉器的品种也骤然增加了琮、璧、山字形器、柱形器、冠形器、带钩、锥形器、半月形器及冒镦组合的豪华型玉戚,珠、坠、环、管组合的项链,轴轮组合的纺轮,半月形器、环、玉牌饰组合的玉掩面,还有一大批鸟、龟、鱼、蝉、蚕、猪等动物造型。玉器的纹饰更是纷繁多姿。运用切割、磨、钻、锉、刻、镂等综合工艺,使玉器造型生动、玲珑剔透、光润斑斓,繁密的线条细若毫发。反山一件鸡骨白大玉琮,重达 6 500 克,四面有八组简化人兽纹和 16 只小鸟,中间直槽浅刻八组人兽繁密纹。人兽繁密纹高约 3 厘米,宽约 4 厘米,用隐起及细线刻画的技法雕刻打磨而成,图纹的工艺水平、繁密程度、深邃寓意,当属中国新石器时代之最。可以毫不夸张地说,它是良渚文化的象征;或许可以说,读懂它简直就读懂了整个良渚文化。

良渚陶器虽然都是用泥土烧制,比不得玉器那样绚丽多彩,但它经由崧泽慢轮修整,发展到由快轮拉坯,还应用了渗碳技术,其造型艺术从写实转向抽象的细刻工艺,也是中国新石器时代先进制陶技术之典型。其中草鞋山、福泉山的禽鸟纹双鼻壶、阔把方流壶,福泉山蟠螭纹高圈足豆、T 字形镂孔足鼎、鸟形三足盉,更是精中之精。

石器,一般多作实用的生产工具,比较粗糙,良渚的石器有许多则已经被施以超乎寻常的镜面状抛光。斧、铲、钺作成轻薄无锋宽大型,不少还被涂上朱红色彩,细洁平滑,没有一点使用的痕迹。上海金山亭林一件石镜蘸水光可鉴人。

也许良渚大墓不利于有机物的保存,象牙器很少见到完整器。上海福泉山出土一件兽面纹象牙器,残长约 40 厘米,除了主纹为獠牙兽面外,通体填刻云纹及弧线、短直线组成的宽带纹。如果以兽面的鼻梁为中心,两面对称作延伸,全长起码有 70 多厘米;即使以目前的残长计,它也应是中国新石器时代最大的象牙器之一。

代表良渚手工业水平的应该说还有漆、木器等多项,但就前述几项,已足见其水平的高超。据此,我们可以毫无疑义地判断,这些成天制作那些要求特殊、工艺精湛、数量巨大、已与实用价值相距甚远的礼仪用具和珍稀玩物的匠人,早已从农牧业或季节性从事工具制作的普通氏族人员中分化出来,成了一批专为特权阶层服务的专职工匠。而那些享用象征军政权力

① 浙江省文物考古研究所反山考古队:《浙江余杭反山良渚墓地发掘简报》,《文物》1988 年第 1 期,第 1—131 页。
② 浙江省文物考古研究所:《余杭瑶山良渚文化祭坛遗址发掘简报》,《文物》1988 年第 1 期,第 32—51 页。

的豪华型玉戚,通天地神权的玉琮、璧,祭祀祖宗的细刻纹陶鼎、壶及大量珍宝财富等的各色人物,也已从过去曾经与氏族人员共同劳动、共享财富的氏族、部落首领,衍变为特权显贵或王的角色。很清楚,这个已经不再自食其力的特权阶层的客观存在,除了仍然需要大批传统的农牧业生产人员为他们提供生活资源,同时也必须配备另一批专职为他们服务的从事新颖工种的工作人员。如保证他们特权利益、生命安全的军队,传达贯彻他们旨意的各级管理人员,侍奉日常生活起居的家眷仆人。这些人和玉、石、陶、漆、木专职工匠组成了同一个不直接参与生活资源生产的阶层。为协调这批人的生活,他们的周围又产生了一系列从事运输、商业、建筑、娱乐等新的行业群体。而对这么一个已脱离田野、森林生产活动的、不断膨胀的群体,很难想象他们仍然生活在原始的聚落之中。他们只能居住在令人有安全感的有城墙、环壕(河)、栅栏,有便于显贵或王谋划、起居、享用的宫殿,有敬神祭祖的庙坛,有供不同阶层起居、从业的房舍、街道等具有更高级功能的城市式环境里。

三　首领、王及宫殿等建筑的遗迹,反映了良渚城市的客观存在

良渚玉器中作为权力的象征物,首推冒镦组合的豪华型玉戚。从不同规格的豪华程度来看,当以反山一件为最,堪称"戚王"。玉戚高 17.9 厘米、宽 16.8 厘米、厚 0.8 厘米。在这件风字形玉戚的左上角,有一浅浮雕的羽冠人兽图像,左下角为一浅浮雕的鸟纹。另一件出自瑶山,高 16.3 厘米、刃宽 13 厘米,器体磨制工整精细,尤以冒镦组合、秀丽的瓦棱形凸面和羽冠卷云纹组合堪称一绝,前者是随葬了空前绝后的"琮王"和细刻 12 幅神人复合纹的柱形器等大量玉石珍品的大墓,后者也是随葬有多组人兽纹玉锥形器、山字形器等大量精品的大墓。

"玉戚"是中国早期文献中特定的名词。《礼记·祭统》:"朱干玉戚,以舞大武。"汉郑玄注:"朱干,赤盾;戚,斧也。此武象之舞所执也。"[①]良渚玉戚细巧精美的构造,决定了它已经不再与粗硕厚重的、实用于砍砸劈杀的利器为伍,而是一种对外征战、"干戚并舞"祈求上苍护佑获得胜利的礼仪工具;一种对内统辖大众、刑杀罪犯的权力象征物。戚上有神人(戴羽冠通天的大巫师)、兽(地兽虎)、鸟(天禽)图像,由它所指向的罪犯或敌军理当该死,因为良渚首领或王是替天地行道的。中国有句成语"天诛地灭",说的也许就是这个意思。良渚首领或王凭此征召良渚平民,也只是执行了天地的意旨罢了。

当然,福泉山透光湖绿色玉戚,寺墩冒镦组合玉戚等精刻程度不及反山、瑶山两件,它们可能代表着第二个档次的权力象征物。另有一些遗址并无冒镦组合的玉戚,甚至一些精磨光滑、无使用痕迹的石戚、石钺、石斧,很可能是更低档次的权力象征物。事实上,玉戚档次的高低往往和大墓随葬品的多寡、珍稀是一致的,因此,我们几乎从玉戚的档次上便能分辨良渚遗址和持有者的不同级差与地位。有关玉琮、玉璧用途的说法很多,但笔者发现"苍璧礼天,黄琮礼地"一说贯串于历代的文献记载之中,而且有资格祭祀天地的只限王室一级。又发现真正意义上的玉琮只有扁方厚重的,如反山"琮王"或如上海博物馆藏人面纹多节形精致品两

---

① 清·阮元:《十三经注疏》,中华书局 1980 年版,第 1607 页。

种,许多矮小者实为手镯或玉管,那些一墓多件的粗糙品则为明器①。同样地,玉璧在大墓中精品亦仅一两件,粗者也应是明器。浙江安溪乡一件和美国弗利尔美术馆几件精致玉璧上刻有所谓的鸟盾形图案,其格式出乎意料地竟与良渚时代相近的埃及第一、二王朝的王徽酷似。虽然这可能是万里之外的巧合,却使我们对拥有"戚王"、"琮王"、精致玉璧及大量玉、石、陶、漆木珍稀文物的大墓墓主,生前为首领或王的身份,集军政、神权于一体有了比较清晰、可信的佐证②。

上古时期,夏禹治理洪水,商汤祭天求雨,后稷使庄稼长好快熟,这都非常人所能为。甲骨文中屡见商王卜问风雨、祭祀、征战、田猎的记载,反映了当时的王者都身兼大巫师的职责。集军、政、神权于一身的"良渚王"与他们如出一辙。

宫殿是一种为统治者所用,脱离平民,专事集权谋划、起居、享乐的必备场所。良渚有王,也应该有宫殿。一些新闻简讯中见有报道,可惜一鳞半爪,详细的正式报告未见发表。严文明教授受国家文物局之托,对一些重要遗址的发掘进行指导考察,以其见闻急就了《良渚随笔》一文,总算有了一个轮廓。

浙江果园遗址位于余杭市瓶窑镇东,发现于1987年冬,1992年至1993年试掘。遗址略呈长方台形,南北向,东西长630米,南北宽450米,高出农田3至5米。总面积约30万平方米。上面另有两处长方形小台,一为东北部的莫角山,长166米、宽96米,高出大台2.3米;西南部的乌龟山,长98.5米、宽63米,高出大台2米。在试掘的1400平方米良渚文化堆积中,尽是夯土层,厚约50厘米,用沙土相隔多达9至13层。根据测算,夯土面积不下三万平方米。这里还有大量的经焙烧的红烧土坯和数米长的大方木。莫角山南侧,除了也有夯土层外,另见成排的柱洞。严文明教授据此推测:"莫角山这个长方形土台子上,一定有成组的大型房屋建筑。虽然我们还不知道这些房屋的具体形状,但可知道它们都有精心的夯筑的地基,有用大方木构建的梁柱和用土坯建造的墙体,房子外面还可能有壕沟。在当时的条件下,可以算是颇为雄伟和气派的了。很可能,它就是我国最早的宫殿!""莫角山那个长方形土台子的面积已经超过了除石家河以外的较大型的城址,它是否就是良渚文化的一座城呢?""根据它的规模和一些建筑遗迹的规格来看,应该就是良渚文化最高贵族集团的一个统治中心。""也许莫角山遗址就是良渚文化的一座台城。"③严先生的推测当然还缺乏一些直接的依据,如城墙之类,但有可能已经毁坏殆尽,也有可能发掘面积尚小,未及出露,不排除如严先生推测的原来可能使用了容易消失的荆棘、栅栏之类的设施。不过,据已经发现的把土台子周围修成使人很难爬得上去的陡坡状,且用红烧土夯实的建筑方式,则同样不失为城墙的作用。

最近被喻为"中国第一古城"的湖南城头山遗址,距今六千年左右,城内面积八万平方米,也是一座在今天看来显得比周围田野高出二三米的大土堆。这是"因为数千年人类生活物质的堆积,使得城内的土地也'涨'得和城墙几乎一样高"④。果园"良渚城"未经彻底的清理,会

---

① 张明华:《良渚文化的琮形镯》,《文物天地》1993年第4期,第16—17页。
② 张明华:《良渚社会文明论》,《中国民间文化》1994年第2期,第133—154页。
③ 严文明:《良渚随笔》,《文物》1996年第3期,第28—35页。
④ 赵雨彬:《中国第一古城撩开神秘面纱》,《文汇报》1998年2月1日。

否也有类似的原因。考量果园遗址处于著名的反山、瑶山、汇观山等"王室陵寝"祭坛和出土大玉璧的桑树头遗址、出土大木柱的马金口等五十余处良渚文化遗址的中心,果园遗址是一座建有宫殿的古城,是可信的。

四　与城市密切相关的水井资料

水井是人类历史上的一项重大发明。中国历来有"黄帝穿井""伯益作井"的传说。人类的生活用水是每天必须的,也是维系人类生命的基本条件。水井发明之前,人们简直离不开暴露水源——江湖、河川、水塘一步。水井发明后,人们终于可以摆脱自然界地理条件的约束,一下扩大了人类活动的地域范围,为城市的形成与主动选择居址创造了重要的技术物质条件。

据笔者的研究,中国水井发明于距今六千年左右的马家浜文化,盛行于距今约四千年的良渚文化[1]。如果说良渚文化以前考古发现的水井寥若晨星(即使是全国范围统计),而且大都为毫无附加设施的土井,那么,到了良渚时代则呈现了遍地开花之势。已经出现成熟文字的良渚文化,在上海亭林遗址中清理到的一件汲水用三鼻陶罐,其底部清晰地刻画有一个与今汉字完全一致的"井"字,足见良渚人凿井用井之多,它在人类生活中占有特别重要的地位。当时造井技术已有很高的水平,用木板作壁,底铺河蚬壳层滤水。有报道称江苏澄湖遗址一处发现了千余座古井,清理了其中一百五十余座。据所出大量新石器时代文物的资料分析,良渚文化的水井不下五十座[2],这说明这些地方曾经长期聚居过大批良渚先民。

汉字"井"的本义为取水的深穴,引申出来的"秩序井然"可能与古代严格的居民制度八家为井之说有关。《孟子·滕文公》:"方里而井,井九百亩,其中为公田,八家皆私百亩,同养公田。"[3]唐陈子昂《谢赐冬衣表》"三军叶庆,万井相欢"[4],值得我们重视。良渚文化的水井发现很多,良渚人是否也有了以井为标志的几家为"井"的制度,澄湖报告未见古井分布图,而且间杂有大量晚近的古井,恐难找出规律。但是,良渚水井的发现在太湖地区屡见报道,以井为线索探索良渚居民制度、城市格局,想来大有希望。

"井"在汉语中又与"市"字组词为"市井"一词。《管子·小匡》:"处商必就市井。"《史记·聂政传》:"政乃市井之人。"《正义》:"古者相聚汲水,有物便卖,因成市,故云市井。"[5]《诗·陈谱·宛丘三章章四句》云:"……男女弃其旧业,亟会于道路,歌舞于市井尔。"[6]这里的"弃其旧业"很有意思,因为一些人不弃"旧业"(男耕女织),不择新业(运输业、手工业、商业、乐舞差役之类),何以集居生存于无五谷肉食产出的与田野、森林相比十分狭窄的"市井"之中?孔颖

---

①　张明华:《中国新石器时代水井的考古发现》,《上海博物馆集刊》第 5 期,第 67—76 页。

②　张志新:《良渚古井遗存及其文化特色》,徐湖平主编:《东方文明之光》,海南国际新闻出版中心 1996 年版,第 280 页;南京博物院、吴县文管会:《江苏吴县澄湖古井群的发掘》,《文物资料丛刊》第 9 期,第 1—2 页。

③　清·阮元:《十三经注疏》,中华书局 1980 年版,第 2703 页。

④　商务印书馆编辑部等:《辞源》,商务印书馆 1984 年版,第 128 页。

⑤　出处同上,第 967 页。

⑥　出处同③,第 376 页。

达:"《白虎通》云,因井为市,故曰市井。""俗说市井,谓至市者,当于井上洗濯,其物香洁,及自严饰,乃到市也。谨案古者,二十亩为一井,因为市交易,故称市井。然则由木井田之中交易为市,故国都之市,亦因名市井。案礼制九夫为井,应劭二十亩为井者。"①本来"市"专指集中做买卖的场所,《易·系辞下》:"日中为市,致天下之民,聚天下之货,交易而退,各得其所。"②井,除了前述用水汲水生活食用,也有如河北邯郸沟龙山文化专用于烧陶作坊。澄湖遗址乃至太湖地区发现大量水井,自然不排除也有一部分专为良渚烧陶、琢玉、磨石、食肆所凿。因此,良渚井的大量发现,也可能作为良渚有城市的重要佐证之一。

五　抑制长江下游中国最早城市发育因素的探讨

新石器时代的长江下游文化、社会发展形态,是中国当时古代文明最先进的代表之一,尤其到了良渚时代,都市文明亦如前述是可信的,但考古发现中直观性的遗迹为什么如此稀少,而且没有能进一步走向完善、发达,原因得从良渚文化在太湖地区突然消失的因素中去寻找。目前有瘟疫、海侵、战争、洪水等各种说法。

瘟疫的情况无法证实,但战争确实会造成一种文化的衰落,一个国家的灭亡。被人们推测可能为良渚部落的蚩尤③,文献上也确有被黄帝执杀,并发生过激烈战事的记录④。但衰落与亡国不应该产生空白!因为外强入侵都是以夺取政权、掳掠财富为目的,不会单纯地为杀人而来。杀光人,便走人,一般都是小范围、小规模、短时期的"仇杀"。外强的到来,必然会伴随着一种精神领域、物质领域方面的侵略,它完全是一种不以人们意志为转移的文化输入,它会使历史的链环不可避免地留下色彩浓烈的杂交文化。然而令人困惑的是,考古界在太湖地区探掘或发现的大量古文化遗址中,至今没有找到一处得以上接良渚文化的、屡有外来文化面貌的古文化形式和地层。近悉浙江遂昌好川有这种发现⑤,但从地理位置分析,它已远离生发良渚文化的太湖平原,而深入崇山峻岭,与文化面貌相去甚远的江西紧邻。印纹陶发达的江西、广东多处发现良渚晚期玉琮,可能反映了这里是良渚人避水灾向西南逃遁的一个通道(下有论及)。

海侵亦是水灾之一,但它一般是指地球冰期过后的海平面上升,只是历史文献与考古发现中缺乏这方面的依据;相反,良渚的水灾却和暴雨引起的洪水泛滥多有联系。此说也是著名学者俞伟超等先生所认可的观点⑥⑦。

① 清·阮元:《十三经注疏》,中华书局 1980 年版,第 376 页。
② 出处同上,第 86 页。
③ 陆建方:《良渚文化去向与蚩尤关系试考》,南京博物院:《南京博物院建院 60 周年文集》1992 年版,第 112—119 页。
④ 《逸周书·尝麦篇》:"蚩尤乃逐帝,争于涿鹿之河,九隅无遗。赤帝大慑,乃说于黄帝,执蚩尤,杀之于中冀。以甲兵释怒。"
⑤ 王海明、罗兆荣:《遂昌好川发现良渚文化大型墓地》,《中国文物报》1997 年 10 月 19 日。
⑥ 俞伟超:《龙山文化与良渚文化衰变的奥秘》,张学海等:《纪念城子崖遗址发掘 60 周年国际学术讨论会文集》,齐鲁书社 1993 年版,第 9—11 页。
⑦ 叶文宪:《良渚文化去向蠡测》,余杭县政协文史资料委员会编:《良渚文化》1987 年版,第 96—108 页。

《山海经·大荒北经》:"蚩尤请风伯雨师,纵大风雨。黄帝乃下天女曰魃,雨止,遂杀蚩尤。魃不得复上,所居不雨。"①另从大禹治水的对象上分析,我们也未见有海堤的影踪(防御海侵首治海堤)。相反,如《孟子·滕文公》:"禹疏九河,沦济漯,而注诸海;决汝汉,排淮泗,而注之江。"②这些记录的都是大禹从事疏通河道、引水入江海的工程。尤其必须注意的是,经海水浸漫过的地层,一般总会有海相的显示,然而在我们委托同济大学海洋地质系检测的上海江海遗址良渚层面上的淤土标本中,却没有发现证明为海相的有孔虫标本③。另外,自然科学家认定的"至距今6 000年左右,海平面上升至现今海面高2—4米的高度"海侵期④,遗址地层堆积反映生活面比良渚时代还要低洼的马家浜人和崧泽人尚能狩猎植稻,安居乐业,至"海面在5 000年(迤后)总体微微下降的过程中"只发生过"几次小波动和1至2米高海面"的相对太平时期⑤,良渚人反而走投无路,四处逃遁。这说明这个时期的毁灭性水灾并非由海平面上升引起。因此,太湖地区良渚文化层面上的淤土层,应该是由长江及其支流,从上游冲挟下来的沉淀物。良渚文化的突然消亡,主因是大雨引起江河泛滥的特大水灾。

目前,学界仍有不同意见,认为水灾既是毁灭性的、大面积的,为何有些遗址的良渚文化层面上没有发现这一(或几)层淤积土?其实解释这个问题并不难,因为从常规讲,除了个别高地遗址、祭坛、墓地地势较高,洪水未及而无淤土留存之外,平原性质的良渚遗址确实都应有淤积土存在。无这层淤土的原因,主要是良渚以来先民的生活堆积层本来就很浅薄,后人的生产活动随时都会侵及到埋藏不深的良渚文化层。像上海马桥遗址等淤土层的欠缺,一方面它所在位置本身就在比周围农田略高的古海岸线"冈身"上;另一方面良渚层面也被后来的马桥文化大面积地渗入破坏所致。在这方面,笔者直接参与发掘的上海奉贤江海遗址更能说明问题。

江海遗址良渚层面上的淤积土,在较大范围内呈现着洪水过后沉淀状遗存特有的水平状态,而没有淤土的地方良渚文化层以上的堆积必然是马桥文化或以后的遗迹或扰乱层。如T6的晋代墓坑和T8、9的马桥文化陶窑及生活面,深入良渚文化层,有的甚至进入生土层;T25(Ⅱ)东壁南侧显示马桥文化居民的生活层,局部地毁坏了良渚晚期洪水遗留下来的三层淤土,并直达良渚文化层中,而北侧仍然完整地保留着三层淤土。

江海遗址良渚文化层面上多至三层的淤积土,客观地反映了当地前后相去不远的三次大水灾。可以想见,面对接二连三的、铺天盖地般洪水的猛烈冲击,江海乃至太湖平原地区的广大良渚先民也只能外逃求生。于是,良渚文化的象征物——玉琮形器,在良渚末期,不约而同地出现在广东的石峡、陕西延安、江西丰城、山西陶寺、江苏花厅和陆庄……为我们明确地揭示了当年良渚人在洪水猛兽般肆虐下,慌不择路四处逃遁的轨迹。同时,洪水也毫不留情地冲垮了中国最早城市在太湖地区进一步发育、发展的文化基础和机缘。长江下游即使尚有一些少受水灾之害且已相当发达的古文化遗址,但由于一下子失去了先进的、龙头文化的有力

---

① 袁珂:《山海经校释》,上海古籍出版社1985年版,第286页。
② 清·阮元:《十三经注疏》,中华书局1980年版,第2705页。
③ 上海市文物管理委员会:《上海奉贤县江海遗址发掘简报》,《考古》2002年第11期附录三,同济大学海洋地质系:《土样微体古生物分析报告》。
④⑤ 赵希涛:《中国海岸变迁研究》,福建科技出版社1984年版。

依托,显得徘徊不前,使得"迟至春秋以前长江流域犹未出现大国"①的历史现象。与此相反,中原地区由于地理上的优势和古文化发展的深厚底蕴,博采众长,兼收并蓄,建立强大的夏王朝,从此朝代更迭,绵延不绝,开创了世界文明史上的奇迹。中原的都市文明也伴随着历史的脚步,一步一个脚印地走向繁荣、发达。

---

① 杜正胜:《夏代考古及国家发展的探索》,《考古》1991年第1期,第43—56页。

良渚文化纵横论

良渚文化，是我国三十年代就已发现的新石器时代古文化遗存。解放后，这一文化遗存在太湖地区有了更大规模、更具科学性的发现，尤其是七十年代末八十年代初，一些良渚大墓的揭露，使一大批精美绝伦的玉、石、陶器，中国陵寝制度的雏形——高土台掩埋和四字成句型陶文等具有文明因素的文物古迹的相继被发现，引起了国内外学者的普遍重视。

纵　　论

在太湖地区的古文化系统中，良渚文化之前是崧泽文化，之后是马桥文化。许多遗址都有直接的地层叠压关系，而且 C14、热释光测定，都证实了它们之间时代上的紧近。

良渚文化的前身是否崧泽文化？它的继承文化是否马桥文化？有观点认为，崧泽的"三期"接近良渚文化，"……可以清楚地看出崧泽文化与良渚文化间前后继承和发展的关系"[①]。马桥文化"是继承了良渚文化的传统……无论从陶质和制法都源于良渚文化；从马桥的基本生产工具来看，各有段石锛、三角形石犁、石镰和石耘田器等，都与良渚文化一脉相承"[②]。"关于良渚文化的去向线索，大致即为太湖流域以早期几何印纹陶为特征的马桥（中层）类型"[③]。"马桥类型是良渚文化接受印纹陶文化和商文化影响的产物"[④]。也有观点认为，依地层上的一些叠压关系，二者的分布面接近和某些器物形制的相似，直接把马桥文化称作"后良渚文化"，认为它"是良渚文化的继续和发展"，"是主要由良渚文化发展而来的，它们是同一文化系统的先后承袭关系"[⑤]。

笔者认为：崧泽、马桥这两个古文化与良渚文化的关系，在性质上截然不同。前者直接孕育了良渚文化，文化遗存中存在一个明显的渐变过程，而后者和"良渚"并不呈现"一脉相承"、"是同一文化系统的先后承袭关系"的状态。时间上明显有空缺，风格上迥然有异。因此，马桥文化的主体是一种异域的外来文化。即使其中出现个别的良渚因素，也纯粹是良渚文化影响外域文化之后的反馈。

崧泽晚期和良渚早期共同的因素，我们从陶器的质地上观察，泥质陶器的厚薄，偶见的黑

---

*　本文原载《考古与文物》1993 年第 6 期。

①③　黄宣佩：《关于良渚文化若干问题的认识》，1979 年《中国考古学会第一次年会论文集》。

②④　黄宣佩、孙维昌：《马桥类型文化分析》，《考古与文物》1983 年第 3 期。

⑤　杨群：《良渚文化的去向和二里头文化的南来——后良渚文化初探》，1986 年《纪念良渚文化发现五十周年学术讨论会》论文。

衣陶等,完全一脉相承;显示文化面貌特征的器物造型,尤其反映了它们之间的直接发展承袭关系,关于这一点,过去不被大家重视的江苏越城遗址墓葬资料,为我们提供了十分可靠的考古学依据。

越城遗址,是六十年代初发掘的,发掘报告分三层,从上至下:几何印纹硬陶,良渚文化,马家浜文化[①]。中层的良渚文化厚约一米,是墓地。依笔者的观察,中层除良渚墓葬外,尚可区分出崧泽晚期墓葬三座,这在笔者根据各墓随葬器物群的重新编绘中得到清晰的反映。M1、4、5三墓几无一件良渚文化的典型器,相反,直背凿、锛、鼓腹圈底圆锥足鼎、束颈浅盘豆、敞口弧肩折腹、腹凸堆纹罐、折肩折腹壶、腰鼓形花瓣足杯等,都是崧泽文化的典型器,而且,M11的圆锥足鼎,陶胎羼和料为稻谷壳、屑,与良渚夹砂陶羼细沙或云母的特征有质的区别。另外,地层上,报告本来就作为同一层叙述,可见两个文化时代上的紧近关系。然而,值得重视的是,一些在良渚文化中几乎绝迹的典型崧泽器形、纹饰,如折边三角形剔镂纹(M2)、敞口折腹、弧腹盆(M2、3)、折肩折腹高颈壶(M3)、高弧腹罐(M6)、浅盘粗把豆(M7),能够出在有石镰、有段锛、有肩石铲、耘田器、陶鱼鳍足、T字足鼎、三足盉、簋形豆、贯耳壶的越城典型良渚墓 M2、3、6、7四墓之中(图23),从而为我们从器物类型学上认定良渚由崧泽直接演变而成,提供了重要的依据。

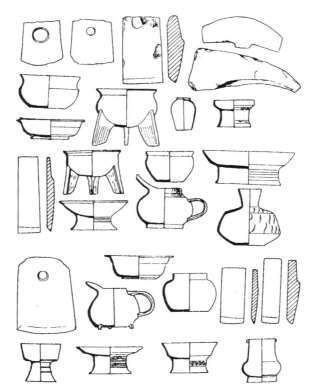

图23　江苏越城遗址含崧泽文化因素的良渚文化墓葬出土器物

①　南京博物院:《江苏越城遗址的发掘》,《考古》1982年第5期。

　　另外,福泉山祭祀器物堆出土陶器(图24)羼云母及粗砂的厚胎缸形器是典型的良渚大器,而泥质弧腹四系罐及壶等,刮制和灰胎特征等,是典型的崧泽陶器。更为有趣的是其中一件崧泽型的灰陶鼓腹小壶,在唇沿对称地有两耳状凸起,外形极似良渚贯耳壶,但两耳呈实心泥粒状,并不贯通,其穿孔却对称地横穿于凸起下的口沿上。如果判断不错的话,这应该是崧泽壶向良渚双鼻壶演变的最典型、最可靠的早期过渡型。考虑到该墓夹砂缸形器尖底特厚胎,夹沙石、云母及饰菱形纹的良渚炊器特征,已与薄胎圆底缸的形制出现差别,地层亦处良渚文化层底部的崧泽文化交界处,因此,兼容崧泽典型器的福泉山祭祀器物堆,是我国最早跨进良渚时代的典型,它和兼容崧泽文化器物、纹饰的越城 M2、3、6、7,上海金山坟 T1M1(图25)等诸墓的典型良渚器物群一道,充分证实,良渚文化是直接由崧泽文化演变而成的正确结论。

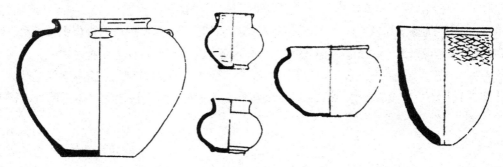

图 24　上海福泉山遗址含崧泽因素的良渚文化祭祀器物堆随葬陶器

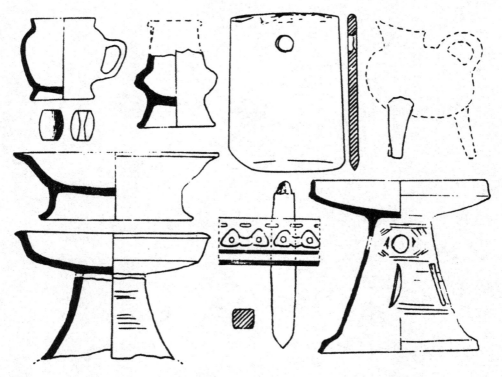

图 25　上海金山坟遗址含崧泽文化元素的良渚文化墓葬 T1M1 随葬器物

关于良渚文化和马桥文化的关系,器物上反映的个别情况,确有一定的联系。炊器多为鼎,无鬲,都为有段锛,石镰等。但从整个文化面貌观察,它们不应是前后的直接演变与承继关系,它们之间已经发生了质的变化。

以考古界公认的,时代上应该与马桥文化时代相距最近的晚期良渚文化的雀幕桥类型比较,马桥盛行灰白陶,橘黄陶,且出现不透水硬陶,拍印叶脉纹、方格纹及云雷纹等青铜器纹饰;良渚泥质陶盛行乌黑发亮的陶衣(出土后陶衣极易脱落),阴刻纤细纹。器物造型上,前者有大量凹底器,凹弧舌足鼎、鸭形壶、细高型觚、直腹敞口碗、带柄石锄、青铜刀等,后者典型器为双鼻壶、阔把带流杯、鱼篓形罐。这些特征性强烈的器物,两者互为空白,表现出截然不同的面貌。而且,两者之间未发现过渡型的墓葬等资料。时代上比较,马桥文化距今 3 030±333 年,3 470±382 年(马桥遗址出土陶片经热释光测定),3 730±150 年(同类型亭林遗址出土木头经 C14 测定)。良渚文化晚期距今 4 300±145 年(雀幕桥遗址木板经 C14 测定),4 200±145 年(亭林遗址炭化木经 C14 测定)。它们之间确实有一个不小的时间空缺。

过去就有一些学者注意到了良渚与马桥文化之间存在着一个缺环。"原来良渚文化中期相当发达的薄胎轮制陶器和精湛的琢玉工艺似乎突然中断了,良渚文化炊器上的素面传统被绳纹装饰所取代,鼎的形态和良渚文化鼎的序列不能连接等等。很难令人相信马桥文化是良渚文化的自然延续。"不过此说的作者认为"很可能良渚文化以后,社会主要生产活动的内容有所改变"所致①。也有观点认为"水浸使良渚文化遭到了毁灭性的打击,劫后余生的良渚文化先民于是举族迁徙,离开了这块'汤汤洪水滔天,浩浩怀山襄陵'的土地"②。事实上良渚文化遗址文化层面上,确实经常能见一些比较纯净的淤土层或泥炭层。因此我认为作为一家之说,应该引起一定的注意,因为一个暂时无法解释的现象,我们只能从全方位上去推敲。

鉴于马桥与良渚文化在文化面貌和时间上的明显差异,因此,笔者认为太湖地区在文化发展上存在着一段空缺。在空缺之后,出现的马桥文化是外来? 土著? 来自何方? 这也是证实这一"缺环"存在与否的关键所在。

对"缺环"持否定的观点认为:"应该把所谓的'缺环'理解为文化性质的突然变异,另一方面,马桥文化的分期问题没有解决,也容易使人们感到有'缺环'存在③。但就太湖地区现有的马桥文化出土资料分析,目前分期依据不足,更找不到时代上能衔接前后两个文化的这种早期类型"。突变说亦因"马桥""良渚"之间时间太短促,文化面貌变化太大等情况而显得勉强。有鉴于此,我们不得不拓宽视野,进行稍大范围的探索。很清楚,河南的二里头文化,除了与马桥文化在地域上的差距外(其实这在生产力相对发达的文明诞生之际是不必过虑的),无论从器物类型等的文化特征上、时代上,都证实马桥文化重要地是接受了它的影响,而它本身亦曾容纳过良渚文化的许多因素。最近,也有文章认为二里头的鸭形壶、少量的印纹硬陶、兽面纹等,应是马桥文化北上的结果④,笔者认为欠妥,这也是下文所要论及的。

---

① 牟永抗、刘斌:《论良渚》,1986 年杭州《纪念良渚文化发现五十周年学术讨论会》论文。
② 叶文宪:《良渚文化的去向》,1986 年杭州《纪念良渚文化发现五十周年学术讨论会》论文。
③ 宋建:《马桥文化探源》,《东南文化》1988 年第 1 期。
④ 商志醰:《论太湖流域的古文明兼论其与中原夏文化关系》,1990 年美国洛杉矶《夏文化国际研讨会》论文。

时代上,二里头文化的绝对年代当夏代,距今 4 050—3 550 年①。C14 测定年代"从统计的观点总体来看","应不早于公元前 1900 年"②,从具体测定年代看,基本上不超出公元前 20 世纪③。这正好介于良渚文化晚期距今四千年和马桥文化三千余年的一段空白当中。器物类型上,二里头文化作为中原地区的土著文化,陶鬲、角、斝、四方足鼎、大口尊及多量的铜器,在良渚文化中均无出土依据,自有其强烈的个性。但许多器形、纹饰特征证实了它们之间的密切关系。

二里头遗址直接出土过良渚文化的玉琮,增加了圈足的良渚文化型鱼篓形贯耳罐,良渚文化的三瓦足器亦见继承,另外加泥质灰陶豆、盆等都有明显的渊源关系(图 26)。这些良渚因素,特别如演变发展型的鱼篓形贯耳罐出现圈足,证实二里头文化时代上晚于良渚,内涵上接受并发展了良渚文化。马桥文化有一些独特的器形,如带錾圈足鸭形壶,其源流面目不清,与良渚文化很难联系上。然而,如果将二里头的三足鸭形壶放在它们面前,那么,其脉络一下子就清晰起来了,甚至可以从良渚文化三足壶一直上溯到崧泽文化的壶形鼎(图 27)。另外,

图 26　河南二里头遗址部分良渚文化因素的出土器物

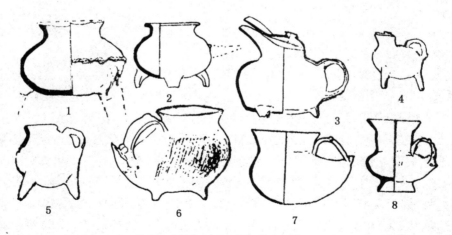

图 27　马桥文化圈足鸭形壶及上溯器形

　　1、2. 上海崧泽遗址出土　3. 上海福泉山遗址出土　4. 上海广富林遗址出土　5. 浙江邱城遗址出土　6. 河南二里头遗址出土　7、8. 上海马桥遗址出土

①　北京大学历史系考古学讲义:《商周考古》1975 年。
②　仇士华等:《有关所谓"夏文化"的碳十四年代测定的初步报告》,《考古》1983 年第 10 期。
③　李伯谦:《二里头类型的文化性质与族属问题》,《文物》1986 年第 6 期。

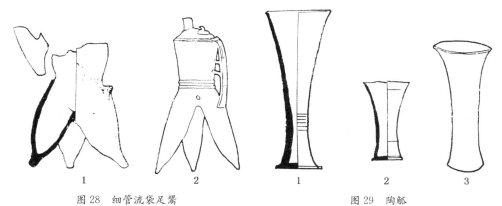

图28　细管流袋足鬶　　　　　　　　　图29　陶觚

1.上海马桥遗址出土　2.河南二里头遗址出土　　　1.上海马桥遗址出土　2.3.河南二里头遗址出土

如马桥的袋足细管流盉,在良渚亦无前型(良渚盉流均为泥质叠捏状),二里头袋足细管流盉,显示了它们之间的前后连续关系(图28)。另如马桥的细高型泥质陶觚亦在二里头找到了接近的形式(图29)。马桥文化的大量云雷纹、回字纹、圆圈纹、曲折纹等,在盛行素面和细刻纹的良渚文化中找不到任何依据,而在二里头却找到了多量的出土陶片①。马桥出现(太湖地区古文化中首次成一风格出现)的凹底器,在二里头也可找到足够的器型源头。

　　总之,良渚与马桥之间的缺环是客观存在的,良渚文化晚期,在太湖地区确曾消失过踪迹,相反,地域广泛地波及了周围的诸多古文化。二里头文化作为一个土著文化,较多地吸收过良渚文化的因素,至马桥时期,反以其为主体来到了太湖地区,与其他相邻的文化融合形成了马桥文化。邹衡先生依据安徽肥西大墩孜遗址早商遗址中出土过一件与二里头文化相似的铜铃,以及有关的文献记载,认定这是目前考察马桥文化二里头因素来自二里头,经大墩孜抵达马桥的仅有线索②。笔者认为很值得重视。

横　　论

　　要研究良渚文化与其时代相当的周围一些古文化的相互关系。我们发现它们与良渚文化中一件很具特征的器物——玉琮形器大有关系。从目前分布范围看,西至陕西、甘肃,北至江苏、山东、山西、内蒙古,南至江西、广东,均能见到这种器物的踪迹③。邹衡先生曾经这样说过,良渚文化的发展"显然是有从北而南,从东而西的趋势,筑卫城下层,昙石山中层,石峡下层等等应该都是其分支,可以统称为良渚文化,其各个分支或可以类型区别"④。我们感觉邹教授此说主要地可能是循着玉琮形器的踪迹为依据的。虽然这是八十年代初期阶段的一种认识,也不知道邹教授现在又有否新的见解,但至少说明良渚玉制重器——玉琮形器这种在不可思议的大范围内不约而同出现的情况,是很值得我们重视和研究的。以下试将含玉琮形

　　①　中国科学院考古研究所洛阳发掘队:《河南偃师二里头遗址发掘简报》,《考古》1965年第5期。
　　②④　邹衡:《江南地区诸印纹陶遗址与夏商周文化的关系》,《文物集刊》第3期。
　　③　邓淑萍:《由"绝地天通"到"沟通天地"》,《故宫文物月刊》第67期。

器或良渚文化其他典型器的有关几处遗址加以比较。

新沂花厅村遗址,位于江苏北部,与山东毗邻,1987年发掘。报告称:"花厅墓地是继大汶口墓群之后,近年来发现的大汶口文化最典型、最丰富的遗存之一。"①十分意外的是,这个距离良渚文化中心直线距离(下同)500多公里,间隔长江、淮河巨流的古文化遗址中,竟然发现了大量典型的良渚文化玉石陶器,这些良渚因素主要地发现在北区的8座大墓之中。以北区的十八号墓为例(器物由已发表图照资料重新编绘),玉器有琮形、圆柱形锥状器、琮形管(玉项链穿件)、简化人兽纹玉琮、蘑菇形杖端饰、玉镯等玉器以及瓦足盘、双鼻壶、鱼篓形罐、高颈壶形罐、阔把带流盉、小圈足大口盉等陶器,它们都是在福泉山、反山、瑶山诸良渚文化大墓中常见的随葬器物。此墓除明显的一件背水壶有大汶口因素外,余与太湖地区良渚大墓几无差别。这种情况在北区各墓中,大同小异。报告认为距今有5 000余年。但从双鼻壶、阔把壶、浅盘豆观察,似与马桥遗址第五层的良渚遗存相当。由于南区的四座墓葬文化特征是典型的大汶口文化类型,时代上略早于北区诸墓,因此,我们是否可以这样认识,花厅遗址早期是大汶口文化的领地,以后(至北区墓葬时期),北上的发达的良渚文化取代了这里的土著大汶口文化。

大汶口遗址位于山东省泰安县和宁阳县交界的地方,与良渚文化中心相距约700公里,文化面貌个性强烈②,时代上一般认为大汶口文化后期阶段与良渚文化前期接近③,而大汶口后期则以1959年发掘的大汶口遗址为典型,良渚现一般以钱山漾、张陵山、越城中层为典型,均为距今4 900年以降。

大汶口文化大汶口遗址的遗存,有大量的彩陶器,大量的背水壶,方棱形拱背凿足鼎,大口弯凿足钵形鼎,大镂孔裙形圈足豆,管形流敛口折腹盉,鸟喙凸饰瓶,盔形器,象牙骨梳、雕筒等等,显然是一个自有其体系的文化遗存。但遗址中也出现过不少与良渚相同的因素和器形,如有段石锛,骨、玉锥形器,陶双鼻壶,三足盉,鱼篓形罐,袋足鬶,三足盉,及在陶器上加施的旋涡纹彩绘等。从这些器形及众多共见因素看,它们应该是互相影响的关系。

背水壶,在良渚文化遗址已有大量发掘的情况下,至今只有上海福泉山一件完整器,此外,即使是背水壶的残片亦未见过一件。因此,背水壶在良渚文化中出现,只能证明它是大汶口文化南下与良渚文化交流的孑遗。结合背水壶器壁轻薄,彩绘华丽,制作精细,与大汶口生活用背水壶较厚重、简朴的特征有所区别的情况,它可能是作为大汶口文化精品,由大汶口先民馈赠或交换中抵达良渚文化福泉山的。出于生活习惯的原因(南方可能利用竹木方便,运水习用竹、木筒),良渚人自己可能始终不曾借鉴制作过背水壶。

袋足鬶在大汶口器形及数量繁多,一般认为由实足鬶演变而成,良渚文化袋足鬶时代稍晚,且形制单一,泥片捏合式的流口结构,与大汶口有区别,似为受大汶口文化袋足鬶启发后的变异。

贯耳壶,良渚早期已经出现,而且有其从雏形的福泉山早期良渚凸耳壶(前述福泉山祭祀器物堆,孔穿于凸耳下缘的形制)发展而成的完整系列。应该是良渚影响到了大汶口。

---

① 南京博物院:《1987年江苏新沂花厅遗址的发掘》,《文物》1990年第2期。
② 山东省文物管理处、济南市博物馆:《大汶口》,1974年文物出版社。
③ 吴汝祚:《论大汶口文化的类型与分期》,《考古学报》1982年第3期。

　　鱼篓形罐是良渚文化的典型器,时代偏晚,大汶口遗址中期墓已出现,且形制变化较多,应该是良渚文化受大汶口文化影响。

　　林巳奈夫先生近作认为,有些良渚玉器上见有良渚文化与大汶口文化两种符号,反映了这种联姻关系的结论①。笔者虽未及深入考证其正确性,但以上器物类型学上的比较,足以证实良渚与大汶口文化之间存在着异乎寻常密切的相互影响关系。

　　陶寺遗址位于山西省襄汾县,1978 年发掘报告称主要为早晚二期的龙山文化的堆积②。出土玉琮形器的文化层属晚期遗存,C14 测定并经树轮校正的木炭标本 ZK－681,Ⅲ H302,距今 3 990±80年,3 875±80 年,4 390±125 年三个数据。炊器主要是陶鬲,其次是甗、斝等三足器,不见釜、鼎、缸,风格独具,陶器中除了浅盘筒状高圈足陶豆,石器如曲尺形器,玉器如玉铲,形制与良渚稍有接近外,余如他处罕见的梳形石钺等,都与良渚文化格格不入。显然,这应该是一支当地的土著文化(图 30)。玉琮形器和个别良渚因素的出现,应该是良渚文化北上的远距离影响。

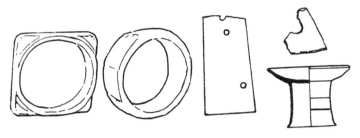

图 30　山西陶寺遗址与良渚文化近似的出土器物

　　1983 年 7 月在江西丰城荣塘乡官坟山出土过一件简化人面纹筒形玉琮,八节,高 22.1 厘米,乳白色,是典型的良渚文化遗物③,可惜报导中未说及有伴出物及遗址文化性质,难以科学地认定其原址的文化面貌。

　　丰城遗址附近,目前所知与良渚文化时代紧近的新石器时代晚期文化,是曾广泛地分布在鄱阳湖和赣江中、下游地区的山背文化④,它也有有段石锛、半月形石刀;良渚那种打磨光滑的蛋壳黑衣陶,在山背文化中也有出现,且与良渚黑衣陶的特点一样,黑衣极易脱落。钱山漾、亭林的细长颈瘦袋足鬶,山背亦有近似的形制,筑卫城下层的鼎与良渚特征的"T"字形足形接近。但总的看来,特别如饰同心圆的直腹浅盘阔足鼎等显示出山背文化的个性(图 31),它应该是当地的一个土著文化。与良渚文化接近的因素,至多是良渚文化的一种远距离的波及,唯良渚玉琮肯定是一件由良渚文化直接传入的重要器物,这与玉琮在良渚文化中举足轻重的意识形态地位是分不开的。

　　① 林巳奈夫:《良渚文化和大汶口文化中的图像记号》,《东南文化》1991 年第 3 期。
　　② 中国社会科学院考古研究所山西工作队、临汾地区文化局:《山西襄汾县陶寺遗址发掘简报》,《考古》1980 年第 1 期。
　　③ 丰城市博物馆万德强:《丰城出土的良渚文化玉器》,《江西文物》1989 年第 2 期。
　　④ 江西省文物局文物处:《江西考古》1983 年,江西省博物馆、清江县博物馆、厦门大学历史系考古专业:《清江筑卫城遗址发掘简报》,《考古》,1976 年 6 期;《江西清江筑卫城遗址第二次发掘》,《考古》1982 年第 2 期。

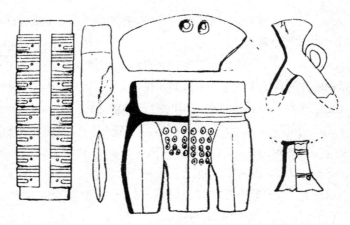

图 31　江西丰城官坟山与筑卫城遗址出土器物

　　延安市芦山峁村,于六十年代中后期出土过一批玉石器,有玉琮形器、璧、戚(报告称斧)、环、铲等(图 32),伴出过一些绳纹或刻画纹陶片,据说还发现了相当龙山文化晚期的居住面。观察过这批玉器的专家们倾向于认为,"这批玉器是西周的遗物,但不一定是同时制作的"①。由于出土报告写得十分简单,无器物线图,照片亦十分模糊,从这些资料上难以明鉴与良渚文化的关系,从薄壁镯形琮亦饰兽面纹、使用鸡骨白玉料看,从戚和环、璧的形制看,它们的时代似可提前,与良渚相近,从出土地势较高,大部位于山巅附近的情况分析,有与良渚大墓都高居土墩或山巅的特征相似的因素。另外,芦山峁村同一地点附近还有相当龙山文化晚期的遗存出现,也是一个不能忽视的情况。当然,简报中提到的狭条形玉铲、玉璇玑等,确有晚近的因素,但这也并不矛盾,因为这批玉器不是科学发掘获得的,是先后几次从农民手中征集到的,出现时代上的参差不一,可能与出土地点不同、文化遗存不同有关。

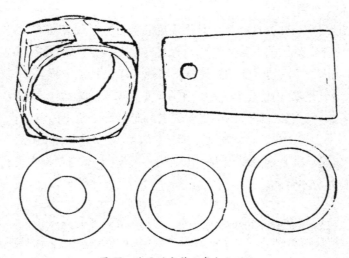

图 32　陕西延安芦山峁出土玉器

---

①　姬乃军:《延安市发现的古代玉器》,《文物》1984 年第 2 期。

广东出土玉琮的地点较多,石峡遗址位于广东曲江县城西2.5公里,遗址下层年代距今四千年至五千多年,是岭南地区重要的新石器时代文化之一①。

陶器多呈灰褐色或灰黄色,轮制、模制为主,纹饰中主要有绳纹、镂孔、堆纹、条纹、方格纹、曲尺纹、凸弦纹、漩涡纹等,与良渚盛行的素面黑陶截然不同。器形上几无一件良渚式形制,特别是风轮形或三角形三足浅盆、浅盘鼎,在太湖地区绝迹。如果以接近形式言,印纹陶纹饰与子口浅盘鼎、豆与清江筑卫城下层,修水山背出土的同类器物相比,存在着许多相似之处。尤其是集中出在石峡54号墓和跑马岭1号房子的两组器物,表现出少见的相似②。然而,大墓,特别是三期(C14测定距今4 815±185年)中出土的玉琮形器、璧、镯、环、璜、坠、锥形器,有段石锛、有肩石钺、斜顶斧、戚都是典型的良渚文化器物,尤有M105出土的大玉琮,从石材的选择,对钻孔的特征。简化人兽纹的布局,证明它们是良渚文化因素的直接传入。

海丰田墘镇居民在三舵挖到过两件薄壁直筒腹玉琮(图33),青玉雕琢,外形规整光洁,泛淡绿色,外饰人兽纹③。虽然出土地点没有直接清理到伴出的陶器,但附近一批古文化遗址出土器物中却有时代风格近似良渚文化的有段石锛、石斧、石戈、石矛等,从陶器饰方格纹、绳纹、席纹、圆圈纹、云雷纹等特征观察,可能与广东石峡三期接近。由于文化面貌与盛行黑皮素面、细刻纹的良渚文化有异,因此,饰重圈兽面纹玉琮和简化兽面纹玉琮的形制风格虽与良渚玉琮几无区别,但它应该是北来的良渚个别因素。

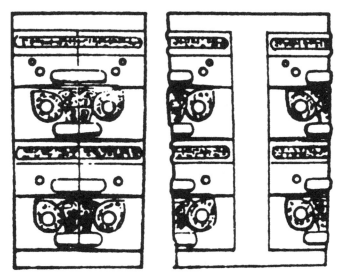

图33　广东海丰三舵遗址出土人兽纹琮形玉器

同样地,1984年发掘的封开鹿尾村新石器时代墓葬,墓主男性,位于山岗顶部。出土的玉琮未见发表线图及照片,报告称射径上端7.1、下端6.6,内径上端6.1、下端5.9厘米,四面中间

①　广东省博物馆、曲江县文化局石峡发掘小组:《广东曲江石峡墓葬发掘简报》,《文物》1978年第7期。
②　中国社会科学院考古研究所:《新中国的考古发现和研究》,1984年文物出版社。
③　杨少祥、郑政魁:《广东海丰县发现玉琮和青铜兵器》,《考古》1990年第8期。

各一道直槽,两侧刻横向凸弦纹,角边相连,两组半纹饰,每组有两个小圆圈,为简化兽面纹。伴出两件磨制颇精的石镯,一件斑纹大理岩制作,光润如玉,还有石锛二、小石钺、矛、镞各一,陶鼎、豆、盘残器若干。报告称形制与石峡墓葬三期同,C14 测定 4 030±120 年①。很显然,这件玉琮应与广东其他两址的情况一样,仅仅是良渚文化个别因素的南下。

综上所述,我们大致可以有这样一个概念:良渚文化是直接由太湖地区土著的崧泽文化演变而来的,良渚中晚期接受过较多的外来因素,形成了中国新石器时代晚期独树一帜的古文化,后期消失、空缺,它与所谓的"后良渚文化"②③——太湖地区商周时代的马桥文化没有直接的延续关系(因此,笔者同时认为"良渚"与"马桥"有质的不同,用同一名称,仅以前后区别是不妥当的),马桥文化应该是由北来的中原二里头为主的古文化与相邻文化融合而成。良渚文化中晚期向四方渗透,曾涉及几百上千公里内外的山东、山西、陕西、江西、广东这么一大片土地,其势力范围一度北抵苏北的花厅一带,反映了中国新石器时代晚期,太湖地区一个文明绽露的、发达的良渚社会,曾经给予中国历史发展以极大的影响力。

拙作撰写过程中,承南京博物院汪遵国先生提供越城有关资料,谨此致谢。

---

① 杨式挺:《封开鹿尾村新石器时代墓葬》,《考古学年鉴》1985 年。
② 杨群:《良渚文化的去向和二里头文化的南来——后良渚文化初探》,1986 年杭州《纪念良渚文化发现五十周年学术讨论会》论文。
③ 苏秉琦:《太湖流域考古问题》,《东南文化》1987 年第 1 期。

良渚社会文明论

认定一个古文化文明与否，先哲今人曾提出过许多具体的标准，如金属的冶炼、文字、城市等等，而许多古文化的发现，往往又总不那么完备，于是会产生出种种分歧性的认识来。

良渚文化的社会性质，论及的人很多，但结论很不统一。以 1990 年上海市良渚文化学术讨论会为例，虽然大家掌握的资料大同小异，但得出了良渚文化处在文明门槛上、门槛内、门槛外三种截然不同的说法。这主要是方法论上的误差所致。笔者近年通过对良渚文化一批重要玉器的正名、复原、用途的探索，对陶文、埋葬制度的整理研究，对社会性质认定的方法论上的推敲，觉得良渚文化文明有据，可以作出结论。

一 良渚社会的私有制、阶级压迫和剥削证据确凿

由于福泉山、反山、瑶山、草鞋山诸大墓的发现与有关资料的公布，人们对良渚文化中私有制、阶级压迫和剥削这个问题的认识比较清晰起来。它们主要地反映在以下几个方面（小墓无甚特殊与变化，下以大墓为主线）：

1. 征用大量民力，建筑象征凌驾于平民之上的陵寝式高土坛墓地

除浙江汇观山良渚大墓墓地利用自然山丘的高度之外，其余各高土坛几乎均为平地堆筑而成，面积一万平方米左右，高度除寺墩二十米特高外，余七至十米左右，因此，这些高土坛几乎都有好几万立方米的土方。以今农村强劳力使用锋利的铁锹取土，每天平地挑土二立方米、移动五十米距离计（良渚人执石铲取土搬运，肯定远不及此，特别是土坛越高，效率越低），每天可能一立方米也达不到，因此，平均每座土坛的建成，估计也不会少于十万个强劳力，以每天征二百人计，需五百天。浙江未经正式发掘的莫角山良渚高土坛，1987 年试掘，东西长六百七十米、南北宽四百五十米，约三十万平方米，高十多米，上面还有二长方、一正圆形的大土坛，总土方量不下三百万立方米，工程浩大，令人惊愕！这对一个地域范围并不很大的辖区（此区当以每一个高土坛良渚大墓墓地为一中心），人口远比当今稀少的良渚人的压力一定是十分巨大的，它必然严重地影响人们的生产劳动和日常生活。如果当时没有暴力政权的存在，光靠一种自觉奉献[①]，那么，如此众多的强劳力的长期征用，完成这么多高土坛的工程量是不可能的。反观良渚绝大部分普通人员的墓地，全部零星、分散地掩埋于平地，简直不许越雷

---

* 本文原载于《中国民间文化》1994(2)，第 133—154 页。

[①] 叶文宪:《略论良渚酋邦》,《历史教学问题》1990 年第 4 期。

池半步,说明当时已经根本动摇了原始社会那种最起码的人间平等地位的基础。

2. 大型的墓穴,奢华的随葬

从墓穴大小上比较,原始社会本来是以氏族丛葬地形式出现的,氏族人员之间墓穴的大小几无差别,一般均以刚刚容纳人的面积一平方米多为主,良渚中晚期的高土坛大墓与平地小墓出现了大小悬殊的现象。平地小墓几乎仍维持原来的规格,高土坛大墓却一下子猛增至五六平方米,且不少有木棺椁残迹。反山 M22 穴长 3.26 米、宽 1.70 米,福泉山 M67 残长 5.6米、宽 2 米,约 12 平方米,几乎是同期平地墓的十二倍。1973 年发现的草鞋山 M198,残长 4米余、残宽 2 米,考古界第一次清理到如此宽大的良渚墓穴,差一点使人们误当三人合葬墓认识①。

同样地,随葬品的数量、质量上的差距更是惊人。小墓以陶器为主,胎质疏松、平素,罕见玉器,多小器,少数有石锛、斧等,然而,良渚大墓不但数量骤增,数十数百件(揭去墓穴填土,大批玉石陶器珍品,简直令考古人员无从落脚清理),而且,每墓几乎都以珍贵的玉石、象牙、精烧黑衣陶等随葬。反山 M20 一墓多达 547 件组,福泉山 M9 的湖绿色透光玉戚和小鸟、人兽组合纹玉琮形镯,是我国迄今发现新石器时代质材和加工兼优的仅见珍品,同墓的象牙雕刻器,残长 42.2 厘米、宽 7 厘米,精刻有威风凛凛的兽面繁密纹,据其线缺纹样的复原延伸,其完整个体起码有六七十厘米,即使是残器,它的长度和精美程度,也是中国新石器时代象牙雕刻器之冠。著名的反山 M12 玉琮,粉白间浅黄,重 6.5 公斤,射径 17.1—17.6 厘米,高 8.8 厘米,上面有丝发状细刻人兽纹、简化人兽纹和鸟纹,无论从工艺上、硕大形制上,都堪称举世无双的"琮中之王"。玉器的形制出现了大量新的造型艺术,琮、璧、琮形镯、项链、山字形器、戚、冒、镦、虎面纹冠形器、玉鸟、蝉、鱼、龟等等,琳琅满目,斑斓璀璨,反映了良渚大小墓主人之间产生了严重的贫富不匀。

制作玉器自野外罕见矿材的寻找、凿挖、运输,到配料、因材设计、切割、琢磨、钻镂、刻雕、抛光及因工具原始产生的大量损坏次品所耗用的人力物力是十分巨大的,不难设想,一件"琮王"的制作完成,所需工时几乎要以年计算,然而良渚大墓中已经发现的玉器总数五六千件,尚不包括流散民间、国内外和未发掘出土的那部分。仅是围绕着良渚大墓中这批玉器成品的制作,该是一支多么庞大的专业队伍。纯熟挥洒的造型艺术更说明他们早已脱离为生存而必需的田野劳作,成为专为良渚大墓少数人骄奢淫逸生活服务的一批工匠。

如此现象,我们还能将良渚文化的社会形态与地位平等,分配平均,无剥削、压迫的原始共产主义画等号? 显然,大墓主人聚敛财富,不用残酷剥削的字眼去描述已经无法解释了。张光直先生认为:"没有一个文明(假如我们称之为文明的话)的产生不是经过这样一个程序而来的,即财富的积累与财富的集中。"②这句话是极其耐人寻味的。

3. 杀殉

福泉山首先发现了三座殉人墓。139 号墓,二十多岁男性,有木质葬具,随葬三十多件玉石、陶制珍品,墓东北角有一侧身屈肢女性,二十多岁,有三四件小玉珠、玛瑙管;144 号墓,墓

---

① 南京博物院:《江苏吴县草鞋山遗址》,《文物资料丛刊》第 3 辑。

② 张光直:《从商周青铜器谈文明与国家的起源》,《中国青铜器时代》二集,三联书店 1990 年版。

主是个十五岁少年,其东北角有一人体遗骸,有小玉珠、小陶器三件;145 号墓玉石陶器众多,墓主足后有一附葬坑,殉有一中年女性与一个儿童,人骨作侧身屈肢,头部向上,双臂背后呈反缚挣扎状,无任何随葬品;江苏花厅遗址"殉人的现象更是比比皆是,如 M16、M18、M20,而且一般都殉葬两个以上奴隶"①。江苏赵陵山的报道说:"在第二层红烧土之下覆盖着一批重要墓葬。有的在坑内葬具外,明显埋放杀殉人骨,有的人头骨放置在一堆散乱的人骨之上,有的单独埋放一个人头骨,有的在墓主两腿间埋放一头向与墓主一致的婴幼儿骨架……上述情况表明殉葬现象已很普遍。尤为重要的是,在初步揭露土台西北部处同时发现的十九座小墓,均无墓坑,头向不一,多无随葬品,半数下肢被砍云,有的双腿呈捆绑状,还有仅见人头、无头人架、身首异处等人骨……以青少年为主,这批墓葬系'杀殉'之牺牲"②。

以原始社会的社会性质,偶见的人牲现象往往出现于祭祀天地山川水火鬼神的仪式之中,如仰韶文化房屋、窑灶建筑下或附近的人牲等,但似乎不存在那种明确地反映残酷的、人间不平等的、殉杀的情况。现在出现那么多的人,为那些土坛大墓上的墓主们殉杀,能说他们之间的地位还是平等关系? 不是压迫与被压迫关系? 赵陵山遗址土坛西北部的十九座青少年小墓,无墓坑,无随葬品,头向不一,半数下肢被砍,双腿呈捆绑状,身首异处,这种明显的残杀,至少是对仇敌或其家属的暴力报复行为。

二 良渚社会已有了中央集权式的国家机器

要探明良渚社会的领导机构,辨明良渚高土坛上这批特殊人物在良渚社会中各自的真实身份和地位是十分关键的,而直接的线索主要地依赖大墓中的那些随葬品。

象牙器少见,许多已朽蚀成碎屑状,器形不明,福泉山 M9 的细刻兽面纹象牙器因与象牙镦同出,以后发现证明是象牙权杖残体。反山 M12 据说也有象牙器。陶器在良渚大墓中出现的大都是特别制作的精品,在易碎的陶器上刻画有超常繁密的纹饰。显然说明它们已经不是日常的生活用品,而是专用于祭奠仪式上的礼器。几件大陶鼎器表往往施一层乌亮的泥衣黑衣,上面细刻蟠螭纹,再把它们作为炊器认识是有悖情理的,因为黑衣火烧后会氧化泛红,甚至脱落。因此,象牙和陶器反映出墓主人的崇高地位和富贵身份。占良渚大墓随葬中绝大多数的玉、石器,形制繁多,制作精湛,纹饰神秘,有许多是不知名器,如瑶山的箭镞形端饰、凸字形"插座"、"柄形器"。张陵山觿形镂孔器,应该是某些组合器上的部件;有些是饰件,如珠、锥、坠、管、项链;另如瑶山元宝形"牌饰""新月形饰""半月形器",正面大多有精美的纹饰雕镂,背面一般都有斜向钻成的小隧孔,从出土位置看,应该是缝缀在衣帽上的;还有一些背有斜穿隧孔的小鸟、小龟、小鱼等,也有类似的作用。当然,这种沉甸甸、叮当作响的衣服不可能平时穿用,应该是一些重要仪式上的"礼服"。玉带钩无疑用于系扣衣裤,兼有装饰作用。玉纺轮,如瑶山一件,连细长的中轴杆亦用脆弱的青玉制成,显然,这已非实用器,纺轮与纺织有关,可能用于对纺织发明先贤的尊崇和祭礼。

---

① 陆建方:《部族和良渚文化》,《东南文化》1990 年第 5 期。
② 钱锋:《赵陵山遗址发掘获重大成果》,《中国文物报》1992 年 8 月 2 日。

陆建方在对琮、璧等玉器的用途上作出一番推论之后,写下了这么一段文字:"假若笔者的设想符合实际,那么,琮、璧、钺的组合就很有意思了:

1. 琮璧钺齐全的墓主:可能是掌握了军权、神权、政权而又德高望重的首长;

2. 有琮钺,无璧:掌握军政大权和神权的首长;

3. 仅有琮的:掌握神权、政权的首长;

4. 仅有钺的:一般军事首领;

5. 仅有璧的:部族中有威望的成员。"①

这也许是有关良渚社会讨论中,仅见的一份最具体化了的职官名单。虽然笔者与陆氏对琮、璧、钺等器物的名称、用途的认定上有些许出入,因而在对各墓主人身份的推测上不尽相同,但陆氏以这些玉制重器作为探索的对象却是十分对头的。

玉琮,其用途众说纷纭,有图腾柱、女阴、烟囱象征等等②,依笔者分析,严格定义上的玉琮在良渚文化中其实为数不多。因此,在讨论琮的用途之前,必须认定什么才是玉琮,否则将不得要领。我在过去的一些文章中已经说过,内圆外方的玉器不能一概而论地称琮,因为大小、质地、造型、纹饰上的许多悬殊差别及出土现状证明,过去习惯称作小琮的,其实许多是琮形管,江苏新沂花厅遗址的出土资料证明,它是玉项链上的附件;一大批粗劣石质制作的琮形器,如寺墩 M3 周围一圈多节长型琮和矮方型大琮,可能有两种用途:一、作明器,借玉琮通地、通鬼神的本义,让死者在阴曹地府中得到安宁;二、作敛尸用器,有防腐永存不朽的用意。

最近笔者通过一例资料的研究,又发现至今仍被大家普遍作琮论说的一大批内圆外方的扁矮形玉器,其实都不应称琮,而应是良渚人套在臂腕上的饰物——琮形镯。墓葬中的出土位置都在人骨架的臂腕部,不但高矮、轻重、厚薄、纹饰都比较接近,而且中间的穿孔直径也都在 6—7 厘米之间,恰恰与人类手腕的径长 6 厘米左右相符;极个别稍小一点的可能是专为较瘦小体格的大人、小孩制作的特例。琮形镯的正名,使我们纠正了这批玉器的真正用途,增加了(其实是重新认识了)玉镯的一个新的形制,而且使玉琮一器的定义进一步严格化、科学化,从而为正确认识良渚玉琮的用途奠定了必要的基础。

剔除了以上这些非琮玉器,剩下的琮(质优精制者)主要只有两种形式了。

一、四方形厚重大琮。出土资料极少,基本为质地差,工艺粗糙的,精致的目前仅见反山 M12 一例,是良渚文化中最大、最精、最重、工艺最繁复的一件,上面有十六组复合人兽纹。出土时位于人头骨的左下方。现场考察中发现,随葬品除了大琮外,还有良渚文化中唯一一件饰有人兽组合和鸟纹的豪华型冒镦饰大玉戚,反映了墓主人肯定是一个执掌良渚军政大权的人物。

二、多节型长琮。几乎都饰简化人面纹,大多见之传世品,考古出土较少精致器。寺墩 M3 出好多件,因经火烧也分辨不清哪一件是精致器了,入选《良渚文化玉器》一书的 M3:22,位于头骨左侧,高 29.6 厘米,13 节,全器共饰五十二组简化人面纹。此墓亦见豪华型冒镦组

---

① 陆建方:《部族和良渚文化》,《东南文化》1990 年第 5 期。

② 邓淑苹:《中华五千年文物集刊·玉器篇·一》,台北 1985 年版。

合玉戚,反映了墓主人也是一位执掌军政大权的人物。

如上所述,作为良渚人生前使用的精致玉琮,在墓葬中一般都放在头部,是什么原因? 很难定夺(世俗的"头贵脚贱"?)。早期文献似乎与精致玉琮的形式、用途有关的记载如《周礼·春官·大宗伯》有:"黄琮礼地。"郑玄笺:"享后用琮。"《公羊传》何休笺:"琮以发兵。"由于良渚大墓中执精致大琮的寺墩 M3、反山 M12 等都有兵权象征的豪华型玉戚随葬,因此,它们不可能再用于发兵。至此,似只有礼地与享后的作用了。反山大琮器表确有一层浅薄的藤黄色,硕大厚重,当为礼地之器和政权的象征。那些多节型长琮都不见一丝黄意,且造型上呈瘦长多节形,表面都是简化的人面纹,并无通地的神兽纹,且与硕大厚重的"黄色玉琮"明显有着距离。"享后用琮",这里的"后"是什么身份? "后"本可作三释:皇帝的正妻。《礼记·曲礼》:"天子之妃曰后。"指群主。《书·大禹谟》:"后克艰厥后。臣克艰厥臣。"又:"后非众,罔与守邦。"指诸侯。《书·舜典》:"五载一巡守,群后四朝。"显然,这里"后"当"诸侯"释比较精当,因为文献记录证明,祭礼天地的大礼,几千年的传统都只能由王室进行。比较多的良渚大墓主人持有人面纹多节型长琮,他们不可能都是王。因此,唯一有最完整细刻人兽纹豪华型玉戚和琮王及大量玉器的 M12 墓主人,其地位应是高于其他诸墓的王式人物,他应有祭祀天地的地位;而执多节人面纹长琮的墓主,表明了他们似乎有"后"(诸侯)的身份。《左传·哀公七年》:"禹会诸侯于涂山,执玉帛者万国。"是否佐证了这一点?

玉璧,一般指大径、两侧肉都宽于孔径的玉制饼形器。良渚文化中玉质粗糙品不少,如有的一墓多达几十件,与粗糙玉琮一样应作明器或敛尸用。精致的玉璧一般一墓仅一二件,且多置于头、手、腹部,作礼玉是无疑的。有关它的用途,专门研究的人不多,但也有财富说、礼天等多说。财富说反映不了客观情况,欠说服力,笔者在《良渚古玉综论》一文中已表示了不同意见。当时虽然已经注意到了玉璧粗精两种应有的区别,但对精致玉璧的用途还未及深究,而只能附会于"礼天"说,遗憾的是,这些璧中哪一件是可靠的"苍璧",未能肯定。美国弗利尔美术馆、浙江安溪乡良渚玉璧上刻有鸟居盾形纹上的图案。据笔者的研究,它是良渚职官符的写实图,与少皞氏有以鸟命官的习俗一样,这些刻有鸟纹职官符图案或大小不同规格的精致玉璧,显示了墓主人生前不同的官职。刻在璧环象天的、与天有关的圆璧上,可能示作上承天意、不容觊觎的意义。

埃及第一、二王朝时期(约距今 4 700—4 900 年,与良渚文化时代相当),有一种镌刻在石碑上的、代表历代国王的阳纹图符,居然与良渚玉璧上的鸟盾图案肖似(参见图 11、14)。这似乎反映了持有这种鸟纹徽记的良渚大墓主人也有王的地位。不同的鸟盾构图,可能是前后继承、变更的历代王的各自徽记,但目前在良渚大墓中尚无直接出土的实物依据。

玉戚,即许多同行称其为玉钺的,笔者称其为玉戚①,只是基于其用途与早期文献上多次谈及的特定名词"玉戚"(专指用玉制作的斧形器)十分吻合而已。《礼记·祭统》:"朱干玉戚","以舞大武";《韩非子·五蠹》:"执干戚舞。"《五经通义》:"以文得之,先文乐,持羽毛而舞,以武得之,先武舞,持朱干玉戚,所以增威武也。"由玉冒、镦组合而成的豪华型玉戚,精磨光滑,刃

---

① 　张明华:《良渚玉戚研究》,《考古》1989 年第 7 期。

口完整,结构轻薄孱弱,与粗硕厚重的生产工具良渚带柄石斧结构完全相反,当然不可能是用于砍砸劈杀的利器,它只能是一种轻挪轻举,用于意识形态的礼器(图 34)。"干"即"盾",是防护型兵器,戚,进攻型兵器,朱干即朱红漆绘盾,玉戚即豪华型玉戚,良渚大墓中豪华型玉戚屡有发现,朱干却始终未见报导。其实,据笔者现场考察,反山大墓至少发现有两件比较可靠的盾形器。一件直径为三四十厘米,边沿一圈有宽约二三厘米的朱红漆绘,器表用长约一厘米的扁薄玉饰片嵌贴,中心有一直径约十厘米的鸡骨白圆饼形玉饰件。另一件外缘残缺,径约三四十厘米,器表朱红漆绘,并嵌贴长约一厘米的玉椭圆形扁薄片,中间有一镯形玉嵌件。另外,在良渚大墓中,曾普遍地发现有残留的朱红漆皮,有些面积还不小,其中也有残朽"朱干"的可能。良渚"朱干"器表嵌有珍贵美观但又很脆弱的玉器,这是史无前例的发现,同时也为我们证明朱干系非实用器提供了依据。

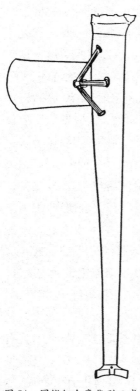

图 34　冒镦组合豪华型玉戚
良渚文化　上海福泉山
遗址出土(M74)

朱干玉戚在良渚大墓中一起出现,它不但证实了后人关于"朱干玉戚"说的客观存在与渊源历史,同时也反映了良渚军事首长有在征战之时干戚并舞,祈求上苍护佑大打胜仗而举行的神圣礼仪形式。

最近笔者在对良渚玉戚出土情况的进一步考察过程中,又发现良渚玉戚除出土位置都在手、臂部(当然不包括已经扰乱者)外,与人骨架的关系都有明显的左右之别。寺墩遗址 M3、草鞋山遗址 M198 见于左手,福泉山遗址多见于右手,反山遗址多见于左手(M12、14、16、20),也有右手(M7),瑶山在右手(M7)。这是否反映了某种习俗? 某种涵义?《周礼·夏官·大司马》:"左执律,右秉钺。"《尚书·牧誓》:"王左杖黄钺,右秉白旄以麾。"孔安国传:"钺以黄金饰斧,左手杖钺示无事于诛。"孔颖达疏:"太公元韬云,大柯斧重八斤……钺以杀戮,杀戮用右手,用左手杖钺,示无事于诛。"这些记载既肯定了左右两个方向执钺形式的存在,且"左手杖钺,示无事于诛",戚钺同为斧柯器,那么良渚时代分左右手执戚意义是否如此,由于文献所述与良渚时代相去甚远,不敢断然肯定。玉戚正是权力、征战暴力的象征。因此,戚持左手的寺墩 M3、草鞋山 M198、反山大部分墓葬的墓主掌权阶段,是否正处于安宁、和平的环境之中,而戚执右手的瑶山、福泉山良渚人,是否正处于战事频繁的动乱阶段? 这是我们的又一种推测。

当然,这里的戚仅指有冒镦组合豪华型玉戚,还有一些大墓中也见个别较精致,但无冒镦的玉戚,有些大墓还有山字形器、方锥形器及不知名的可能是某种权力的象征性器物,反映了在以上几种领导人物之外或之下还有一批未被认识的特权阶层人物。从以上分析可以发现,良渚社会的统治阶层的组成关系已经十分复杂,具有了一个十分成熟的政治管理机构。这些大小不同、精粗不等、纹样组合繁简不一、反映地位高低、职责有异的玉器,在纹饰主体形式上,特别是人兽复合纹构成上十分统一,充分反映了一种自上而下、政出一体的现象。以集军政神权于一体的良渚王(反山 M12)的所在地反山为政治中心,似乎出现了一批协助统治的官僚贵族集团(反山其他大墓)。而以福泉山、张陵山、草鞋山、赵陵山、瑶山、汇观山、寺墩等等诸大墓所在地,则显示了地方诸侯的地方政权的态势。这无论从所有大墓的规模上,随葬品的数量、精美程度上,都反映了一种不可否认的级差。

三 良渚社会已经产生了成熟的文字及城市的征迹等诸文明因素

有关文明的因素与标准有很多,我们暂且对各说的重要性与主次不予评论,先就这些所谓的因素标准结合良渚文化的资料,作一客观的对照与分析。

1. 良渚文化已有了成熟的文字

恩格斯说过:"由于文字的发明及其应用于文献记录而过渡到文明时代"[1],美国的摩尔根把文明时代定为"始于标音字母的发明与文字的使用"。

良渚文化有没有标音字母的发明,至今未见。事实上也不可能有,因为中国文字起源于图画、象形文,它最终是以越来越简化、规范化的笔画结构逐渐走向成熟的。但良渚文化有否文字?答案是肯定的。因为良渚文化的前源文化——崧泽文化的某些刻画已有不少具文字性质,而良渚发现的一批陶文中,已有更多的刻画与甲骨文完全一样[2]。

良渚文化陶文现见二十多个,分别刻画在陶豆、盘、篮、杯、盂、罐和缸形器上,也有一些散见于碎陶片上(图 35)。

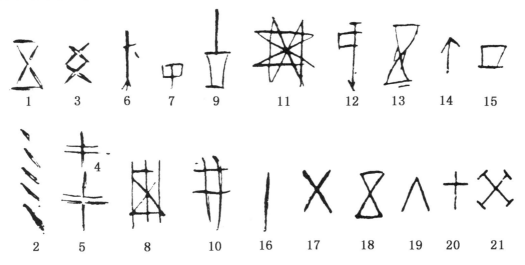

图 35 良渚文化陶器上的刻画文字

1—8.上海马桥遗址 9、10.上海亭林遗址 11—15.江苏澄湖遗址 16—21.浙江良渚遗址

上海马桥遗址有八个。一件黑陶盘底部有一线条稍粗的、与甲骨文"五"字相似的刻画,

---

① 《马克思恩格斯选集》第四卷,人民出版社 1972 年版。
② 张明华、王惠菊:《太湖地区新石器时代陶文》,《考古》1990 年第 10 期。

一件缸形器上有一与甲骨文"五"字另一种写法相似的刻画，一块陶片上有一与甲骨文"爻"字相似的刻画，一件陶豆底部及一块陶片上各有一与甲骨文"丰"字相似的刻画。一件陶簋盖钮上的刻画，似为甲骨文"五"字的合文。一件黑衣灰陶杯底部，有两个并列的刻画，划道极细，其中一个与甲骨文"戈"字相似，下部残缺。这两个刻画曾作为中国早期文字，被引用在郭沫若先生主编的《中国史稿》之中。

上海亭林遗址发现二个陶文。一件陶豆内底有一刻画与甲骨文"子"字相似，一件黑衣陶小口三鼻罐底，有一与甲骨文、今汉字"井"字完全一致的刻画。

江苏澄湖遗址发现五个陶文。带流盉腰部有一细刻，似为盉字的象形字。另见一黑衣陶鱼篓形罐，腹部并列四个刻画，细若毫发。四字集一器，这在新石器时代尚属首例。左起第一字结构与崧泽文化的四鱼相聚形刻画大同小异。第二字与甲骨文的戊字、戍字相似。笔者认为，这个刻画出现在良渚文化陶器上极有意义，因为良渚文化独有的、有冒、镦组合的豪华型玉戚与此字形完全一致，戚、戊、戍同为斧形器。上面一横是冒、中间的方形物是戚，下面一划是镦，从上到下纵贯的一竖是柲。为戚字的来源、析义提供了最可靠的依据，也为中国甲骨文吸收良渚文化的陶文提供了证据。第三个刻画可能与甲骨文"五"字有关，或许是与"五"有关的合文。第四刻画在江西吴城文化、山东北庄大汶口文化、甘肃马厂及寺洼文化遗址中都有发现。唐兰先生认为是俞字的原始象形字。相辛父丁鼎的俞字从舟从↑，古代把一块大木剜空就成舟，↑就是剜木的工具。黄盛璋先生认为第四个刻画是房屋的象形，竖划代表立柱，其上的部分似屋顶。

这四个刻画同时出现在一件陶器上，且排列有序，和时代相去不远的商周青铜器上的铭文、殷商甲骨上的刻文有异曲同工的意义，虽然目前难以识其原意，但它是我国迄今发现的最原始的文章，中国出现铭文的历史为此应该前推一千年（图35，11—15）。

杭州良渚遗址发现六个陶文，刻画"十""×"与甲骨文"甲"字一致，"X"与甲骨文"癸"字一致，"X"与甲骨文"五"字一致，"丨"与甲骨文"十"一致，"∧"与甲骨文"入"一致。

近年也屡见有人将三十年代在浙江杭县出土的椭圆形豆盘周沿一圈细刻纹认作文字①，虽然笔者无缘作实物鉴定，但它们与澄湖陶罐、马桥陶杯上的成熟可信的文字比较，缺乏相同的风格与规律。美国福格博物馆有一件双鼻壶，据说1940年前后购自杭州，其圈足的内侧，有近十个刻画文，很像文字，但与良渚现有文字的风格迥异，粗重、呆滞。良渚陶文中较粗笔画的字都是乘胎湿时刻画成，如亭林"井"字，笔画边缘与收笔处都有胎壁湿软涌起的痕迹，而这些字似有摹仿青铜器铭文的痕迹，拘泥怪诞，无从释读。笔者捧在手上仔细观察，明显缺乏良渚刻画娴熟洒脱的感觉。另外，陶壶圈足刻字处正好残缺一大块，造成了缺字断句，这或许证明这些字在后刻时，因胎硬无法掌握腕力而折裂。

良渚器物上的刻画还有很多，如上海金山亭林、江苏太史淀、浙江南湖陶器上发现的所谓鱼骨纹及具象的四脚兽形等诸多刻画，亦被称作文字，并归纳为良渚文化三种不同原始文字的表义方式之一。②笔者认为不妥，因为它们的笔画是毫无规律的，多多少少、长长短短，且穿

---

① Kwang-chih Chang 《The Archaeology of Ancient China》Rale University Press New Haven and london.

② 宋建：《良渚文化的陶文和玉器的徽记》，《中国文物世界》1992年7月号。

插一些兽网、缽等的具象性图画，即使与埃及等地区的图画文字比较也相去甚远，何况当时已经有了极似甲骨文的相当成熟的陶文。因此，这些图形刻画即使反映了良渚的某些事情，充其量只能称其为叙事连环画。

也有人把弗利尔美术馆、浙江安溪、上海博物馆藏玉璧上的"鸟盾"形刻画称为文字①，笔者同样感到勉强。繁复的构图，写实到能分得出种类的鸟形，称其为图徽比较合适。

总而言之，良渚的刻画中有一部分是图不是文字，但出现了成熟文字是完全可信的。

2. 良渚城市的征迹

英国的柴尔德认为，城市的出现是文明的开始。克拉克认为，文明的城市必须具备"有高墙围绕的城市，而且城市的居民不少于五千人"②。

良渚文化至今没有发现过一座城市，但与城市有关的征迹，城市出现的可能性确实存在。中国自距今六千年时已发明了水井，至距今四千年的良渚时代，水井已被普遍密集地使用③。良渚文化的人口十分密集，在今上海、浙北、苏南一带，仅发现的遗址就有数百处；浙江嘉兴一县的调查多达一百四十多处④。许多地方连片成串，间距很近，这里还不包括已遭破坏的、尚未发现的大批良渚文化古遗址；每隔一定距离便会发现一处瑶山、反山、福泉山、张陵山、草鞋山、赵陵山一样的大型祭坛或有极其奢华随葬、规模极为庞大的高土坛墓地，它们往往是良渚的"礼仪中心"，也是人们聚居的地方。良渚琢玉业、制陶业、丝绸业的发达，必然地产生了一批专业工匠和作坊；农业、桑蚕业的进步，必然地需要发展加工工业，从事这些工作的匠人，终于离开了农业生产的广阔田野，就近地与统治者们居住在一起，在他们的苛政下，成年累月地为他们切割磨制雕琢那些象征权威、财富的玉石珍宝，烧造精美的陶器，纺织彩绸丝衣。鉴于统治阶级及其奴才们，还有为他们服务的一大批工匠们的生活必须（当然含他们的一大批家眷），社会上又会出现一大批为之服务和从事商品经济的人们。为了统治阶级起居和财富十分集中的这个区域的安全，人们在其周围开沟、围栅甚或筑墙也是可以设想的，因此，达到几千人的规模也并不是虚幻的，但要求考古界一下子实实在在地挖出个五千人城市来，很不现实。

3. 复杂的礼仪中心

英国克拉克在论及文明时，除了提出城市、文字之外，又特别强调了"复杂的礼仪中心"。这是一种如何复杂的礼仪中心呢？闻名于世的玛雅社会是一个具备建筑、雕刻、图画文字、数学、历法等诸多文明因素的国家，它的礼仪中心是由复杂的多级制形式组成的⑤。

提卡尔周围六公里有人口五六万，分布呈阶层性。在培登地区，提卡尔并非是唯一的"礼仪中心"（这种中心即玛雅金字塔和神庙的所在地，是统治阶级传达神的旨意、翻译历法、天象的地方），北方十八公里处，又有一规模略小，但仍有大量人口之中心。而在这两处中心周围，

---

① 石兴邦：《山东地区史前考古方面的有关问题》，山东省《齐鲁考古丛刊》，齐鲁书店 1986 年版。

② C.Kluckholn《The moral order in the Expanding society in kracling City Invincible：An Oriemil Institute Synposium》，p.400，1960.

③ 张明华：《中国新石器时代水井的考古发现》，《上海博物馆集刊》1990 年，总第 5 期。

④ 陆耀华：《试析嘉兴良渚文化遗址群》，《1990 年上海良渚文化讨论会论文》，油印稿。

⑤ 藏振华：《玛雅的社会结构》，《玛雅文明》，台北，1987 年 9 月。

又有更小的"中心",环绕这些最小"中心"的四周,则是一些小村落。

中国古文献上早就有"社"的说法,它往往就是先民祭祀、礼仪、聚居的中心。种种迹象表明,良渚的高土坛墓地正是良渚统治阶级生前祭祀天地,与神相通,以神的名义控制人民的中心,死后又成了他们高高在上,超凡脱俗,灵魂登天的安息宝地。它们在良渚时期充当了良渚社会政治、经济中心的角色。值得注意的是,在他们中间,还存在着明显的级差。

以反山、瑶山为典型的良渚高土坛墓地和沟通天地的大型祭坛建筑上,掩埋有象征王权的、通天地的"琮王"和象征最高军权的人兽纹冒镦组合的豪华型"戚王",以及大量示最高贵、最奢华的玉、石、漆、陶制精品的王式人物,此处显示了良渚最高礼仪中心所在的征迹。其次如福泉山、草鞋山、张陵山、赵陵山等诸遗址,则显示了第二级的、地方诸侯所在的礼仪中心。在这些遗址周围,诸如浙江吴家埠、雀幕桥,上海亭林、马桥、广富林、金山坟,江苏龙南等等一大批良渚文化遗址又代表着良渚第三个级差的礼仪中心,而在这些最小中心周围,同样还散布着一些更小、更基层性的村居单元。张光直先生虽然未将良渚的高土坛形成与玛雅礼仪中心作过直接的比较,但他从其他角度得出了玛雅文明的形式进程基本上和中国文明的形成过程是相同的结论。

作为文明标志之一的金属冶炼,有人以良渚琢玉工艺高超而认为良渚冶金已经发明[1],有可能,但至今未见一点蛛丝马迹,确实令人遗憾。我想,这可能与矿物的自然分布有关。相对发达的良渚在当地冶炼的金属矿物无从寻觅的情况下,毕竟还不具备足够的运输力量,进行远距离的、大批量的、繁重的原料搬运。因此,他们无金属冶炼并不是生产力高度不够,而主要地是自然因素决定的,否则,怎么理解时代略早于良渚文化、生产力水平并不比良渚文化高出的红山文化,却早已发明了先进的红铜冶炼技术[2]?

综上所述,良渚社会文字已经成熟,高土坛墓地为代表的"礼仪中心"和统治网络已经形成,市井已经孕育,大量的玉、石、陶制精品为少数统治阶级聚积垄断,而普遍平民则一贫如洗,每件玉石精品、丝织衣物耗费大量高技术的劳动力,堆筑大型高土坛陵寝祭坛,必须征用大量体力劳动者以及为墓主人殉杀等等,反映了良渚统治阶级的残酷剥削与血腥压迫,私有制早已产生。具有身份显示作用的琮、璧、符等玉制重器的出现与大墓主人的持有,明确地揭示了良渚统治阶级王公诸侯、武官文史、巫觋术士等一批统治阶层的客观存在,反映了良渚社会已经具备了十分严密的礼仪制度和比较健全的国家机器。

夏鼐先生通过对中国文明起源的深入探讨,认为在"文明的这些标志中,以文字最为重要。欧洲的远古文化只有爱琴——米诺文化,因为它已有了文字,可以称为'文明'。此外,欧洲各地的各种史前文化,虽然有的已进入青铜时代,甚至进入铁器时代,但都不称为'文明'"[3]。这一论断如果不是仔细揣摩一下的话,极易让人产生偏激的感觉,但我们仔细回顾一下,虽然世界上不少文明可以缺这少那;如没有城墙的秦国都城咸阳,不见城市的玛雅文明、高棉文明、十八王朝前的埃及文明,没有文字的秘鲁印加农业文明,但始终不见一个已经有了

---

[1] 汪遵国:《良渚文化的"玉殓葬"》,《南京博物院集刊》,1984 年 7 月。
[2] 国家文物局扬州培训中心第二期古玉器鉴定培训班,孙守道先生讲授内容。
[3] 夏鼐:《中国文明的起源》,文物出版社 1985 年版。

成熟文字而仍处于原始时期不是文明社会的例证！而良渚文化恰恰已经具备了成熟文字。因此，笔者认为良渚社会已经跨入了国家文明的门槛。

列宁在《论国家》中描述国家形成初始阶段的国家形式时说："当时的社会和国家比现在小得多，交通极不发达，没有现代的交通工具。当时山河海洋所造成的障碍比现在大得多，所以国家是在比现在较狭小得多的地理范围内形成起来的。"[①]良渚的社会形态也正是建立于古太湖地区的一个地域范围并不很宽阔的文明小国。发达时，势力范围曾北达苏鲁交界处。如果从良渚文化的代表性器物玉琮在时代相近的其他古文化中出现的情况分析，良渚文明的波及面北及陕西、山西，西抵江西、四川，南至广东。

良渚文化末期距今三千八百多年，而高土坛大墓的出现在距今四千七百年左右[②]，因此，我国最早跨入文明门槛的早期国家之一——"良渚王国"，在距今四千多年时就以其崭新的政治面貌屹立于富庶肥沃的太湖平原上。

---

① 列宁：《论国家》，《列宁选集》第四卷，人民出版社 1960 年版，第 48 页。
② 黄宣佩：《关于良渚文化社会性质问题的探讨》，《1986 年杭州良渚文化学术讨论会论文》油印稿。

三 马桥黑陶杯上率先发现了 得到认可的古文字

恩格斯说过："由于文字的发明及其应用于文献记录而过渡到文明时代。"[1]考古学家夏鼐先生认为："一个文明的重要标志之一，便是有了文字制度。"[2]可见文字的起源、产生，在社会发展、中国文明进程研究中是多么的关键。因此，如果考古能够发现良渚文化文字，那么在具有其他许多如陵寝式高土坛墓地、权杖、礼器等文明因素的基础上，推断良渚文化晚期已经进入文明社会应该顺理成章了。出人意料的是，1960年，在上海的马桥遗址良渚文化一件阔把陶杯底部，率先发现了两个细刻字形，作为"原始文字"，1976年被收入郭沫若主编的《中国史稿》[3]。笔者以此为契机，对新石器时代，特别是良渚古文字进行了研究，很有收获。

① 恩格斯：《家庭、私有制和国家的起源》，人民出版社 1972 年版。
② 夏鼐：《中国文明的起源》，文物出版社 1985 年版。
③ 郭沫若主编：《中国史稿》人民出版社 1976 年版。

最早成熟的文字刻在马桥陶杯上

  文字,人们几乎每天都有接触。但也有一些平时难得一见的"怪字"。贵州关岭晒甲山上有数十个似篆像隶的谜一般的"红岩天书"。2 000多年前秦始皇留在泰山上斑斑驳驳、无法读全的石鼓文,还有没有多少人识得、且字形怪异、离奇地镌刻在龟壳、牛骨上的甲骨文。另有专家意外地发现,从千万里外中美洲收集到的300个古印第安人的文字符号,如雨、水、天、禾、田、木、树苗、太阳及方位等,竟与中国的甲骨文有着惊人的相似①。

  文字的发明,使人们有了一种记录传达事物的神奇而有效的工具。它可以精确记载历史,让生活生产更系统化,在人们的面前展现出一个既虚拟又实在的世界。可是,有谁会想到,如此重大的发明居然和上海先民的智慧创造密不可分。

  1962年,闵行(原属上海县)马桥遗址出土了一件距今4 000多年良渚文化的阔把黑衣陶杯,由于承受不了4 000多年地层的挤压,出土时已经完全破碎,这在一般人看来简直一钱不值,可它确确实实是一件无价之宝(图36)。一经仔细修复,发现在杯底上有两个纤细隐约的刻画,形状与甲骨文形式接近,左边一个呈长柄、弯顶、三叉镦形结构,与甲骨文、金文的"戈"字,金文的"钺"等与长柄兵器有关的字相近。右边一个仅剩上半截(图37,1、2)。它们曾被郭沫若先生作为中国最早的原始文字,引用在了人民出版社1976年出版的《中国史稿》上②。其实,这个遗址还有一些发现,在另一件黑陶盆底上的刻画(图38)和一件陶缸上的五道斜线,与甲骨文"五"字的两种写法一样。一块陶片上的刻画与甲骨文的爻字相

图36　黑皮陶阔把杯　良渚文化　上海马桥遗址出土

*　本文原载于张明华:《考古上海》,上海文化出版社2010年版,第23—34页。
①　《甲骨文曾影响中美洲文明》,载《文汇报》1999年8月31日。
②　郭沫若主编:《中国史稿》,人民出版社1976年版,第107页;图十六。

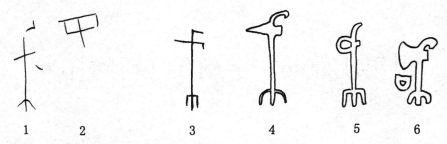

图 37　1、2.马桥遗址良渚文化阔把杯底上的刻纹　3、4.甲骨文、金文"戈"字　5、6.金文"戉"字

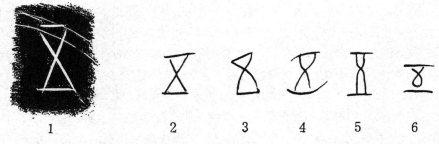

图 38　1.马桥遗址良渚陶盆底部的"五"字纹刻画　2—6.甲骨文"五"字

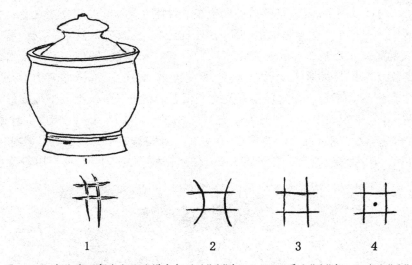

图 39　1.亭林遗址良渚文化陶罐底部刻的"井"字　2、3.甲骨文"井"字　4.金文"井"字

似,一件陶豆及一块陶片上的刻画,与甲骨文的丰字相似,一件陶簋盖钮上的刻画似为甲骨五字合文。以后,上海有了更多的发现。金山亭林遗址一件陶豆内底上的刻画与甲骨文的"子"字一致,带盖黑陶罐底上的"井"字形刻画,与甲骨文、金文,乃至今天使用的"井"字完全一样(图 39)。有趣的是,它还与同为良渚文化的两种木构水井的俯视图如出一辙。既证明了上海亭林陶罐上的"井"字字出有形、有因、有据,又证明了良渚时代已有相当于甲骨文一样成熟、一样字出象形的特征。

中华民族历来是一个崇拜英雄的民族,所以,常常会将许多发明发现归功于一人。文字发明的殊荣同样被归属于一位叫仓颉的人，据传，他是黄帝的史官。所谓仓颉造字，天雨粟，鬼夜哭，就是说文字发明了，人类步入了文明社会，老天爷以降粮食嘉奖人间，过去可以随心所欲地愚弄苍生的邪鬼就此只有躲在一边伤心哭泣的份了。事实究竟如何？

根据我国考古工作者和古文字学家的长期探考，中国的文字和世界上的一些文明古国一样，也是由以物记事、符号记事、图画记事的途径发展而成。在殷商时代，我国已经产生了一种有严密规律的、系统的、举世公认的文字——甲骨文。不过，由于考古资料的贫乏，很长一段时间，国内外的学者几乎都把甲骨文说成是我国最早的文字。这是不正确的，因为甲骨文已有成熟文字4 000多个，在它之前，我国文字应该还有一个相当长的发展过程。除了上海发现的距今4 000多年的比较可靠的陶文外，在西安半坡村、西安花园村、河南贾湖、江苏龙虬庄、山东丁公、安徽双墩、上海崧泽等新石器时代遗址的玉、石、甲骨、陶器上都曾发现过不少刻画，它们正是中国文字逐步萌发形成的源头。对此，有专家通过对河南舞阳贾湖遗址多个契刻符号的研究，认为文字的产生可以早至距今8 600～7 800年，有的专家却直贬其观点是一派胡言①，还有很多专家分别对某些发现予以肯定与否定。其实，各地的考古发现十分丰富，情况错综复杂，我们不能一概而论。因为其中不少是符号、徽记，有些纯粹是图画，不是向文字发展的，也有一些是地域性的文字，会在中途受成熟汉字覆盖而无法生存。

一、基本不向文字发展的工匠记号

在贾湖裴李岗文化、崧泽文化、良渚文化等陶器口沿、肩上、足部，以及龟甲、石器上的不少单个抽象、笔画型的刻画，一些学者从文字角度进行过推测。笔者认为虽然不完全排除其中个别有可能发展为文字，但大多只是一种记号。龟甲上可能是卜符，陶器上"记录了制陶工序与某些要点"，"制陶泥料的来源、数量和加工形式，也要记录陶窑的类别、陶器在窑内的位置等"，"可能是陶器制作者或使用人的名字"等②。从战国、秦汉时期的大量漆器上烙印、针刻"素""上""包""告""宦里""钱里""女里张""小男子""大女子藏"等反映漆器制作工艺多道工序、作坊所在、漆器作者的名字等不同文字内容便可得到证实③。绵延至今天，许多工匠仍在沿用这种仅供自己参考的刻画标记、代号。笔者认为其性质如古代的结绳记事，今天教师批改作业的红"√""✕"和公路上的一些约定俗成的交通标志一般。

有些学者把这些基本不向文字发展的刻画当作中国文字的前源，因此得出"中国原始文字的图画性远逊于西亚古苏美尔和非洲古埃及的象形文字"④的结论，显然有失偏颇。因为如前所述，这些当年仅供工匠自己参考的、并非由上层阶级刻意归纳、创造，向文字方向发展使用的刻画，它们之所以得到较多的保留，正是因为匠人依靠工作上的便利，信手刻画于手头的

① 张居中：《贾湖刻画符号的发现与汉字的起源》，载《中国文物报》2003年12月5日。
② 宋建等：《论马桥文化的陶文》，《上海博物馆集刊》第八期，第47—63页。
③ 陈振裕：《湖北出土战国秦汉漆器综论》，《"迎接二十一世纪的中国考古学"国际学术讨论会论文集》，科学出版社，1998年版，第248、249页。
④ 常耀华：《关于夏代文字的一点思考——兼论中国文字的起源》，《夏文化研究论集》，中华书局，1996年版，第260页。

陶器上,经千百度的高温烧炼之后,成了化学物理性能都十分稳定的材料后才能长期保存下来的。而那些应该留存在便于书写、便于使用、便于取材的树皮、兽皮、竹木片等有机物上的原始文字,反而经受不了自然界几千年的侵蚀而几近消失,让人罕见其貌。其实,即使我们今天能见到的让古文字学家受惠无穷的甲骨文也不过是命悬一线的幸存物。有专家在论及良渚文化文字时认为:"假如殷墟的甲骨埋藏在温湿的江南酸性土壤中,很可能我们至今还不知道它的存在,可见没有发现文字不等于没有文字。"①甲骨如何保存得好,我们未经证验,但楚湘地区近年从古井古墓中大量出土以往稀有存世的竹木简等文字文物,使我们有理由有希望期待着特殊环境下有机质载体上早期文字的幸存者。

二、图画、徽记及经常与文字同时使用的图符

浙江河姆渡文化陶器上的猪、花纹,上海崧泽文化陶壶底部的怪鸟纹,美国弗利尔美术馆藏良渚文化玉璧上的细刻小鸟,浙江南湖良渚文化黑陶罐上的怪兽、渔网等,不少学者是从文字的角度考虑的。笔者认为,由于其随形而就,笔画繁多随意,缺乏规律,作为文字使用时几乎无法重复描写出来,与约定俗成易记易写笔画简约的成熟文字相去甚远。因此,依笔者的理解,这类刻画应该是人们表达自己思想的图画。如被有的学者解释为已成语句或如云南纳西族原始文字的浙江南湖一件黑衣陶罐上的多个刻画,笔画繁多且十分写实(也有几个稍微简约的在河姆渡、大汶口、亭林遗址陶器上,在弗利尔玉璧上能见的鱼骨状纹),应该是记录人们生产活动的一幅幅颇有意义的连环画。

弗利尔美术馆藏良渚玉璧上的几个鸟盾形图案(参见图11),有学者将其释为"岛"字或若"鸟""玨""山""皇"等字的组合②。笔者曾依福泉山良渚墓出土小玉鸟复原出鸟盾形玉符③,其性质类似于埃及第一、二王朝时期诸王的王徽(参见图14)。当时虽无完整的实物依据,但在7年以后的浙江遂昌县好川墓地中出土了所谓呈三重台阶祭坛造型的片状的玉器(图40),显然这类刻画大可不必将其归入文字去考虑。

江苏澄湖良渚古井出土的鱼篓形陶罐上出现过横向排列的四个细刻陶文(图41,1—4),引起了考古界的重视,研究者很多。笔者于1990年率先提出"它是我国迄今发现的最原始的文章"④。也有识作"方钺会矢"、"方钺五偶"、"巫钺五俞"等越国建国的珍贵文献说⑤。有作中国"太阳年星历记录的原始文章"说等⑥,不一而足。其中的八角纹刻画,与其同时的马桥等其他原始文化中也有不少发现。崧泽文化、凌家滩遗存、北阴阳营遗存、大汶口文化、马家窑文化、大溪文化、小河沿文化等,形式上有在陶坯上乘湿压印、刻画或玉器上的旋琢等。历史

① 牟永抗:《良渚文化的原始文字》载余杭市政协文史资料委员会等:《文明的曙光——良渚文化》,浙江人民出版社1996年版,第248页。

② 李学勤:《余杭安溪玉璧与有关符号的分析》,《文明的曙光——良渚文化》,浙江人民出版社1996年版,第245页。

③ 张明华:《良渚玉符试探》,《文物》1990年第12期。

④ 张明华等:《太湖地区新石器时代陶文》,《考古》1990年第10期,第905页。

⑤ 董楚平:《"方钺会矢"——良渚文字释读之一》,《东南文化》2001年第3期,第77页。

⑥ 陆思贤:《良渚文化陶文释例——最古的太阳年星历记录》,《考古与文物》1993年第5期,第56页。

图 40　浙江好川遗址 M20 出土的三重台阶玉片

时期亦屡有发现,如在秦始皇兵马俑铠甲上能见粉绿色彩绘八角形(图 41,5)。一般的说法认为它是太阳纹,这从距今约 600 多年墨西哥阿兹特克人太阳历石上的八角纹可以得到印证,但也有"鸟星"、"井星"等说法。1990 年,笔者在试释此罐四个刻画时曾采用金石学家蒋大沂先生一说,八角纹刻画与甲骨文"遘"字写法接近①。遘字是两鱼碰头相遇形,而八角纹是四鱼相聚形。有趣的是直至今天,我们仍能在西北少数民族地区、甚至在身边的地毯、木制工艺、时髦女孩的毛衣及各种饰物上能见其踪影。它应该和大汶口文化陶器上的日、月、山形刻画,及人人识得的,也许最早出自上海马桥遗址良渚陶盘外底上的五角星纹一样,并非向文字发展而沿用至今的图符(图 41,6—9)。这种比较抽象的,长期使用却始终未向文字发展的现象与形式在青铜器铭文中也是屡见不鲜的,因此,它们应该是一种经常与文字并存使用的、具有固定意义的图符徽记,将它们与那些十分具象的图画当文字释读明显不妥。

| 1 | 2 | 3 | 4 | 5 | 6 | 7 | 8 | 9 |

图 41　1—4. 澄湖遗址良渚文化陶罐上的刻纹　5. 秦始皇兵马俑铠甲上的绿彩八角形纹　6、7. 凌阳河大汶口文化陶器上的刻画　8. 西藏帕里镇居民门上的彩绘纹　9. 马桥遗址良渚文化陶盘外底上的五角星纹

三、戚、钺、戈、戉、武等汉字直接导源于澄湖陶罐上的刻画

澄湖鱼篓形陶罐上的左起第二个刻画,是由我率先释作"玉戚"一词的②。这主要是根据

①　中国科学院考古研究所:《甲骨文编》,中华书局影印,1964 年版,卷二·二一,第 66 页。
②　张明华:《良渚玉戚研究》,《考古》1989 年第 7 期,第 624—635 页。

考古发现的一些迹象规律性复原了良渚冒、镦豪华型玉戚的组合得到证实的。玉戚的每个元件的形、位与这个刻画酷肖逼真。上面一横是玉冒，向下一长竖是柲，底下一横是镦，冒下柲上偏向一侧的两横一竖的框形代表着长方形斧形器。先秦文献中只见"玉戚"，而不见"玉钺"一词，且"朱干玉戚"的用途又与良渚玉戚的结构显示的可能用途相一致，使这一释读更加顺

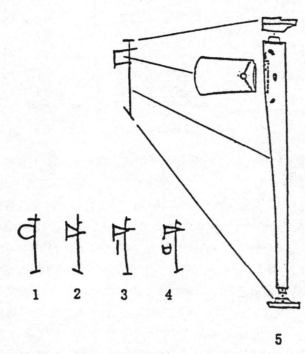

图42　1—4.甲骨文"钺"、"戉"、"成"、"咸"字　5.澄湖遗址良渚文化陶罐"玉戚"形刻纹与福泉山良渚玉戚比照图

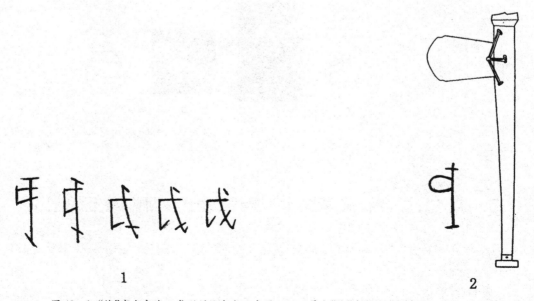

图43　1."钺"字由良渚玉戚形刻纹渐变示意图　2.甲骨文"钺"字与凸弧刃良渚玉戚比照图

理成章。虽然一些学者排斥"玉戚",而别释为"玉钺"一词,不过斧形器的解释至少是众口一词的。基于此,如果说良渚文化的原始文字曾经影响过,甚或直接成了甲骨文、金文,那么这个刻画显然是最形象最可靠的证据。我们可以随便挑几个有关的甲骨文字观察一下:钺、戉、成、咸中表示柄形器部分的笔画几乎与其形象笔画一致(图42、43)。

结合上海马桥遗址良渚墓葬一阔把杯外底与甲骨文、金文的"戈"字,金文的"钺"字、"咸"字等肯定有着直接的关联两个细刻文,一件陶盆外底上与甲骨文、金文"五"字一模一样的"乂"刻画,亭林遗址一件良渚文化陶罐底部与甲骨文、金文,乃至今天的汉字中的井字都一样的"井"字形刻画等,可以肯定,良渚文化曾经为中国汉字的字库直接提供过不少的成熟文字。

四、受成熟汉字的覆盖而无法生存的地域性文字

江苏龙虬庄遗址南荡文化(碳14放射性测试,距今约4 000年)一件陶盆口沿上纵向两行的8个刻画,光从纤细的刻画线条上感觉,似乎与1992年在山东邹平丁公龙山文化陶片上的刻画接近,但前者有繁简两种风格,后者只有比较简单的笔画(图44)。有学者认为"丁公陶文使用了连笔,字的写法、结构与甲骨文、金文有很大差距,似应属于东夷文化系统的文字","或者就是当时的俗体","尽管可能曾经影响到夏、商文字的发生,但其自身后来却消失了"。不过,有人反映这块陶片是"在室内整理快要结束时,由协助工作的民工发现的",因此"甚至不排除人为的恶作剧"[1],令人后怕!

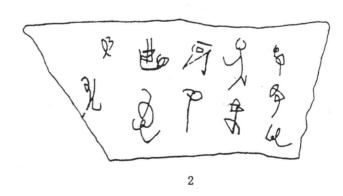

1　　　　　　　　　　　　　　　　2

图44　1.江苏龙虬庄遗址刻纹陶片　2.山东丁公遗址刻纹陶片

发掘者称龙虬庄陶片上的刻画"左行四个刻画符号类似甲骨文,右行四个类似动物图形",细细观察,笔者感觉两两相对左简右繁的特殊安排很有点文字改革教科书的意味。可惜的是目前我们至今还没有找到与之形体、笔画相近的甲骨文、金文。它们是否属于未融入汉字发展大渠道的、不久以后又受成熟汉字覆盖而无法生存的地域性文字,这需要更多的出土材料和深入的研究。

①　卞仁:《关于"丁公陶文"的讨论》,《考古》1994年第9期,第825页。

至于有学者对把文字刻画在陶器的残片上而表示不解,甚至据此予以否认,其实没有这个必要,因为这种现象国外也是有的。公元前1600年,希腊迈锡尼人刻画于陶罐、陶片上的线形文字是财产、劳者人数、土地、牲畜、农产品数量、武器及祭品等的内容。公元前1500年,希腊克里特人刻在陶器上的线形文字是与王宫账目、征收贡赋记录有关。公元前508年,希腊在克里斯梯尼改革中把危害国家罪遭放逐者的姓名刻在陶片上。

五、令人困惑的刻画

1989年,我在美国哈佛大学博物馆观察到一件圈足内壁有文字形刻画的良渚文化双鼻壶。香港中文大学饶宗颐先生在一篇论文中描出了9个字形。中国社会科学院李学勤先生在一篇海外访古记中描出了5个字形(图45)。饶先生对9个字形逐一进行了考证,得出了内容乃古代奇肱民之记载。这件陶壶从造型、质地上观察,器属良渚晚期毫无疑义,唯经直观对陶文深感疑惑。陶文上众多处弯折的弧形笔画粗深迟滞,结构、线条酷似金文甚至篆字的笔画,与已经出土发现的良渚陶、玉器上几乎多为直线组合的字形结构完全不同。在目前所见的良渚刻画的位置,在器物圈足内侧的情况除此仅见。

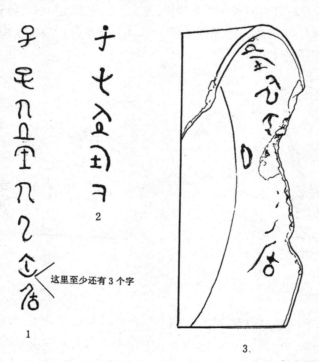

这里至少还有3个字

图45 1.饶宗颐描哈佛大学博物馆良渚陶壶刻画 2.李学勤描的刻画 3.笔者描绘的陶壶残圈足及刻画

我们从圈足一排字形刻画的中偏下的位置上有一块缺损(参见陶壶圈足残缺部分的写实图)上感觉,这是后人所为,极有可能是作伪者在錾刻过程中用力过甚产生的。至于位置不在最后而在中间的现象,似乎隐现了先在烧成后的硬陶上初步刻成后,有一个反复修正摩刻的过程。破损是在修刻第九字以后发生的。

　　另外，如 1936 年西湖博物馆在杭县良渚发现的一件黑陶豆盘上的 8 个刻画(图 46)，有些学者也是从文字上认识的，但笔者感觉它们缺乏文字的基本笔画结构。弯转随意，大多与良渚陶器、玉器上的细刻卷云纹单元相仿。尤其是与其时代相同的澄湖陶罐等器物上的刻画已经显示了在甲骨文式结构的文字的前提下，再将它们朝文字认识，明显不妥。

图 46　西湖博物馆藏良渚文化陶豆盘上的刻画

　　长江下游古文字的讨论，目前集中在良渚文化的发现之中。这与其所代表着当年中国土地上最最先进的社会形态有关，但即使把这些基本得到认可的文字全部统计起来，与约 700 个象形文字的古埃及文明，与约 600 个常用文字符号的两河流域的苏美尔人文明，与约 500 个文字符号的哈拉巴人的印度河文明比较相去甚远，与几无争议的我国商周文明社会使用了 4 000 多个甲骨文文字的数量，成熟程度更无法企及。但我们必须注意到这样一个事实，即目前我们能见的这些铭刻，全部发现于不易朽蚀的高温烧制的陶器和石之精英玉石器上。面对着江苏澄湖古井出土鱼篓形陶罐，上海马桥遗址出土阔把陶杯、亭林遗址带盖罐等器物上如此抽象、简约、成熟的甲骨文式的文字，笔者认为无论如何不是良渚人突发奇想的、没有前源的、孤立的、不被广泛使用的文字。目前少数的发现如前所述事出有因。文字的书写和錾刻，按便利性与实用性，当时的人们总会选择一些轻薄柔软的树叶、树皮、竹木片、野兽皮等作为载体。因此，良渚文化时期日常使用的文字，完全不应该忽略、排除它们因无法承载自然界对有机质载体千百年的朽蚀而大量消失的一大部分。如果这些推测尚且客观、符合逻辑的话，那么良渚陶工和玉工在未有金属工具发明的年代，繁难地在坚陶硬玉上琢刻的图符文字，则应具有与商周钟鼎礼器上的铭文一样重要的意义。

　　中国文明的进程，特别是文明形成的关键问题、关键时段、关键文化是学术界始终最关注的课题。有关文明起源的讨论，延续的时间已经很长，至今难下定论，这固然与考古发现资料的欠缺有关，但同样不能回避的是与人们相继提出的关于文明的标志很多很不统一有关。有国内的，有国外的，有强调一点的，有面面俱到的。有的认为"城市是文明最重要的因素"，有的关注"礼器的产生及礼仪制度的形成"，有的强调"大规模的灌溉农业"，有的重视"远程贸易"，有的特别注重"文字的产生"，有的甚至还将语言、用火、工具等等诸多人类的综合文明因素的发源掺和进来，让人无所适从。

　　良渚文化是处于中国文明进程的关键阶段的重要文化，其中的文明迹象已有不少。如城市和阶级，我们完全可以从太湖地区大型遗址的考古发现中寻觅、辨析可能的城市建筑遗迹以求证城市的出现(已有报道在浙江莫角山四周发现了一座面积达 290 多万平方米，距今约 5 000 年的良渚文化古城墙)[①]，并应该也有条件从良渚文化晚期爆发性出现的大量高超工艺、

----

① 　新华社讯：《良渚古城上溯中华五千年》，载《文汇报》2007 年 12 月 5 日。

繁复礼仪等用途的玉、石、陶器中,从贫富悬殊、等级分明、殉人凸现等埋葬迹象的背后,发现一批足以证明由文明社会产生的、完全脱离本业——农业的商人、文化饮食服务性行业、手工业生产者和管理阶层,甚或王者统治者一类城市角色的存在。良渚时期酒器的壶、杯、瓶、盉等大量出现(酿酒需要粮食,酿酒的前提是果腹)足以证明这里已有了"大规模的灌溉农业"。上海福泉山良渚大墓中出土的彩绘大汶口文化背水壶、绿松石珠、饰片等,应该分别来自山东、湖北等地,反映了良渚时期已经有了一定规模的"远程贸易"。虽然像金属之类的重要标志物至今没有发现,不过笔者认为一些基本要素具备了,判断良渚社会文明与否也就八九不离十了。

显而易见,早在1962年,上海马桥遗址良渚文化陶杯上率先发现,并得到认可的最早成熟文字(不排除以后会在当地或其他地区,出现有更早的得到认可的文字),其意义该有多么的深远。这件由上海先民烧制、距今4 000多年的阔把黑陶杯,碎痕斑驳,当然比不得惹人眼目金碧辉煌的奇珍异宝,但它却是中国历史发展过程中文字发明的重要见证,是一件不可多得的无价之宝!

太湖地区新石器时代的陶文

根据我国考古工作者和古文字学家的长期探考，中国的文字和世界上的一些文明古国一样，也是经由以物记事、符号记事、图画记事的途径发展而成。在殷商时代，我国已经产生了一种有严密规律的、有系统的、举世公认的文字，即甲骨文。不过，我们在此必须明确一个概念，把甲骨文说成是我国最早的文字，是不十分确切的。因为早在甲骨文之前，我国文字应该还有一个相当长的发展过程。一个偶然的机会，笔者发现，上海居然有不少与古文字相关的出土资料。1960 年，在马桥遗址几件良渚文化陶器上发现了多个阴刻字形，一件阔把黑陶杯底部的两个更与古文字酷似，而夏商时代的马桥文化陶器上出现了更多的刻画。它们是文字？互相有没有传承关系？引发我对这类刻画的浓厚兴趣。[1]陕西西安半坡村[2]、西安斗门乡花园村[3]、河南舞阳贾河[4]、湖北宜昌杨家湾[5]等新石器时代遗址的玉、石、甲骨、陶器上确实发现过一批刻画的符形文字或与甲骨文相近的字形。近年来，太湖地区的崧泽文化、良渚文化中也有一些刻画字形发现。虽然由于数量较少，研究不够，其规律尚不清楚，但据笔者初步考察，这些刻画基本上已脱离了具象的图画阶段，而进入了抽象性质的文字阶段。与甲骨文比较，无论结构、字义都很近似，且有多字句型出现。这是我国古文字研究的新的重要资料。在这两个文化的遗址中发现过 21 个字形刻画。

崧泽文化有 7 个刻画，分别刻在鼎、豆、壶三种器物上，鼎上有 4 个，豆上有 2 个，壶上有 1 个。这些刻画一般是在陶胎未干时，用细小的竹木片刻画成，因此，笔道的中心低凹，边沿呈涌起状。

釜形鼎（崧 M60:13）肩部有一刻画（图 47，1），与甲骨文灾字（见中国科学院考古研究所编《甲骨文编》第四八页，《前》四、一四、一。《甲骨文编》以下简称《文编》）相似。

罐形豆（崧 M7:1）肩部的刻画（图 47，3）、釜形鼎（崧 M40:1）肩部的刻画（图 47，2）与《说文》古文岳上半部相近。

釜形鼎（崧 M10:3）肩部的刻画（图 47，4）与甲骨文鱼字（《文编》第四五七页，《掇》二，五四）相近，只是少了两侧的鱼鳍，应为鱼字。

* 本文原载于《考古》1990 年 10 期，第 903—907 页。

① 上海市文物管理委员会：《上海马桥遗址第一、二次发掘》，《考古学报》1978 年第 1 期。
② 中国科学院考古研究所、半坡博物馆：《西安半坡》，文物出版社，1963 年版。
③ 苏民生、白建钢：《西安出土一批原始时期甲骨文》，《光明日报》1986 年 5 月 1 日。
④ 张居中：《八千年前的甲骨契刻符号和骨笛在河南出土》，《中国文物报》1987 年 12 月 11 日。
⑤ 余秀翠：《宜昌杨家湾在新石器时代陶器上发现刻画符号》，《考古》1987 年第 8 期。

釜形鼎（崧 M35：6）足面上的刻画（图47，5），与甲骨文宋字（《文编》第三一八页，《甲》二〇七）、寮字（《文编》第四一〇页，《后》一、二四、七）、禾字（《文编》第三〇八页，《摭续》一一一）相似。宋，《说文》："居也，从宀从木。"寮，《说文》："柴祭天也，从火从眘"。禾，《说文》："嘉谷也"。鼎本来就有作祭器与炊器两种用途，因此，上述三个刻画应与鼎的这种用途有关。

瓦棱腹陶壶（崧 M33：4）底部的刻画（图47，9）、盆形豆（崧 T2：7）圈足部的刻画（图47，10）结构比较复杂，蒋大沂先生生前认为与甲骨文遘字（《文编》第六六页，《粹》七二八）的写法接近。遘字是两鱼碰头相遇形，而陶壶、陶豆上两个刻画是四鱼相聚形。事实上，将釜形鼎（崧 M10：3）上的鱼形刻画四个尾向四方，头与头相叠，其结构竟与壶、豆上的刻画如出一辙。这显然是先民在文字创造方面既达意又简练的成功之处。这一刻画在太湖邻近地区的新石器时代遗址中亦曾多次见到①（图47，6、7）。最近安徽含山凌家滩遗址首次出现了一件刻有这一图形的玉片（图47，8），有人认为是太阳纹②，不过，笔者认为四鱼相聚似乎更像一个以鱼为图腾的氏族部落联盟的族徽。

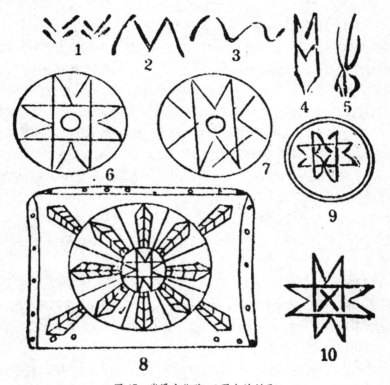

图47　崧泽文化陶、玉器上的刻画

1、2、4—6.陶鼎　上海崧泽遗址　3、10.豆　上海崧泽遗址　6、7.纺轮　江苏青墩遗址　8.玉片　安徽凌家滩遗址　9.陶壶上海崧泽遗址

---

① 《大汶口》，文物出版社1974年；《邹县野店》，文物出版社1985年；南京博物院：《江苏海安青墩遗址》，《考古学报》1983年第2期。

② 陈久金，张敬国：《含山出土玉片图形试考》，《文物》1989年第4期。

良渚文化发现了 14 个刻画,除仍刻在豆上外,未见刻于鼎、壶上的。另外,在盘、簋、杯、盉、罐和缸形器上也有刻画。杯上 2 个(集一器),豆上 3 个,罐上 4 个(集一器),其余器上均刻一个。它们一般都是在器物烧成后,用尖峰状硬器(究竟用何物至今尚无令人信服的说法)刺划而成,有的划痕细如发丝。

上海马桥遗址出土的一件黑陶盘(马 C10:37)底部的刻画(图 48,1)稍粗,与甲骨文"五"字(《文编》第五四〇页,《铁》二四七、二)相似。一件缸形器(马 D7:1)上的刻画(图 48,3)与甲骨文"五"字的另一种写法(《文编》第五四〇页,《林》一、一八、一三)相似。一块陶片(马 C10:41)上的刻画(图 48,4)与甲骨文的爻字(《文编》第一五五页,《铁》一〇〇、二)相似。一件陶豆(马 M1:5)底部及一块陶片(马 A9:5)上的刻画(图 48,5、8)与甲骨文丰字(《文编》第二七五页,《佚》五一八)相似。一件陶簋盖钮上的刻画(图 48,10)似为"五"字的合文。一件黑衣灰陶杯(马 B10:11)底部有两个并列的刻画(图 48,6、7),划道极细,其中左边刻画与甲骨文戈字相似(《文编》第四八九页,《珠》四五八),右边刻画下部残。这两个刻画曾作为中国早期文字被引用在郭沫若先生主编的《中国史稿》中。[1]

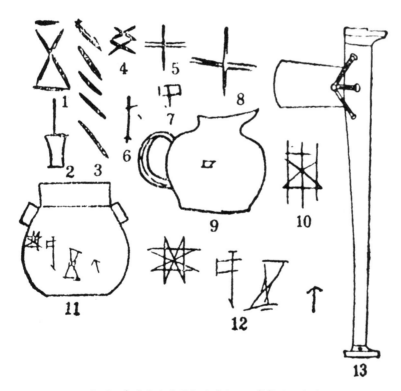

图 48 良渚文化陶器上的刻画及玉戚复原示意图

1. 盘 上海马桥遗址 2、5. 豆 上海亭林遗址、马桥遗址 3. 缸 上海马桥遗址 8. 陶片 上海马桥遗址 6、7. 杯 上海马桥遗址 9. 盉 江苏澄湖遗址 10. 簋 上海马桥遗址 11、12. 罐 江苏澄湖遗址 13. 良渚玉戚复原示意图

---

[1] 郭沫若主编:《中国史稿》人民出版社 1976 年版,第一册,第 107 页。

上海亭林遗址一件陶豆内底有一刻画(图48,2)与甲骨文子字(《文编》第五五五页,《菁》六、一)相似。

江苏澄湖遗址古井的带流盉(澄T22:5)腰部有一刻画(图48,9),极细,似为盉字的象形字。另见一件黑陶鱼篓形罐(T129:1),腹部并列4个刻画(图48,11、12),细若毫发。四字集一器,这在新石器时代尚属首见。从左边起第一个,结构与崧泽文化的鱼形刻画大同小异。第二个刻画形体结构与甲骨文中的戌字、戍字(《文编》第四九五页,《京津》一三〇一;《文编》第五七二页,《燕》五八〇)一致。笔者认为,这个刻画出现在良渚文化陶器上,正好说明它是良渚时期独有的,有冒、镦组合的豪华型玉戚的象征。其结构,上面一横是冒,中间的方形物是戚,下面一划是镦,从上到下纵贯的一竖是柲。这样的结构与实物戚的复原图象(图48,13)是一致的。第三个刻画可能与甲骨文"五"字有关,或许是与"五"有关的合文。第四个刻画在江西吴城文化、山东北庄大汶口文化、甘肃马厂及寺洼文化遗址中都有发现。唐兰先生认为是俞字的原始象形字,祖辛父丁鼎的俞字从舟从↑,古代把一块大木剜空就成舟,↑就是剜木的工具。[1]黄盛璋先生认为第四个刻画是房屋的象形,竖划代表立柱,其上的部分似屋顶。[2]

这四个刻画同时出现在一件陶器上,且排列有序,和它们时代相去不远的商周青铜器上的铭文、殷商甲骨上的刻文有异曲同工的意义,它是我国迄今发现的最原始的文章,中国出现铭文的历史,可能因之而前推一千年。

这四个字如何释读,是很难确定的。如果自左至右读,它们似乎记录了距今四千多年左右澄湖地区一个以鱼为图腾的强大的部落联盟,曾经征伐吞并了许多与之毗邻的擅长造船的氏族这样一个重大的历史事件;如果自右至左读,这四个刻画似乎是一个以鱼为图腾的部落曾经制造了一批玉戚的记录。这两种解释都只是初步的。由于目前掌握的资料有限,要准确释读,条件尚不成熟。

上面介绍的21个崧泽、良渚文化陶器上的刻画说明了早在这两个原始文化存在的时期,我国太湖地区已经产生了原始文字,而商周文化的一些文字应该是导源于太湖地区原始文化的,太湖地区新石器时代文化曾给予我国灿烂的中原文化以历史性的影响。

另外,良渚文化的一些刻画,不少散见于美国弗利尔美术馆藏玉器上。这些刻画,形式独特,引起了国内外学者的高度重视。如弗利尔美术馆藏玉臂环后面的刻画(图49,1虚线部分),在山东大汶口文化陶器上多次发现。有人释为炅字[3][4]、旦字[5]或灵字[6]。上海福泉山细刻纹陶壶(福T22M5:2)流沿下的刻画(图49,2),与之略有差异,如依前一刻画释读推想,从火从日,亦应为炅,只是此刻画"日"在"火"下。另有三个被称为谜一般的图案见之于弗利尔美术馆藏玉璧上。三个图案小有差别,基本构图皆为一只鸟立于雉堞状花纹的顶上(图50,1—3)。有的学者认为是鸟立山上,应释为岛字,个别图案可能释为岛、炅二字的复合。玉璧边沿上另见两个刻画(图50,8、11),有的学者认为后者从丰从土,应释封字。形似的刻画也

①⑥　唐兰:《关于江西吴城文化遗址与文字的初步探索》《文物》1975年第7期。
②　黄盛璋:《"个"形释意》,《中国文物报》1989年5月26日。
③　李学勤:《论新出大汶口文化陶器符号》,《文物》1987年第12期。
④　王树明:《谈陵阳河与大朱村出土的陶尊"文字"》,《山东史前文化论文集》1986年。
⑤　于省吾:《关于古文字研究的若干问题》,《文物》1973年第2期。

见之于浙江河姆渡遗址、山东大汶口遗址的陶器上(图50,7、9),其中图50,8为立鸟形,有的学者认为甲骨文也有类似的字,释为燕字①。

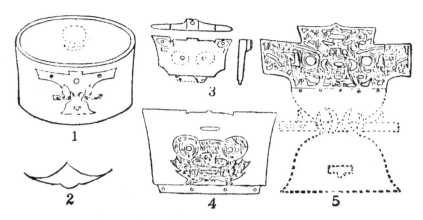

图49　良渚文化陶、玉器上的刻画

1.美国弗利尔美术馆玉臂环　2.上海福泉山遗址陶壶　3.江苏草鞋山遗址玉梳背　4.浙江反山遗址玉梳背　5.试以美国弗利尔美术馆玉臂环上的图案复原的玉符

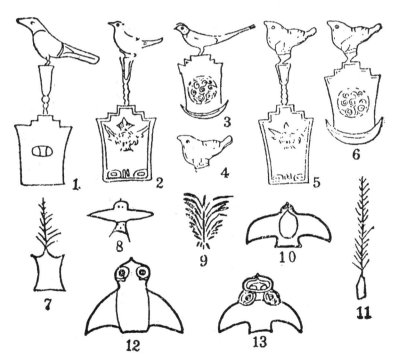

图50　良渚文化玉器和它处古陶器上的刻画

1—3.美国弗利尔美术馆玉璧上的图案　4—6.上海福泉山遗址玉鸟及其复原示意图　7、9、11.山东大汶口遗址陶尊、浙江河姆渡遗址陶钵、美国弗利尔美术馆玉璧上的刻画　8.美国弗利尔美术馆玉璧上的鸟形图案

10、12、13.良渚文化玉鸟　浙江瑶山遗址、浙江反山遗址

①　李学勤:《论新出大汶口文化陶器符号》,《文物》1987年第12期。

对于这些刻画,虽然与有关文字可能有一定的联系,但笔者不赞成称其为字,因为它们的具象性过分强烈,许多是用任意的、毫无规律的、依物而就的线条绘成。如图50,8那样的刻画,在浙江反山、瑶山遗址的良渚文化大墓中出土了多件用美玉琢磨的正立形鸟①(图50,10、12、13),形式完全一致。所谓岛形刻画,笔者根据上海福泉山遗址出土的一件残玉器推考,认为它是良渚文化一种玉器的写实图②。1988年,上海福泉山良渚文化大墓出土过一件鸟形小玉器,片状,下部残缺,酷似弗利尔美术馆藏玉璧图案上部的鸟形(图50,4)。经将玉鸟按图象比例复原,高近10厘米,器形规整,结构合理(图50,5、6)。这种鸟占显要地位的图象反映了吴越一带先民对鸟的崇敬。据《左传》记载,少昊氏有以鸟命官和禹合诸侯因身份不同而需执不同瑞玉的制度,③这种玉器极有可能是良渚时代一种职官符。

弗利尔美术馆藏玉臂环上除上述被释为炅的刻画外,还有一个刻画(图49,1),笔者认为也是良渚文化一种玉器的写实图④。对此,日本学者林巳奈夫先生略有觉察,他认为可能与江苏、浙江良渚文化角形装饰物有关,甚至将该物的起源追溯到了浙江河姆渡文化的木制装饰物——蝶形⑤。他指的角形器,即许多报告、专论中提到的那些玉蝶形器、玉冠状饰、玉佩饰等,形制主要为扁薄倒梯形,宽、高各约5、6厘米,厚0.5厘米,中凸一葫芦顶,近顶部稍下有小圆或横向椭圆形穿孔,精者一面有细刻或浅浮雕结合的兽面纹,也有集细刻、浅浮雕、透雕的羽冠人形、蟠螭、禽鸟纹于一体的罕见珍品,下沿有扁榫,穿1—5个插销孔不等(图49,3、4)。笔者认为,这类角形器其实是以上刻纹的上半部,刻纹所示则是下有钟座形物的完整器,下半部虽未见实物,但据出土资料报告,在角形器附近:"……有硃砂的痕迹,并和长约8厘米的木质纤维朽痕相连"⑥。说明其下部可能是用优质木材涂红制成。经用浙江瑶山2号墓出土的一件按刻纹图案比例复原,全器高约14厘米(图49,5)。

另外,近年来已闻名中外,引起考古界极大兴趣的,被人们称为"神徽"的反山玉琮图案(参见图16),笔者认为,人兽以解释为巫师与虎蹻比较妥当,因此,赞成张光直先生的人兽母题说⑦。它在以后的商周时代的中国青铜器上呈现出高度的艺术性与意识形态上的重要地位。对于这一图案不管如何解释,它不是文字则是可以肯定的。

总之,上述刻画大都缺乏文字结构的基本特征,与前面介绍的崧泽、良渚的陶文有明显的区别。尤其是良渚文化的两类刻画,时代并列,不存在前后发展关系。良渚文化玉器上的刻画,笔者倾向于称它们为徽记、徽号。被称为"神像"的图象,则包含着有待深入研究的宗教性质。

关于中国文字的起源,1972年郭沫若先生生曾在《古代文字之辨证的发展》一文中,认为西安半坡"彩陶上的那些刻画记号,可以肯定说就是中国文字的起源,或者中国原始文字的孑遗"⑧。关于大汶口陶器上的刻画(图51),许多学者都认为已成文字,只是对其所处阶段上的

---

①⑥ 浙江省文物考古研究所反山考古队:《浙江余杭反山良渚墓地发掘简报》;浙江省文物考古研究所:《余杭瑶山良渚文化祭坛遗址发掘简报》,《文物》1988年第1期。

②④⑦ 张明华:《良渚玉符研究》,《文物》1990年第12期。

③ 《左传·昭公十七年》,《左传·哀公七年》。

⑤ 林巳奈夫:《良渚文化的玉器》,《博物馆》(日本)第360期,1981年3月。

⑧ 郭沫若:《古代文字之辩证的发展》,《考古学报》1972年第1期。

估计略有不同①。明确否定的,汪宁生先生是其中的代表。他认为:"大汶口陶器上的四种图形,也还不能认为就是文字的开端,因为材料太少,无从证明这四种图形当然已是语言的符号。"②关于这些刻画,笔者认为它们当然不是文字,而是与已经出现文字的良渚时代那些同文字并存的,刻画于玉、石、陶器上的徽记、徽号或某件器物的写实图相类似。

笔者对文字学了解较少,因此,不可能,也不着意于这方面的深入。鉴于中国文明的起源是学术界长期讨论的热点,而崧泽、良渚文化是两个不容忽视的研究对象,作为文明要素之一的古文字资料研究在这一地区尚属空白,本文首次集中地加以介绍,目的是引起同仁对太湖地区古文字的重视,以促进中国文明起源问题研究的深入开展。

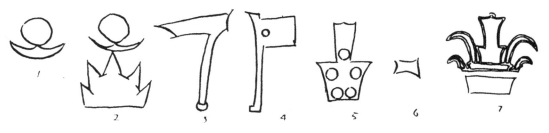

图51　山东大汶口陶器上的刻画

注:文中将玉符(亦称冠形器)按美国弗利尔美术馆玉臂环上的图案(图49,1)复原成图49,5造型,经以后出土资料证明下部与之榫卯相接的是象牙梳,但我仍然保留其中,是为了反映文物研究过程的客观性,艰巨性。错不怕,引以为训的是学术研究应该更加严谨,更加科学。

① 李学勤:《论新出大汶口文化陶器符号》,《文物》1987年第12期。
② 汪宁生:《从原始记事到文字发明》,《考古学报》1981年第1期。

四　石制礼器的认识，
是对"玉器时代"一说的否定

二十世纪九十年代初，有人以古文献《越绝书》中风胡子在与楚王对话中"以石为兵""以铜为兵"之间有个"以玉为兵"的说法，以为这就是他们所推崇的以良渚文化玉器为代表的"玉器时代"，于是将其塞入世所公认的丹麦考古学家汤姆生的石器、青铜器、铁器三个不同质态为标志的历史时代之中，认为"它是有别于其他古文明的一个重要特征，玉器时代是中华文明起源的时代"。让"具有全球意义"的汤姆生"三期说"受到了"东亚有其独特方式的"挑战，是理论界的一项重大突破和创新。①这明显是一个逻辑性错误，因为玉器是装饰品或礼器，而汤姆生三个历史时代的标志都是代表生产力的工具。要知道风胡子所说的"玉兵"，明确指出并非玉礼器、装饰品，而是专门用"以伐树木为宫室、凿地"的生产工具。汉许慎《说文解字》为我们作出了解释："玉，石之美"者。也就是说，新石器时代、特别是良渚文化中的许多用石、玉材精致打磨的兵器、工具，他们认为都是玉器。以下笔者《规整精致的石礼器》一文对福泉山石礼器的认识，就是对"玉器时代"一说的事实否定。当然，此说影响较大，较复杂，笔者曾经连写三篇文章予以理论。

---

① 叶辉、李红燕：《牟永抗、吴汝祚等人经过大量考古发掘研究证明中国在石器和青铜器时代之间曾有一个玉器时代》，《光明日报》1990 年 7 月 4 日。

规整精致的石礼器

　　福泉山良渚文化石器的造型相当丰富,其功能、工艺都达到了新石器时代石器制作工艺的巅峰,在形制上可分为两大类:一类工艺比较简单,器表崩裂磕碰的痕迹较多,仅见刃口磨制锋利,一般出自生活区的地层当中,应该是日常使用的农耕渔猎工具等;另一类则是器身规整,通体研磨抛光,细腻程度简直可以照人的精品。后者形制若兵器、工具状的石器,奇异之处还在于功能所在的关键刃口都未予开锋,而且它们几乎都随葬在墓主身份显赫的良渚大墓之中。

　　实用的生产工具我们可以理解,那些精琢细磨的石器是怎么回事呢? 原来,这类石器已经失去了实用功能,是墓主生前心目中意义非凡的礼仪用具,死后用来随葬,是为了能够在冥冥世界中继续发挥它们的作用。福泉山 144 号墓有一件宽大扁薄的有肩石钺,高 19 厘米,石质细腻,除了需要榫入柄体的凸顶及肩部外,通体精磨抛光,刃部未开锋,还在穿孔两侧斜向画了红彩(图 52)。9 号墓有一件石斧,高 21.9 厘米,虎斑黄和几处深褐铁锈色极为惹眼。全器同样通体打磨光亮,未开锋,石钺的孔径大得有些过分,与实用斧钺为了耐受冲击而保证结实程度都钻小孔的工艺特征相去甚远(参见图 5)。109 号墓中的石锛精磨抛光,其轮廓线的挺括规整精准程度,让人怀疑是否使用了今人的规矩和磨床加工出来的。

　　行文至此,让人难以理解的是,既然当时已经有了玉璧、玉琮、玉戚等品种繁多的玉礼器,何必再去用石头的呢? 虽然玉材历来就是稀缺品,但这并不是关键原因,说白了,当时的良渚人对玉石的区分是十分模糊的,一概将那些能打磨抛光有美感的石头归入玉材,只有那些质地粗陋欠缺色泽的才算是石头。《说文解字》谓

图 52　红彩大石钺　良渚文化　上海福泉山遗址出土

　　*　本文原载于张明华:《上海历史之源——福泉山》古籍出版社 2019 版,第 16—20 页。

玉为石之美者,西汉的知识分子许慎尚且如此理解,何求比他早了两三千年的良渚先民? 正因为有此一说,笔者在学术讨论中,连发三篇文章,坚决否定了一些学者发明的"玉器时代"一说①。

20世纪90年代末,一些学者把意识形态的玉器作为一个标志,将"玉器时代"安插在以生产力为标志的石器与青铜时代中间,让"具有全球意义"的西方石、铜、铁器时代之"三期说"受到了挑战。②他们的依据是东汉《越绝书》中风胡子有"石兵之时""玉兵之时""铜兵之时"的提法,并以此认为风胡子奠定了"石器时代""玉器时代""青铜时代"的中国历史发展序列。然而他们恰恰忽视了这位春秋时期的楚国相剑师风胡子对"玉兵"的明确定义:它们是"以伐树木为宫室、凿地"的工具,与持"玉器时代"学者所谓的"玉的神化和灵物概念"的玉琮、玉璧、玉戚、玉钺和精磨的石质礼器等风马牛不相及。笔者认为风胡子的"玉兵之时"应该是传统意义上的"石器时代",之前的"石兵之时"应该是指"旧石器时代"。关于这一点,1948年,考古学家郭宝钧先生就明确指出:"(风胡子的)'石兵'即相当于剥击之旧石器,'玉兵'即相当于琢磨光滑之新石器。"③马家浜文化的江苏三星村、上海福泉山等遗址崧泽文化出土的用骨牙精细雕刻成的冒、镦装饰石斧(图53),十分生动地而且令人信服地诠释了先民将精致石器同样作为礼器使用的事实。

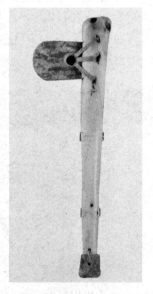 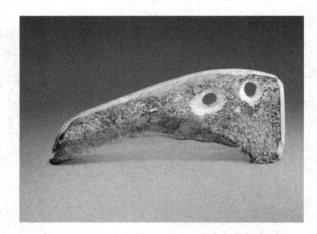

图53　带镦石斧　崧泽文化　上海崧泽遗址出土　　图54　双孔石镰　良渚文化　上海福泉山遗址出土

福泉山先民用作礼器的石器都相当精彩,那些实用的石器虽然在工艺上、造型上没那么

①　张明华:《"玉器时代"之我见》,《中国文物报》1991年10月27日;《关于"玉器时代"的再讨论》,《中国文物报》1999年5月19日;《学术讨论要符合逻辑理顺概念》,《中国文物报》2000年7月12日。

②　叶辉、李红燕:《牟永抗吴汝祚等人经过大量考古发掘研究证明中国在石器和青铜器时代之间曾有一个玉器时代》,《光明日报》1990年7月4日。

③　郭宝钧:《古玉新诠》,《中央研究院历史语言研究所集刊》第20本下,1948年。

精致,但新出现了一些功能先进的生产工具,有些则是在早期的形制上作出有效的改良。1979 年福泉山遗址出土的双孔石镰,长 17.9 厘米。器形扁薄,弯若新月,刀头向刀尾逐渐变宽,弓背,单面凹弧刃,十分锋利,刀背后部凿出双孔以穿系绳索,与木柄连为一体(图 54)。另一件,长 16.8 厘米。形制与前一件接近,器身与刃口磕碰裂缺处较多,有明显的使用痕迹。尾部最宽处磨出凹口以利绕绳固定。良渚文化的石镰在其他地方也有出土,但这两件的器形与今天的铁镰最接近,足见福泉山良渚工匠高超的创新发明理念,而先进工具的发明改良也从侧面反映出良渚时代畜牧业、农业的发达。另外,可用于切菜切肉、劈削竹篾的双孔石刀,同时反映了良渚先民食品的富足与手工作坊的存在。上海地区的良渚文化石器,如松江广富林遗址经改良更加稳固的三孔石犁,国内罕见的青浦果园村遗址特大型石刀(长 56.5 厘米),展翅型石耘田器,中国最早的镜子——金山亭林遗址出土光可鉴人的良渚石镜等,无不反映了以福泉山石器为代表的上海良渚文化,是当时华夏文化中最发达地区之一。这些石器为代表的经典形制,对中国青铜时代及以后的实用兵器或礼器都产生过清晰、直接、绵长的影响,石镰——石戈、玉戈、青铜戈,石斧——石钺——玉钺、青铜钺,石镜——铜镜……

"玉器时代"之我见

　　关于"玉器时代",比较完整的观点与论述,见之牟永抗、吴汝祚二位先生接受《光明日报》记者采访的《中国在石器和青铜器之间曾有一个玉器时代》一文(下称《采访》)和二位在《中国文物报》上发表的《试谈玉器时代》(下称《试谈》)两篇。"玉器时代"的意义,《采访》的标题最清晰不过了,"牟永抗、吴汝祚等人经过大量考古发掘研究证明,中国在石器和青铜器时代之间曾有一个玉器时代",《试谈》认为"它是有别于其他古文明的一个重要特征,玉器时代是中华文明起源的时代"。

　　玉器时代的提出填补了历史上的缺环? 开创了历史发展规律的新模式? 对历史阶段标志物的纠正? 显然谈不上。因为它在人类历史发展阶段中没有普遍意义,即使在中国境内,它也存在很大的局限性。诚如牟、吴二位自己指出的"它是有别于其他古文明的",似乎只适用于"北起燕山,西及陕西和长江中游地区,东到泰山周围的大汶口文化,南到广东"的"一个新月形玉器文化圈"。考古界习惯上沿用丹麦考古学家汤姆生先生的石器、青铜器、铁器三个不同质态的生产工具作为这一时期各个阶段的标志,它与摩尔根提出的,马克思、恩格斯推崇的早期社会形态的有关阶段十分吻合。

　　玉器是什么? 是劳动资料? 是生产工具? 不是的,玉器基本上是把玩件、装饰品或礼祭器具。以典型的良渚文化为例,一般大墓中兵器和生产工具的形制仅见一二件,与几百件(组)的琮、璧、璜等礼器,珠、管、坠、锥、环、项链等饰品,大批非生产工具器形相比,差距悬殊,比例极小。即便如此,玉制斧形器亦非实用器。它们厚仅几毫米,通体精磨,均为钝锋,无砍劈痕迹,有的上刻严谨繁复的巫师御蹻图案,大都在秘端镶饰冒、镦,有的秘面贴玉饰片,或直接用象牙制秘体,很难想象良渚人已奢侈到使用如此豪华,但又不堪一击的珍贵品作生产工具和杀敌的兵器。罕见的玉纺轮,是良渚又一工具形制,但它精磨光滑,连中间的轴杆也是用脆弱的玉材磨制的。我想这也是为什么汤姆生先生的社会形态测量器是石、铜、铁器,而不是用在历史上产生过重大影响的陶器、瓷器、丝绸或者玉器的真正原因。

　　《试谈》一文中,牟、吴二位先生提到了《越绝书》中风胡子在"石兵之时""铜兵之时"之间,有一个"玉兵之时"的说法,似乎这是提出"玉器时代"的一个历史依据,笔者仔细审读该书,风胡子的"玉兵之时"与《试谈》中的"玉器时代"相去远矣!

　　风胡子所说"玉兵"功用,乃"以伐树木为宫室、凿地","玉兵"所指并非是单纯的后人概念上的"玉器"。自风胡子时代延续至今,美玉一直是矿源稀少、开采困难、加工复杂、质地坚硬

　　＊　本文原载于《中国文物报》1991 年 10 月 27 日。

的珍贵品。风胡子怎么能肯定生产力水平远较风胡子时代低下的黄帝时代,会用珍稀的美玉做成生产工具,去"伐树木",去"凿地"呢?他所说的"玉兵"必然另有所指。

《说文》:"玉,石之美者",反映了古人与今人在玉之概念上的差异。古人的美玉概念不可能如今日这般认识。包括色彩特别细洁、鲜艳、硬度较高的软玉是石之美者外,考古发现的新石器时代的大部分磨制石器(除实用的生产工具外),那些石斧、锛、刀、凿,饰件镯、环、坠等,均施通体精磨,棱角分明,光亮滋润,同样应在石之美者之列。风胡子的"以玉为兵"的时代应当是含磨光石器为主,兼含软玉器的新石器时代。

《试谈》为"玉器时代"归纳了五点,我们发现其主体并没有超越石器时代末期已经包涵的社会形态,它们并不是"玉器时代"所独具的。如"文字出现"、"冶铜业的产生"、"出现了棺椁为特征的双重葬具和人祭或人殉习俗",在其他地区的同一阶段十分普遍。至于"出现成组的玉礼器""玉、神、巫三位一体"的情况,除了当地无玉矿或未发现玉矿,我们不能苛求外,在其他不盛行用玉的地区,不是也用大量精美的石、骨、陶器,规格不一的埋葬形式,同样显示出死者生前相互尊卑、贵贱、亲疏的关系吗?中原的濮阳地区新石器时代墓葬中,用贝壳堆塑的龙、虎、鹿、人形图案,不同样也清晰地反映了死者生前作为神在人间的化身,即一位巫师的崇高身份?很显然,各地的矿产资源、使用材料的习惯不一样,其表达形式也是不一样的,因此,我们决不能轻率地因为红山、龙山、良渚等文化分布的半月形地区,比较多地用玉器,反映了当时、当地的一些历史面貌而提出个"玉器时代"来,同样也不能因仰韶文化有用贝塑图案反映了当时、当地的一些历史面貌而提出个"贝塑时代"来……

玉器时代的提出,某种意义上,我们也并不是完全反对的,因为学术界历来流行一些新名词,"彩陶文化"、"井文化"、"玉琮时代"、"印纹陶时代"、"犁耕时代"等等,虽然有人提出不同意见,但笔者认为大可不必,因为它们可以是作为特定范围,另外一种角度、涵义上文化的说法。关键是我们自己要有明确的概念。如果像"玉器时代"那样与石、铜、铁器时代相提并论,甚至复杂化地又把"玉器时代"细分为"玉器——青铜时代"、"青铜——玉器时代",那么肯定是不贴切的,不科学的,它只会引起概念上的混乱,并失去其应有的意义。

关于"玉器时代"的再讨论

　　"玉器时代"是二十世纪二三十年代已萌发,八十年代就明确出现的词汇。前几年有人在把"玉器时代"之"玉器"认定是"非实用性生产工具""礼制的开始"的标志、"特殊权力和身份"的象征的"成组的玉礼器"之后,又将其并列于古史分期以生产工具为标志物的西方"三期说"中间,形成了石器时代、玉器时代、铜器时代、铁器时代的新四期说,引起了学术界的质疑。笔者也曾发表过自己的意见,但意犹未尽,这里再谈谈自己的一些看法。

一、问题的缘起

　　1990 年 7 月 4 日,某报突然以"某某某等人经过大量考古发现证明中国在石器和青铜时代之间曾有一个玉器时代"的大幅标题刊发文章,报道了由某某某等人研究证明的"以玉的神化和灵物概念"为意识形态核心的"玉器时代",使"虽然具有全球意义"的古史分期石、铜、铁器时代之"三期说"受到了"东亚有其独特方式的"挑战。果真如此?

　　首先,"玉器时代"一词,众所周知的是早在四五十年代就已萌发,并于 1986 年直接由张光直先生明明白白地提倡出来了,它肯定不是由某某某等人"经过大量考古发掘"后,直至1990 年"6 月底完成的一项研究(之后)证明"出来的,这里会不会是记者的笔误?

　　其次,石、铜、铁器时代的"三期说"具有世界意义,中国考古界的古史分期亦长期沿用至今,怎么会迟至今日突然受到了"玉器时代"的挑战? 问题的关键是这篇文章说某某某等认为"玉器时代"就是以"玉的神化和灵物概念"为其意识形态核心的社会阶段。而这里的与石、铜、铁器并列的玉器已如作者引述的玉琮、璧、钺、龙首牌等等的,都是"非实用性的生产工具和专用玉质礼仪制品",与"三期说"都是以生产工具作为各个时代标志物的情况产生了根本性的矛盾。因此,这样的"玉器时代"在理论上显然不可能存在于"三期说"中间。当然,这篇文章是由新闻记者所为,我们不应该以学术论文的标准苛求之。但由于该文主要观点是以两位知名专家的口吻表述的,因此它在学术界已经产生了不可低估的影响。

　　最后,四个月之后,我们终于读到了两位专家的正式论文。他们在文章中着重谈论了玉器时代的五大特点:1.出现成组的玉礼器;2.玉、神、巫三位一体;3.文字的出现;4.冶铜业的产生;5.出现了棺椁为特征的双重葬具和人祭或人殉的习俗。却始终没有论及文中倡导的这个中华文明独有的"玉器时代"之"玉器"是否符合了与其为伍的西方"三期说",石、铜、铁器时代

＊　本文原载于《中国文物报》1999 年 5 月 19 日。

之标志物应该是生产工具的起码要求。文中引为"玉器时代"重要文献依据的《越绝书》中"以玉为兵"一说,不知是作者的疏忽还是其他原因,没有提及风胡子强调的"玉兵"主要是实用的以伐树木、造宫室、凿地的生产工具。因此,文章传达给人们的信息似乎是:因为中国当时有"出现成组的玉礼器"、"玉、神、巫三位一体"的许多重大的特殊的玉文化内容,所以,不是生产工具的玉器也可以以出格的身份,在西方"三期说"的石、铜器时代之间争得一席之地。我们不明白的是把二千多年前本来与"三期说"标志物一致的风胡子的"玉兵",今天把它改变成不一致的东西,反倒成了新发明、新模式、新突破?

作者以较大篇幅阐述强调的文字、冶铜、棺椁、人祭等等现象,似乎是可以成立"玉器时代"一说的有力证据。其实,这些作为文明起源阶段的许多因素,并没有超出"三期说"石器时代后期阶段应该包容的社会形态。把它们与玉器放在一起分析,也无法改变约定俗成的古代史分期的标志物的性质。一味强调玉器,也仅仅凸现了这一阶段、这一区域人家没有的材料——玉所产生的特殊的文化内涵,却根本不可能使玉器一下变成了符合"三期说"的标志物。世界各地可取的矿产资源、用材习惯不尽统一,反映其精神文化的材物也不可能千篇一律。因此,就国内而言,我们不能因为红山、龙山、良渚等文化分布的半月形地区比较多地使用玉器而提出个"玉器时代"来,更不能因为仰韶文化因地制宜,习用贝壳堆塑人、龙、虎图案,反映他们意识形态的重大内容,而提出一个"贝塑时代"来。这本来是个不难锁定的讨论关键,也是个不难辨明的问题。然而不知为什么,面对众多的质疑文章,该文作者以后的几篇论述,包括几位同样持"玉器时代"说的学者,几乎如出一辙地置讨论的关键问题于不顾,仍在玉器的特殊性,这一阶段的文化遗存、遗迹及所反映的社会形态如文字、水稻、蚕丝、犁耕;礼制、私有制、阶级等方面上做文章,呈现了学术讨论中罕见的、失去共识基础的聚焦大错位的尴尬状态。

有学者在相关文章中稍有涉及,中国"至少有十八个文化区出土玉质工具武器(玉兵),其分布范围广及黄河流域、长江流域,并奄及东北的燕辽地区和西南的青藏高原"。"正如《越绝书》中所记用玉琢成的'玉兵'——工具与武器,可以伐树木,也可以凿地。玉兵中,以基本且实用的斧、铲、刀类,较为常见,分布的地区也较广。"然而,我们发现这里提出的玉质工具和武器,只是外形近似而已,它们与风胡子定义上的实用器具不是一回事。一方面,玉材自古至今都是稀有矿体,当时的先民决不会用矿源不多、开采困难、加工复杂、晶莹色艳的美玉去制作需要量很大、破损率很高、用"以伐树木为宫室、凿地"和战场搏杀的工具和武器。另一方面,我们发现"玉质工具武器(兵器)",几乎全都出自地位很高的少数人的大墓中。所见的当时的玉斧、戚、钺、锛等,造型结构也都很轻薄,呈孱弱得不堪一击状。所谓"物以类聚,人以群分",如果它们是日常的生产工具,那么把它们放在早已脱离普遍平民身份、脱离伐树、凿地终日劳累的显贵者身边干什么?把它们和琮、璧等祭祀重器以及镯、佩等珍美饰件放在一起又有什么意义?事实上它们与江苏澄湖水井出土的日常砍劈工具——粗硕厚重的带柄石斧,镇江溧阳出土的带柄石锛、石斧相去很远。它们几乎都是耗时耗工的镜面抛光工艺,有的还刻画细密的纹饰图案,有的呈冒、镦、秘的豪华型组合状态。它们作为稀有的珍贵品是显而易见的。因此,即使在中国有十八个区、二十个区、三十个区,甚至全中国都有这种似是而非的"玉质工具武器(玉兵)"出现(当然这只能是一种假设),也不能使"玉器时代"名正言顺地与西方的"三期说"为伍而开创出新的中国式的"四期说"来。

二、"玉器时代"一词的前景

"玉器时代"一词,也许是唯中国独有的受玉文化强烈影响下的产物,因此,有些学者对不同的意见,表示了一种难以理解和难以接受的心绪:"我们又何必要固执于西方学者的分类,而放弃用'玉器时代'一词,来说明中国历史上一段特殊且影响深远的文化发展期呢?""中国在近万年的发展过程中,有不同于外国的经历,在考虑历史分期等重大问题时,也不应照搬外国模式,要看到自己民族的文化特色,遵从玉器文化遗存的客观事实。承认中国确实存在过辉煌的'玉器时代'。"笔者认为,在理论面前,有时不得不需要"固执"一点,至少在十分明显、十分起码的标志物不曾统一、无法自圆其说的情况下,贸然把它推向世界,恐失偏颇。

最近,我们也注意到了有学者为了使"玉器时代"能够以十分特殊的身份,合法化地跻身"三期说",为"玉器时代"之"玉器"也可以不是以生产工具为标志物出现寻找依据,把"在中国的青铜时代时青铜也不是生产工具——农具的主要质材,而是用以制作祭祀用的礼器与战争用的兵器","中国不存在西方典型意义上的青铜时代"的一些观点重新提了出来。我们感到这似乎离题太远了一点,因为中国有没有青铜时代的问题,至少目前学术界的争论还不大。因此要使"中国不存在西方典型意义的青铜时代"论点得到公认,并足以达到为"玉器时代"作依据,恐怕为时尚早。退一万步讲,假设此说成立,把西方"三期说"扩大成为中国的四期说,那么便会产生玉、铜时代的标志物是礼仪器具,而石、铁两个时代的标志物仍是生产工具的无序状态。

当然"玉器时代"一词确实是个很好的词汇,但是使用它,必须有一些明确的前提:

1. 不与西方"三期说"并列的"玉器时代"。按照西方三期说及标志物均为生产工具的理论,"玉器时代"如前述尚不具备存在于石、铜器之间的条件。学术界今后若称"玉器时代"必须与西方"三期说"脱离。它应该是一种特殊角度、区域、时段、形态、涵义上的文化反映和称谓。诸如"玉琮时代""犁耕进代""印纹陶时代""贝塑时代",甚或源自西方的"黄金时代"等等。八十年代后期,著名的考古学家苏秉琦先生在为《中华文明曙光》系列科教电影《良渚文化》题写片名时,曾以"玉器时代"作为副标题,画龙点睛般地渲染了中国第一个用玉高峰灿烂辉煌的太湖地区的玉文化。

事实上,中国考古界偶尔冒出几个新名词来,也是屡见不鲜的,因此,笔者尤其欣赏香港中文大学副校长金耀基先生对"玉器时代"一词的赞赏与定位:"玉器是东亚物质文明最高的表现,现今我们一般可能受到西洋文化太深的影响,常不自觉地套用'黄金时代'一词,以表示事物发展到辉煌灿烂的阶段。谁不知道'黄金时代'一词是发源于欧洲青铜时代以后,由于西方文化视黄金为人类最高的物质代表……我想如果以'玉器时代'与'黄金时代'互相抗衡,这确实能充分表现出东西文化的差异所在。"

2. 以中国特有"美石——玉"的理念认识的"玉器时代"。让"玉器时代"存在于西方"三期说"的石、铜器时代之间,这本来因标志物的不同已是不可能的事情。但如果我们换一种思考方式,将"玉器时代"之"玉",以汉许慎"玉,石之美"者去理解,那么"玉器时代"的合法身份似可柳暗花明。

由于新石器时代磨制和抛光工艺的发明,使人们恍然发现了在熟视无睹的石头中间,居然还有一批比较细洁、坚韧、艳丽、滋润的特殊材料。它们恰恰适宜于这一阶段技术要求已经大大提高的生产工具和美化、神秘化领域的祭祀、敬奉、佩挂器物的大量制作。用今天科学的眼光分析,生产工具一类的用材,大都以沉积岩、灰岩类为主,而饰件和礼仪用具则较多地使用阳起石、透闪石一类的软玉及玛瑙、水晶、绿松石、石英石等。囿于当时低下的科技水平,不可能达到如今可以观察到材料的分子结构、纤维状排列形态和化学成分等,因此,在先民眼中,二者既然都脱离了顽石的粗劣,呈现了前所未见的美感,那么它们应该都是美石,是一样的美玉。从两者使用上并无十分严密的区分,且多有交叉的现象上可知,至多是美好程度上有一点差异,而决不会是今人一般概念上的高倍显微镜下的玉、石之分。顺理成章的是这样一种使用美石——玉制作工具、装饰、礼仪用品的时代,因为标志物与"三期说"一致,以生产工具为主,以"玉器时代"冠名之,让它存在于石和铜器时代之间,未尝不可。当然,由于其社会形态与考古界习惯称谓的"新石器时代"完全一致,"玉器时代"也就成了中国新石器时代颇具民族气息的代称。而之前的处于打制技术、无法分辨美石(玉)的顽石时代——"石器时代"应该就是"旧石器时代"。

不过,这种以石器时代(旧石器时代)——玉器时代(新石器时代)——铜器时代——铁器时代四期式,作为划分中国古代史的新的模式,其实质就是《越绝书》中风胡子的石、玉、铜、铁兵之时的翻版。稍有差异仅仅是字面上"某兵"变成了"某器","之时"变成了"时代"。我记得孙守道先生经过对红山文化玉器研究,1984年就写成了《论中国史上"玉兵时代"的提出》一文。张光直先生早在五十年代末《中国新石器时代文化断代》一文中就精当、明确地说过:"风胡子似乎比丹麦 C.THOMPSON 早两千年创始了石器时代、铜器时代与铁器时代的相承次序。可惜锄头考古学没有在中国诞生;风胡子死了两千多年之后的二十世纪初,中国人对古代物质文化发展秩序的观念,仍然停留在风胡子的阶段(假如没有更退步!);中国人在使用铜器之前曾使用石器,用石器的时代可分为两期:(1)普通石器时代,(2)加入玉器的时代"。而郭宝钧先生在四十年代末更是直截了当,认为风胡子的"石兵即相当于剥击之旧石器,玉兵即相当于琢磨光滑之新石器"。

行文至此,我们可以说基本廓清了玉器时代的面貌和性质,至于学术界今后继续沿用西方的"三期说",还是采用、认可不与西方"三期说"并列的,以特殊角度称谓的"玉器时代",或取存在于西方"三期说"石、铜器时代之间的,以美石为玉的,性质等同"新石器时代"的"玉器时代"? 甚至彻底摆脱西方"三期说"而直呼复古的、有强烈民族色彩的、风胡子的"玉兵之时"?这是需要理论界进行科学论证认真权衡的。不过,在目前尚无法取得统一意见的情况下,笔者认为为了避免引起考古界理论上的不必要的迷惑,还是沿用约定成俗的石、铜、铁器时代的"三期说"为好。

学术讨论要符合逻辑理顺概念
——读《关于"试论玉器时代"一文的若干说明》后

《中国文物报》1999年12月29日和2000年1月5日连载牟永抗、吴汝祚先生《关于"试论玉器时代"一文的若干说明——答谢仲礼、张明华诸同志》一文。细读之后，本指望看到两位先生能说出一些关于"玉器时代"得以成立的新的、更有力的考古资料和理论依据，并对笔者个人的观点提出一些贴切的意见来。但除了文章开头详述《试论玉器时代》一文（以下简称《试论》）的发表过程之外，其余的主要理论观点早已在其他论文中反复表述过了，没有什么新鲜感。

对照过去几篇大作，只能说这次《说明》在理论方面相对简明一点，主要讲了两个内容，一是认为人类社会发展阶段的分期，应该"跳出生产工具这个概念的框架，从事物的本来面目出发进行观察分析"；二是认为"铜石并用时代的概念要比龙山时代高明得多"，但"不如玉器时代切题"。对于第二项，由于我本不同意两位先生解释的"玉器时代"，因此也不可能认可那种过于复杂化地定义出来的"玉器青铜时代和青铜玉器时代"。事实上，每个历史阶段都有一个质与量的变化过程，难道我们还有必要再去貌似创造性地，其实机械、繁琐地一一罗列出那些过渡性的"旧石器新石器时代""新石器旧石器时代"……"原始奴隶社会""奴隶原始社会""奴隶封建社会""封建奴隶社会"吗？至于第一项，虽然单单阅读其中的一些内容，似乎无甚明显的不妥之处，但作者似乎为了找到在社会发展阶段上，生产工具可以不是必然的标志物的权威说法，特别"指出汤姆逊和他的学生沃尔赛'也没有特别强调它所依据主要是生产工具'。只是柴尔德才将三期说与生产力——主要是生产工具联系起来"。然而我们读到的资料却并非如此。汤姆逊先生在《北欧古物指南》一书里（G. Daniel. The Orgins and Gronth of Archaeolgy. Haymondsworth，1967. pp.93—95.）就有明确的界定。他认为"石器时代，亦即武器和工具用石、木或者骨头等类似物质制作的时代"，"铜器时代，武器和切割工具由红铜或青铜制成，人们对铁器或银器一无所知或知之甚少"。

同样原因，为了使非生产工具的玉器可以跻身社会发展阶段的标志物队伍之中，让所谓"跳出生产工具这个概念的框架"的理论得以成立，作者又强调"玉器制作中，以柔性线状物或硬性片状物带动砂粒对玉材进行切割用料，是人类对硬质材料加工利用技术的第一次突破"，从而提示"我们决不能因为这些玉器和铜器不是用作生产工具，就忽视或低估了玉材切割开料和冶金所包含的知识技术这一构成社会生产力的主要因素"。让人弄不明白的是如此褒

＊ 本文原载于《中国文物报》2000年7月12日。

贬，与我们讨论的时代标志物有何相干？加工工艺的先进与重要，即使再先进再重要，也不可能改变玉器的非生产工具的性质。而先进与重要的加工工艺和生产知识技术，在其他烧陶、丝绸、水稻诸方面都有显赫的表现。《试论》包括前几篇大著，特别强调"将铜矿石冶炼成铜块，这项改变加工对象内部结构"的知识技术所构成的生产力因素的重要性。要知道，时代上远比冶铜发明要早的，更具有新旧石器时代分水岭意义的烧陶工艺，也是一项使泥坯发生化学、物理反应的重要知识技术，与仅仅以柔性线状物和硬性片状物带动砂粒对玉材切割的物理性工艺相比，陶器的知识技术含量具有更强的竞争力。但如此标准岂不乱套？

这方面亦如两位先生《试论》所举的例子，国外也有类似情况，"对于新大陆，特别是中、南美洲诸文化的考古研究证明。那里从农耕的出现，到文明社会的产生，都经历了自己特有的另外一种模式。'奥尔密克文明……以其非凡的玉器和建筑而闻名于世'"。按照两位的逻辑，我们是否也有在其他几个标志物分期中插入"玉器时代""建筑时代"的必要？打个不一定贴切的比喻，就好比别人在讨论皮鞋的发展史，某人却因强调绣花鞋非同一般的漂亮，甚至上面有寓意深刻的纹样，而硬要凑合插入皮鞋系列那样不伦不类！

拜读两位先生的文章，字里行间时不时地会冒出几句与论题不着边际的、但似乎很有哲理的话来："生产工具与劳动者的知识技术水平这两项因素，在构成社会生产力时，并没有恒定的主、次关系，生产工具只能通过使用的劳动者才能构成社会生产力，有时知识技能往往起到主导的作用。"事实上，生产工具本身就是劳动者的产物，因此，在劳动者——人面前，生产工具更显得无足轻重了。最近，中国社会科学院研究生院常务副院长邹东涛研究员，在列举了日本从"明治维新"不是科技维新，而是制度维新走上强国之路；战后西德经济起飞不是来自科技繁荣，而是"来自竞争的繁荣"，以及七八十年代中国农村家庭承包责任制在当时并没有什么技术进步情况下，农业生产就获得了突飞猛进的发展，引证出了一个更深层次的、比科学技术更为重要的因素——制度。文章说，历史的、现实的大量事实证明，先进的科学技术只是生产力发展潜在和必要的条件，制度才能保证先进技术充分发挥作用。科学技术只有在相应的高效率制度的基础上，才能成为现实第一生产力。[①]此说一出，又让"制度"的重要性凸现出来了。为此，我们是否又要改弦易辙了？真不知道这样比较下去还有完没完？其实问题的关键根本不在这里，有些话、有些理论本身并没有错，甚至就是某些经典或翻版，只是我们被引入了理论的误区，即正在进行无谓的、完全不同性质的事物与概念的比较。之所以会产生这样的无序和滑稽，完全是混乱的逻辑、混乱的概念在作怪。

《越绝书》中风胡子与楚王的对话，是包括两位先生在内的不少持"玉器时代"说学者的文献依据。然而《越绝书》中的石、玉、铜、铁器分明是生产工具与兵器，并且是各个历史时期的标志物。只是考古资料证明，贵重的玉器多为装饰品和礼器，即使是一些形似兵器和生产工具的器物亦非实用器，与《越绝书》所指玉兵似有矛盾。为此1991年，笔者出于对"玉器时代"这一美好名词的珍视，试着在《我见》中假设"风胡子的'以玉为兵'的时代应是含磨光石器为主、兼含玉器的新石器时代"。当时是依《说文》："玉，石之美者"为据，朦胧地提出来的。待1999年写《再讨论》时，我已找到了张光直先生的科学论述："中国在使用铜器之前，曾使用石

① 《天津社会科学》2000年第1期。

器,用石器的时代可分为两期:(1)普通石器时代,(2)加入玉器时代。"①而郭宝钧先生观点更加明确:风胡子的"石兵即相当于剥击之旧石器,玉兵即相当于琢磨光滑之新石器"②,事实上,严格定义上的玉器也只有通过琢磨才能显示出其独特的魅力,打击工艺下,即使是真正的再好的玉料也产生不了应有的美感,而与普通石器无异。相反,琢磨工艺下,某些细洁鲜艳的石料,不少也能成为当时观念下的"石之美者"——玉器。北阴阳营文化、崧泽文化的江苏三星村、上海福泉山遗址,都出土过雕刻精美的、有骨牙质冒镦装饰的豪华型石斧。它们在先民眼中当然不会是普通的石制工具,当为"石之美者"——玉器。包括良渚文化和其他新石器时代文化,考古发现的不少毫无使用痕迹、并施镜面状精磨、轻薄规整的石器,均可如此认识。所以,笔者感到这是一种"玉器时代"说得以成立的可能途径,也可能是一种相对合理的解释(但不存在就此推广的动机,因为,此说也与传统的三期说区别不大,只是用玉器时代代替了新石器时代,且性质未变。另外,除了国内,还要考虑到国际上的约定俗成,同时笔者亦未作全面深入的研究,尚不敢妄加结论)。遗憾的是两位先生不是从符合逻辑的、正确的概念中去寻找答案,反而在不能自圆其说的情况下,轻率地把风胡子的完整表述擅作肢解,对不利于自己论证的段落视而不见,对自己有用的内容却大加发挥。我想,若风胡子地下有知,不见得会赞成吧!

最后笔者认为,展开健康的、活跃的学术讨论,有利于我们学术研究的蓬勃发展,我是举双手赞成的,而且早已积极参与。我认为观点上、方式上可以针锋相对,也可以和风细雨,可以互相补充,也可以互不买账,但一定要以理服人。我不赞成两位先生,自己一边也在认同引用西方学者的观点,一边又使用一些隐晦的、充满着许多潜台词的句式,不知不觉中把不理解、不认同他们观点的学者扣上将西方三期说"当作宗教上的法规、经典来迷信"的帽子。"玉器时代"的讨论是个重要的理论问题,我感到目前需要作为专门课题探索一下。特别是对一些基本逻辑、基本概念,首先得搞清楚,否则,我们事无巨细,一头撞入其中,把大量精力花在一些具体事物的是否上,一些洋洋万言的、无限衍生出来的似是而非观念的辨识上,甚至是已经出现的某些超理论的纠缠上,那么,关于这一命题的发展,要么令人嫌烦,无人问津,要么泥淖深陷,永无结果。这也是笔者至今不作全面探讨,反复着意在令人"惶惑不安"的逻辑概念上和随时准备撤退的根本原因。

---

① 张光直:《中国新石器时代文化断代》,《中央研究院历史语言研究所集刊》第 30 本,上,1959 年。
② 郭宝钧:《古玉新诠》,《中央研究院历史语言研究所集刊》第 20 本,下,1948 年。

五　率先复原豪华型玉戚，
　　具有突破性意义

　　包括福泉山在内的良渚文化遗址，曾经出土过一些制作精良的玉质斧形器，人们对其准确的称谓、用途、组合结构很不明确。1986 年，笔者从浙江反山发现的一体玉镦上受到启发，在亲手清理、测绘的墓葬资料中，率先发现了玉斧形器由冒、镦、柲三者的组合关系，写成了《良渚玉钺研究》一文，上博马承源馆长阅后提示："'玉钺'一词文献少见，但有'玉戚'一词。戚即鏚，也是斧柯之物。"开始时，我对马馆长把玉钺改称玉戚也感到很是别扭，因为习惯上认识的"玉戚"应该是边缘有扉棱的格式。但通过检索，"钺"字虽出现较早，但"玉钺"一词几无发现，而"玉戚"一词在先秦文献中却屡见不鲜。论文完成后曾得到《考古》杂志总编、著名考古学家安志敏先生肯定与赞赏："《良渚玉戚研究》[1]已经拜读，关于玉戚、冒、镦的组合是一项重要的发现。"上博马承源馆长亦给予了极大鼓励，"文章是用功写成的"，并关照有关领导，张明华写了一篇好文章，要在全馆好好宣扬一下。新华社为此专门播发了新闻稿："著名金石学家、上海博物馆馆长马承源首肯这一发现。他认为，'玉戚'的发现，可以表明早在四千年前我国太湖地区已经开始形成国家。"[2]要知道，马馆长是最早言辞凿凿提出四千年前，太湖地区已经开始形成国家（良渚古国）的学者之一。

---

[1]　《考古》1989 年第 7 期。
[2]　赵兰英：《考古新发现——玉戚出土》1987 年 11 月 11 日。

良渚玉戚的完整发现及其重要意义

在考古工作中,不知名器常常使人困惑。近年,良渚大墓中出现的所谓"冠形器、玉神像、玉端饰、玉杖头、玉柄饰、舰形器、玉格饰、带槽玉器"等,就是一批形制繁多、让人无从揣度的玉器。笔者曾对其认真考察过,发现它们虽然形式各异,几乎无一重复者,但都有卯眼或插销孔,隐约中感到它们应该是同类器上的附件。1986 年,浙江的考古工作者在反山遗址一件玉戚柄体玉饰片的延伸中,找到了一件柄尾饰,使我受到了极大的启发。这些玉器是否都与玉戚有关?为了尽快得到答案,笔者立即将这类器物的线图全部找来进行分析,竟意外地发现上海福泉山所出一件与反山的形制相仿,通过对发掘资料的核对,其位置确与玉戚有关,证明同为玉戚柄尾饰无疑。为了进一步弄清问题,笔者搜集了已经发表的、有良渚玉戚随葬的良渚大墓平面图,略去其他无关的、已知的玉、石、陶器,仅留这一类饰物和人骨架,奇迹出现了!过去被称作玉杖头、玉端饰、玉格饰、冠形器、玉神像一类器物,多与玉戚相距 10 厘米左右;被称作带槽玉器、玉佩饰、船形器等,有卯眼和插销孔的玉器,多与玉戚相距约 40 厘米。江苏寺墩遗址 3 号墓的复绘图,更明确地显示出玉戚上约 6 厘米处的"玉格饰"和下部 44 厘米处的"带槽玉器"应属同一玉戚上的上、下两个附件,经用虚线将它们连接起来,居然成了一件长 68 厘米、有柄首饰、柄尾饰的完整器。我认为,在以上诸多称谓的玉饰件中,不但有玉戚的柄尾饰,而且还有柄首饰存在。那种与玉戚距离紧近的、下侧钻凿有扁条形卯眼的鸡冠形或僧帽形器实为柄首饰,而另一类与玉戚距离较远、有卯眼、有插销孔的马鞍形、船形玉器实为柄尾饰。参照青铜兵器上相应部位附件的固有称谓,我们将柄首饰称"冒",柄尾饰称"镦",柄体称"柲"。根据冒、镦分别与柲体首尾的接触面及相互间的实测距离,计算出朽蚀殆尽的柲体规格。根据江苏海安青墩遗址出土陶斧模型及戚体穿孔部位的刻画遗痕,率先以福泉山 M65、74 号墓出土物完整复原了冒、镦、玉戚与柲体榫合系缚的两件完整器(参见图 34),从而为我国目前最早的、有冒、镦完整组合的玉戚提供了规律性复原依据。这为研究良渚大墓的墓主身份及这一文化的社会形态,提供了十分重要的资料。

戚,史料记载为武乐之器。《礼记·乐记》:"干戚羽旄谓之乐","干戚之舞,非备乐也"。《五经通义》:"以文得之,先文乐,持羽毛而舞;以武得之,先武舞,持朱干玉戚,所以增威武也。"显而易见,良渚玉戚一反其祖型斧、铲等生产工具的粗犷实用性,而呈轻薄精美、首尾镶饰的豪华高贵型,在巫术盛行的良渚时代,作为人们在出征前后,为了得到或感恩神祖的荫护,和干为舞、以舞降神的礼器是合乎情理的。但我们感到,对于距今约四千年的、良渚大墓中唯一

* 本文原载于《中国文物报》1988 年 2 月 5 日。

的一种利器演变而来的玉制重器，就此定论是欠妥的。如前所述，良渚玉戚既非实用利器，那么斧、铲作兵器的用途理当排除，然而斧形器有权力象征之说值得注意。《六韬·龙韬·立将》："将既受命……君亲操钺持首，授将其柄，曰：'从此，上至天者，将军制之。'"近年有学者通过对商代墓葬资料的统计，曾经发现："凡出土青铜钺的墓，往往都出土较多的青铜武器，说明这些墓的墓主人生前曾担任过一定的军事职务。"持玉戚的良渚大墓是否具有相似的性质？我们从良渚大墓的三大特点的归纳中不难得出结论。

1. 葬地都曾动用大批人力堆筑成规模庞大的台形结构。福泉山高出地面 6 米多，东西长 94、南北宽 80 米，体积约 50 000 立方米。草鞋山高 8 米，东西长 120 米、南北宽 100 米。寺墩高约 20 米，东西长 100、南北宽 80 米。其他良渚大墓的葬地都有类似的规模。

2. 有很大的埋葬面或墓坑。草鞋山 194 号墓南北残长 4 米、东西残宽 1.7 米，面积不会少于 7 平方米。福泉山 2 号墓南北残长 5.6、东西宽 2 米，面积达 11 平方米之多。这种规模比起良渚文化及以前的新石器时代普通墓埋葬面一般为 2 平方米的规模扩大了数倍。

3. 几乎每墓都有玉制琮、璧礼器及大批玉、石、象牙珍品，种类繁多，工艺高超，一般都有一百多件。

很清楚，以上三点与同为良渚时代的仅有少量石、陶器，罕见玉器随葬的大多数平地掩埋墓相比，差距十分悬殊，良渚大墓墓主人是一批凌驾于普通人之上的特权显贵。良渚玉戚出现在他们墓中，理所当然地显示其生前的军事权力。结合前面的探讨，我们可以比较全面地认为：良渚玉戚是良渚时期特权显贵们藉以摆脱原始民主议会制度的特殊产物，是中国文明晨曦初露的特殊标志。具体地说，它是墓主人生前用以显示自己地位的权杖，对外有征战杀戮、对内有统辖属下的权力，每逢重大典庆，又成了他们手上敬神祭祖的礼器。总之，豪华型良渚玉戚的出现，充分证明了在今苏南、浙北和上海的良渚文化分布地区，4 000 年前就已出现了一个以豪华型良渚玉戚为重要特点的、私有制和阶级已经产生了的原始国家——良渚"方国"。

良渚玉戚研究

  自太湖地区江苏草鞋山、张陵山、寺墩、绰墩、少卿山，上海福泉山，浙江反山、瑶山等遗址的发现和发掘，良渚玉戚已不乏其例了。由于这一精致的玉制重器，仅见于随葬空前丰富、身份显赫的大墓之中，全面认识它的面目，将对考古界、史学界探明良渚文化的社会形态，推定中国文明的起源，都有十分重要的意义。为此，本文以发表资料为主要依据，对良渚玉戚进行一次初步的研究。

一、发现概况及时代特征

  良渚玉戚，是人们长期未曾认识的器物，清吴大澂《古玉图考》，三十年代黄濬《古玉图录初集》，以及国外发表的资料上似有收录，可惜绘图很不规整，描述也是片言只语，无法加以肯定，人们往往将它们视作迟至商周，甚至更晚时代的礼器。

  1973 年 7 月，南京博物院考古队在江苏吴县草鞋山遗址，首次依靠考古发掘手段获得了一件良渚玉戚[①]，以后各地又相继发现了二十余件，从而为我们今天的科学研究，打下了必要、充实的基础。

  良渚玉器主要以质细、色艳为特色，古代称为真玉，近代矿物学称软玉的阳起石、透闪石两个品种加工制作，它们都属于钙镁硅酸盐类。良渚玉戚的形制，基本为扁薄长梯形、弧刃或凸弧刃，钝锋，没有砍劈的痕迹，通体精磨镜面状，上部有十分细小的穿孔，厚度比石斧明显要薄，多在 1 厘米之内，不少厚仅 0.4—0.6 厘米。至于那种大孔、厚实的磨光石质斧柄器，个别报告中亦被说成是玉质的[②]，在良渚大墓中往往一墓出数件、数十件，它与我们今天所要讨论的，优质精致、轻薄细洁、色彩艳丽的玉戚不能相提并论。这也是本文不以粗硕、厚重的生产工具——斧、铲称谓的重要原因。称戚？称钺？笔者亦有过一番斟酌。依毛传戚小于戌的记载，并无具体的标准，戚有"射出齿牙状扉棱"的特征，夏鼐先生认为这不过是清人吴大澂对商代玉戚所下的没有根据的定义，而且商代玉匠本来就"喜于玉器边缘刻出有齿牙的扉棱"的习惯，"如戚、矛、戈、刀和佩饰的璜、玦等"[③]。因此，笔者以为，扉棱齿牙的有无，不应该是戚的决

---

 * 本文原载于《考古》1989 年第 7 期，第 624—635 页。

 ① 南京博物院：《江苏吴县草鞋山遗址》，《文物资料丛刊》第 3 辑。

 ② 南京博物院甪直保圣寺文物保管所：《江苏吴县张陵山东山遗址》，《文物》1986 年第 10 期。

 ③ 夏鼐：《商代玉器的分类、定名和用途》，《考古》1983 年第 5 期。

定性特征，而是其独具的形体、质地与用途。鉴于"玉钺"一词文献中少见，"玉戚"则屡见不鲜，将这种肯定不是实用利器的精美的斧柯形玉器，称其为历来就被认为是舞器、武乐之器的玉戚[①]，是比较贴切的（容后文作进一步阐述）。现将已作报道，或能见形式的十六件，分五型归纳如下（玉质除标明外，皆透闪石或透闪-阳起石）。

A 型 4件。扁平长方梯形，斜顶，侧边平直，刃微弧。以福泉山一件（T27M2∶32）为例，湖绿色，阳起石，透光。对钻孔。一面的孔两侧有细刻直线痕，距顶1.5—1.9厘米处斜向侧边消失。高14.6、宽9.4、厚0.7、孔径1.35厘米（图55，1）。余为张陵山东山一件（M4∶016）[②]，少卿山二件（M1∶3、4）[③]。

B 型 1件。反山（M20∶144），白色。狭条形，上部竖列二孔，上小下大，小孔单面钻，大孔双面钻。高16.7、宽8.2、厚0.8厘米（图56，3）。

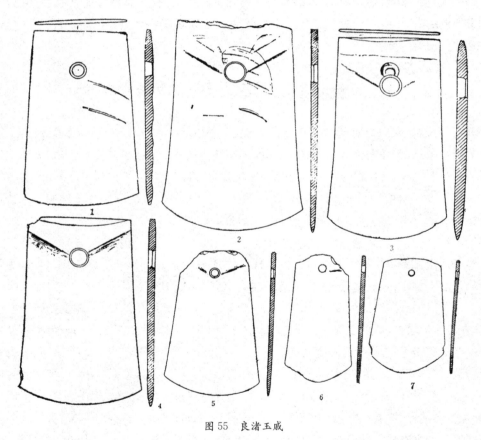

图55　良渚玉戚

1. A 型（福泉山 T27M2∶32）　2—5. C 型（福泉山 T4M6∶25、T27M2∶37、T22M5∶46、T15M3∶85）　6、7. D型（福泉山 T15M3∶82、寺墩 M3∶57）

---

① 《礼记·祭统》："朱干玉戚，以舞大武。"《五经通义》："以文得之，先文乐，持羽毛而舞，以武得之，先武乐，持朱干玉戚而舞。"
② 南京博物院角直保圣寺文物保管所：《江苏吴县张陵山东山遗址》，《文物》1986年第10期。
③ 苏州博物馆、昆山县文管会：《江苏省昆山县少卿山遗址》，《文物》1988年第1期。

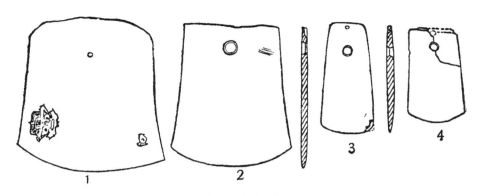

图 56 良渚玉戚

1、2. C型(反山 M12:100、瑶山 M7:32) 3. B型(反山 M20:144) 4. E型(绰墩 10)

C型 7件。扁薄长方梯形，平顶，弧刃，刃角微翘，开我国翘刃斧柯器之先河，对钻孔。以福泉山一件(T4M6:25)为例，阳起石。器表光洁明亮，湖绿色玻璃状，透光。顶端未经修磨，边沿夹杂有黄褐色杂质，两面的孔侧都有细刻直线痕，一面的细刻呈双线平行夹角状斜向顶角，上面还有两道对称的弯弧，距顶部 0.8—2 厘米处消失。高 17.4、宽 11、厚 0.6、孔径 1.7 厘米(图55，2)。余六件，福泉山三件(T27M2:37、T22M5:46、T15M3:85；图 55，3—5)，草鞋山一件(M198I:13)[1]，反山二件(M14:221[2]、M12:100；图 56，1)，瑶山一件(M7:32，见图 56，2)。

D型 4件。扁平狭长梯形，弧顶，侧边平直，凸弧刃，孔径极小。以寺墩一件(M3:57)为例，顶面不平齐，刃角皆残。据线图测算，高约 19.5 厘米、宽 13 厘米、厚 0.6 厘米(图 55，7)。福泉山二件(T15M3:82；图 55，6)。

E型 1件。绰墩(绰 10)，阳起石。扁平长方梯形，有内。内与顶部残缺一角，弧刃，上部竖列双孔，上小下大。高 14.5 厘米、宽 8.7 厘米、厚 0.9 厘米、大孔直径 1.5 厘米(图 56，4)。

以上五型玉戚，由于所在良渚大墓出土陶器少见，统计资料不全，一时很难依陶器区别其时代的早晚关系。从出土陶器比较丰富的福泉山情况分析，早的因素相对较少，各墓交叉出土的 T 字足鼎、椭圆形浅腹盘高柄豆、宽把带流杯、高圈足双鼻壶、宽把带流鼓腹三足盉、高圈足夹沙小陶篓、彩绘背水壶等，都是晚期良渚文化的典型器。另外，已作分型的玉戚在各墓中也交叉出现，如福泉山 T27M2 的 A 型戚(M2:32)和 C 型戚(M2:37)，T4M6 的 C 型戚(M6:25)与 D 型戚(M6:16)分别共存，因此，这些玉戚的时代跨度和墓葬一样不会太大，演变关系也不会过分明朗。目前所见的草鞋山、张陵山、寺墩、绰墩、福泉山诸遗址的玉戚，大体属于良渚文化晚期。反山出土陶器有较早的因素，但简报中无法与玉戚直接对照，唯 M20B 型玉戚与三件较早形式的扁侧足鼎共存。A、B 型玉戚因与崧泽文化长方形、舌形弧刃斧接近，应该是早的形式，至于 C、D 两型玉戚，由于崧泽穿孔石斧绝无翘刃、凸弧刃形制，且 C 型有向商代戚靠近的趋势，D 型有向商代圭形器发展的趋势，因此，时代相对较晚。E 型有内玉戚除了大孔偏上外，余与商代妇好墓 463 号玉钺如出一辙，反映了时代

---

① 南京博物院：《江苏吴县草鞋山遗址》，《文物资料丛刊》第 3 辑。

② 汪遵国：《良渚文化"玉敛葬"述略》，《文物》1984 年第 2 期，图版叁:1。

上差异的征迹。

C14 测定数据直接与玉戚有关的,目前仅见涉及 A 型戚的一例:张陵山二号墓,经树轮校正为距今 5 785±240 年①,但它与考古界公认为相对合理的崧泽文化距今五千多年②,良渚文化距今四千年上下③的数据发生矛盾。鉴于报告反映了墓葬在清理前已被严重破坏④,这个标本的年代我们便不能贸然引用。上海马桥遗址良渚文化晚期陶片的热释光和亭林遗址木炭标本测定分别为距今 4 100—4 550 和 3 730±95 年⑤,这两种数据之间,我们可以认作 C、D、E 三型玉戚的时代跨度。A、B 型玉戚稍早,当距今 4 550 年以前。至于个别出现的交叉现象,我们认为因玉戚是珍贵品,保存较好被沿用,抑或不同地域出现新器形的前后差异,也不能绝对排除。

二、冒、镦的认定

良渚玉器中,有一种被称为玉杖饰、舰型器、冠形器、玉格饰、带槽玉器等的饰件,上面有卯眼,有的穿有插销孔,把它们认作某种器物上的附件是毋庸置疑的,但它们到底附属于何物?考古界一直未有正确的结论。江苏的同志似有觉察,张陵山东山发掘简报云:"(这种杖头的)凹槽系骨木质手杖的榫头插入的卯孔,手杖因易于腐朽而没有留存下来。寺墩墓葬中所出定名为有槽玉器和玉格饰的皆为杖头。这种有玉杖头的手杖当为权杖。"⑥但是朦胧的感觉未能将近在咫尺的玉戚与它们联系在一起。1986 年,在反山遗址的清理发掘中,曾从 M14 玉戚旁的米粒状小玉片分布延伸线的末端,找到了一件玉戚柄尾饰件,笔者亦曾亲临考察,但囿于各种因素,大家都未能进一步扩大成果,找出规律。回沪后,笔者在绘制福泉山所出一件被称为"杖首"的玉器(T22M5:43;图 59,4)时,意外地发现它与反山 M14 出土的玉戚柄尾饰形制接近,从而极大地开阔了思路,不但立即确定了福泉山这件名为"杖首"、实为玉戚(T22M5:46;图 55,4)的柄尾饰,而且注意到了福泉山和其他良渚文化墓葬所出同类器与玉戚的隐约关系。

为了寻找科学的依据,笔者将有这一类饰物的良渚墓葬图搜集并复绘了一遍,略去其他无关的器物,留下玉戚及这一类饰物,结果,有两种结构、形式比较统一的饰物与玉戚之间呈现了颇有规律的距离。下侧钻凿有扁条形卯眼的玉器,与玉戚相距紧近,约十厘米;有插销孔、有卯眼的玉器,总是与玉戚相距稍远,约五十厘米。寺墩遗址 M3 的复绘图,尤其清晰地显示出"玉斧(M3:57)"上部约六厘米处的"玉格饰(M3:56)"和下部四十四厘米处的"带槽玉器(M3:68)"似为"玉斧"柄上的附件。经用虚线将它们联结起来,竟成了一件长 68 厘米、有柄首饰、柄尾饰的完整玉戚(图 57)。它使我们第一次领略到了良渚玉戚的完整组合,而且由于寺墩 M3 玉戚柄首饰的发现和认定,又使我们认识到,在称谓诸多的玉饰件中,不但有玉戚的柄

---

①④　南京博物院:《江苏吴县张陵山遗址发掘简报》,《文物资料丛刊》第 6 辑。

②⑤　黄宣佩、张明华:《上海地区古文化遗址综述》,《上海博物馆集刊》第 2 集。

③　夏鼐:《商代玉器的分类、定名和用途》,《考古》1983 年第 5 期。

⑥　南京博物院等:《江苏吴县张陵山东山遗址》,《文物》1986 年第 10 期。

尾饰,而且还有柄首饰存在。通过基本结构的排比,结合它们各自在墓葬中与玉戚所处的位置,那种与戚体相距紧近的、下侧钻凿有扁条形卯眼的鸡冠形或僧帽形玉饰件,实为玉戚的柄首饰。而另一类马鞍形、船形、椭圆形等造型较多的、且有横向插销孔、有卯眼的玉饰件,则是玉戚的柄尾饰,它们与玉戚相距较远。参照青铜兵器上相应部位附件的固有称谓及有关史料,"柄首饰"可谓"冒","柄尾饰"可称"镦",而良渚玉戚的柄体自然可称"柲"。无疑,良渚玉戚是我国目前原始复合器械上出现冒、镦完整组合形制的最早实例。

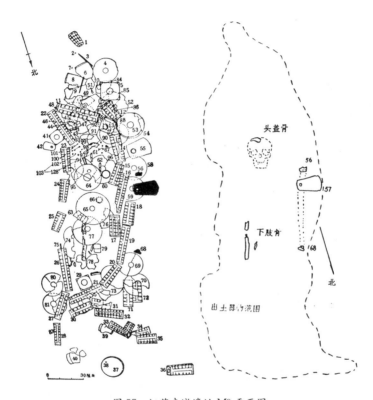

图 57　江苏寺墩遗址 M3 平面图

左:繁多的随葬品阻碍了良渚玉戚冒镦组合的现身　右:清理掉其他器物后,显现了良渚玉戚的组合部件、规格和位置

几年前,笔者曾在江苏吴县司徒庙文物展览会上,见一良渚文化鱼篓形贯耳黑陶衣罐,出土于吴县澄湖遗址,上面排列有四个细刻文字符号,其中的"𰯀"形刻画上下两笔酷似良渚玉戚柲体上的附件冒、镦,使良渚玉戚具有冒、镦附件的完整形式得到了肯定。1986 年底,当我将这一规律性发现公之于师友同行之后不久,承浙江同志惠告,他们根据这一组合,在反山资料的重新整理中复原了五套。以后瑶山遗址的发掘,更进一步充实了这方面的内容。

现据出土资料归纳如下。

冒　7 件。皆鸡骨白透闪石制作,有僧帽形、鸡冠形两种,中间都有斜向凸脊线,将它分为上、下两部分,底面都为扁梭形,并有楔形卯孔或凸榫。分二型。

A 型　5 件。僧帽形,顶面倾斜,呈阶梯状,以瑶山一件(M7:31)为例,扁平近方形,前端尖突。底面中有长方形小榫,中开槽口,并有横向小孔贯穿,凸榫前后的底面上有两个不规则的椭圆形卯孔,器身两面各有三道斜向突脊,将该器分成上下两部分,各刻竖向羽状纹和卷云纹。宽7.7厘米(图58,1)。寺墩一件(M3:56;图58,2),反山二件(M14①、M20:144;图58,4),福泉山一件(T22M5:52;图58,3)。

B型 2件。鸡冠形,顶面有凸齿纹,底凿卯孔。以张陵山一件(M1:15)为例,上部有一组弯弧形和圆形小镂孔。按线图测算,宽9.1厘米(图58,6)。福泉山一件(T27M2:34)(图58,5)。

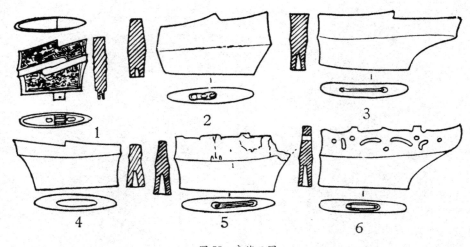

图58 良渚玉冒

1. A型Ⅰ式(瑶山M7:31) 2. A型Ⅱ式(寺M3:56) 3、4. A型Ⅲ式(福泉山T22M5:52、反山M20:144) 5、6. B型(福泉山T27M2:34、张陵山M1:15)

镦 6件。用鸡骨白透闪石或象牙制作。有斜方形、马鞍形、凸字形、船形、椭圆形五种。除反山一件结构特殊,福泉山象牙器残缺外,余皆有横向销孔。与柲尾接触面为椭圆形,并钻凿有卯眼。

A型 1件。瑶山M7:33,斜方形。底面台阶状,顶面有横向凹口,中有长方形卯孔,两面有竖向羽状纹和卷云纹。宽7.5厘米(图59,5)。

B型 1件。福泉山T27M2:45,马鞍形。顶面椭圆形。宽6.2厘米(图59,1)。

C型 3件。船形。顶面棱形,底凸一薄棱形台面。以福泉山一件(T22M5:43)为例,宽7.7厘米(图59,4)。反山二件(M14②、M20:14;图59,3)。

D型 1件。寺墩M3:68,凸字形。从墓葬平面图上测算,宽约6.3厘米(无图照)③。

E型 1件。福泉山T4M6:36C,象牙磨制,椭圆形,凹弧边,顶面中心有一圆形残断面,底面凸一扁棱形台面。宽4.6厘米(图59,2)。

---

①② 浙江省文物考古研究所反山考古队:《浙江余杭反山良渚墓地发掘简报》1988年第1期。

③ 南京博物院:《1982年江苏常州武进寺墩遗址的发掘》,《考古》1984年第2期。

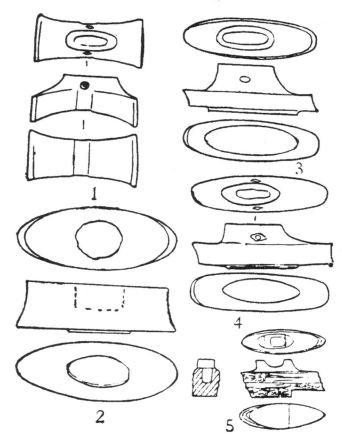

图 59　良渚玉镦

1. B 型(福泉山 T27M2:45)　2. D 型(福泉山 T4M6:36C)　3、4. C 型(反 M20:144、福泉山 T22M5:43)　5. A 型(瑶山 M7:33)

三、柲体的质地及形制

玉戚柲体的质地,由于江苏吴县澄湖、溧阳洋渚良渚木柄石斧的出土,证明了木柲玉戚的可能性。1982 年,上海福泉山遗址曾清理到一件象牙细刻纹残器,笔者认为这是象牙戚柲的残留。出土时呈棕黄色碎屑状,外轮廓很不规整,残缺严重,且裂为两大段。大的(T4M6:36A)长 25.4、宽 7 厘米,略呈刀形,一面朽蚀严重,凹凸不平,另一面有一组繁密的细刻兽面纹。小的(T4M6:36B),长 16.8 厘米,两端及下面残断,弧脊面及两侧有细刻纹。根据同一出土位置和几可吻合的断裂面及相似的形制判断,大小两件应为一体(图 60)。其圆浑的弧脊及剖面呈 1.6 厘米的厚度,似一柄形器。鉴于椭圆形象牙镦(T4M6:36C)和两段象牙出于一处,因此,这件象牙器为玉戚(T4M6:25)柲体的可能性极大(注:根据 2010 年新发现的象牙权杖纹饰形制,此物应该是残缺的象牙权杖)。

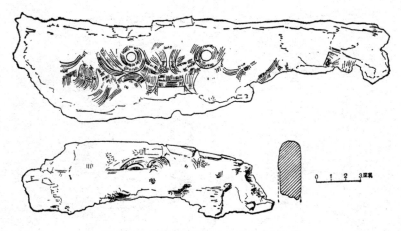

图 60　上海福泉山遗址出土象牙戚柲残器

　　柲体的形制，由于至今未见完整的实物标本，长期以来成了研究玉戚的无法逾越的障碍，现在由于玉戚的冒、镦已经发现，并得到认定，而冒、镦与柲体榫接后，其外露面势必与柲体表面呈平滑浑顺地联为一体，因此，通过对冒、镦与柲首、尾部接触面的测量，可以直接得到冒、镦底面一致的戚柲首、尾端部的规格，从冒、镦钻凿的卯眼上，可得到柲首、尾端榫头的形制。现将已作测量的冒、镦与柲首、尾的接触面及卯孔的规格制表（表一；表二）。

　　根据统计，可知冒底的规格一般为长约 6 厘米，宽约 1 厘米的扁梭形，镦上面为椭圆形，长 3.1—4.2 厘米，宽 1.35—1.75 厘米；冒的卯孔长 2.2—3.1 厘米，宽 0.4—0.5 厘米，深 1.2—1.4 厘米；镦的卯孔长 2—2.7 厘米，宽 0.5—0.8 厘米，深 1.2—1.3 厘米。参照江苏海安青墩遗址有宽扁形柄的石斧陶制模型（图 61，1），山东莒县陵阳河遗址出土灰陶缸上的带柄斧图象（图 61，2），使我们获得了良渚玉戚柲体的比较可靠的形制概念（瑶山 M7 的玉冒、镦与柲首尾的接触面形状与一般相同，唯其固定的榫卯形式罕见，此处不作一般讨论）：柲首宽约 6 厘米、厚约 1 厘米，呈扁薄状；端面居中有一长 2.2—3.1 厘米、宽 0.4—0.5 厘米、高 1.2—1.4 厘米的扁榫（图 62，1）。由于冒体纵剖面下端呈外撇状趋势，柲首向后应该逐渐变宽变厚，装戚部位即在向后五六厘米处的最厚段。根据玉戚厚度都在 1 厘米以下，顶宽 10 厘米左右的规格，柲体下侧的安戚凹槽宽约 1 厘米，长约 10 厘米，深度应和玉戚上的细刻直线痕消失处至戚顶的间距一致，为 0.8—2.2 厘米（因为细刻直线痕即为良渚人有意刻画的缚绳位置，而绳索是不应该嵌入柲槽中去的）。戚柲的厚度，现存象牙柲（T4M6：36B）的能测厚度为 1.6 厘米，它属于柲体后部（前部装戚处当增厚），如安装厚度在 1 厘米以下的玉戚是美观谐调的。稍厚的玉戚，其柲体亦应加厚，如青墩陶制模型那样，装戚部分的横剖面呈凸弧边锐角等腰三角形状，2—3 厘米厚合适（图 62，4）；柲上应有联系戚、柲的缚绳穿孔，当位于安戚凹槽正上方的戚柲横中线以下，与青墩模型一样，大致为三孔。我们将玉戚上的细刻直线痕向下延伸，得夹角 118°—125°，向上延伸，测得戚柲上穿孔间的远端距离 14 厘米左右（图 62，2）。柲体自此向后开始变狭变薄，三、四十厘米处至捏手部位明显收小，以适宜手握的粗细为度。柲尾端面呈椭圆形，长约 4 厘米，居中有一长 2—2.7 厘米、宽 0.5—0.8 厘米、高 1.2—1.3 厘米的扁榫，上有插销孔（图 62，3）。戚柲的长度，瑶山 M7、反山 M12 两件，经线图测量皆为 80 厘米，反山 M20、寺墩 M3 两件分别为 74 厘米和 68 厘米。至此,良渚玉戚的基本组合及结构也就比较明朗化了(图 62,5)。

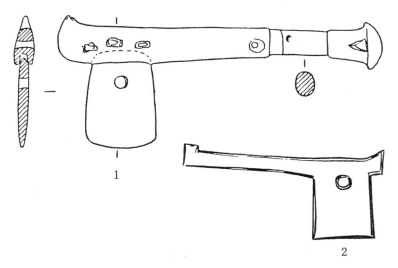

图 61　斧形器陶制模型及图像

1. 江苏青墩遗址出土　2. 山东陵阳河遗址灰陶缸上的斧形图徽

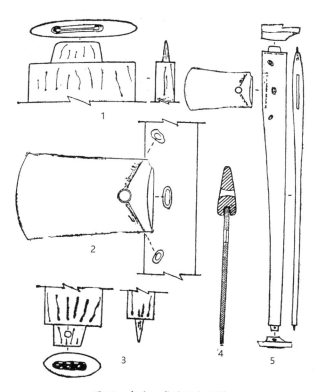

图 62　良渚玉戚的秘体形制

1. 秘首的复原(福泉山 T27M2:34)　2. 戚秘上的缚绳穿孔示意　3. 秘尾的复原　4. 玉戚插入部位秘体横剖面　5. 秘体的基本形制

四、完整器的组合复原

有学者曾对新石器时代穿孔石斧的装柄方法作出过全面的研究,把单孔斧的装柄方法分为浅槽嵌入式、深槽穿孔对应式、透銎套入式三种[1],这是作者依据穿孔与顶部不同远近的距离及装柄后的牢固程度设想的,但目前除浅槽嵌入式有模型和图像,且穿孔上方多见斜向缚柄的细刻彩绘痕迹而确凿无疑外,其余两种尚无先例。因此,我们认为玉戚的安装方式也大致如此。冒的安装,将僧帽形或鸡冠形冒底的卯孔和柲首顶端的榫头合拢即可。玉戚的安装,将玉戚的顶部嵌入柲下缘的浅槽内,通过外露的戚体穿孔和柲上横向的二三个穿孔,缠绕丝麻或动物筋索作进一步加固。镦的安装,将出榫的柲尾插入镦上的卯孔,再用竹木或骨角削制的插销,通过镦体与柲尾榫上相对应的横向销孔固定。这种在复合器具上使用榫卯结构,并增加插销作进一步加固的技术,是良渚文化先民的首创。另外,木质戚柲极易收缩,致密细洁的象牙柲摩擦系数极小,尤其是不使用插销的冒的结合更易松动脱落,笔者认为,早已使用生漆的良渚人[2],在安装玉戚的榫卯结构中,已经使用了天然树胶之类的黏结剂。

鉴于玉戚冒、镦的形制大多属于不对称的僧帽形、鸡冠形、船形、马鞍形等,其安装方向的确定是个十分具体的问题。寺墩 M3 的现场照与测绘线图上同一件冒的方向不甚统一,镦亦从照片上消失,福泉山、张陵山遗址中玉戚、冒、镦的出土位置原来就呈歪斜状,让人无从核准。依山东莒县陵阳河灰陶缸上图像,柄首尾皆上翘状,从美学角度分析,异形镦的长端可能与冒上的尖头方向一致,现在反山、瑶山提供的情况亦基本如此,但这也不是绝对。笔者见我馆征集到的一件,柄器一体皆为石质的石斧(时代当商),其尾端下垂,因此,可靠的良渚玉戚异形镦的安装方向,除了已得到证实的形式之外,不应一律肯定,具体形制可能有具体的方向。

以下,试将几件有典型意义的玉戚作一复原。

1. 寺墩遗址 M3,由 D 型凸弧刃玉戚(M3:57)、僧帽形玉冒(M3:56)、凸字形玉镦(M3:68)配成一套件。复原后长度据墓葬平面图测定,约 68 厘米(图 63,1)。报告中见玉冒附近有二十多颗长 1.3 厘米、宽 0.5 厘米、厚 0.15—0.2 厘米的小玉片,一面凸弧,一面齐平,应是戚柲上的镶嵌饰物。

2. 福泉山遗址 T22M5,玉戚同出二件。一件(M5:51)质差,已残。以 C 型翘刃玉戚(M5:46)、僧帽形玉冒(M5:52)、船形玉镦(M5:43)配成一套件。由于玉戚与玉冒、镦的位置略有错移,首尾相距 88 厘米,作为全器的长度可能稍大(图 63,2)。

3. 福泉山遗址 T27M2,玉戚四件。一件(M2:41),残器,居人骨架左侧,周围无冒、镦。另三把聚集人骨架左侧,M2:38 残器,质差,M2:33,湖绿色,与鸡骨白的鸡冠形玉冒(M2:34)、

---

[1] 傅宪国:《试论中国新石器时代的石钺》,《考古》1985 年第 9 期。

[2] 目前所知,良渚文化之前的河姆渡文化、崧泽文化都有使用生漆的资料。河姆渡资料见中国科学院化学研究所:《高分子材料分析鉴定报告 79—9》(浙江省博物馆陈列室)。崧泽资料见上海市农业科学院测试中心光谱室:《青浦县福泉山遗址崧泽文化陶器彩绘红外光谱分析报告》(本馆档案)。另据上海博物馆科学实验室吴福宝先生告知,他已在反山、福泉山良渚文化遗存中直接找到了微量的生漆标本。

马鞍形玉镦(M2:45)的色彩、质地、大小比例不统一,唯以 C 型翘刃玉戚(M2:37)配成一套件十分谐调。墓葬清理中发现首、尾相距 50 厘米,作为全器的长度似应增加(图 63,3)。

4. 福泉山 T4M6,玉戚二件。一件(T4M6:16)居人骨架右下侧,周围无冒、镦,以 C 型翘刃湖绿色透光玉戚(T4M6:25)和细刻兽面纹象牙柲残体(T4M6:36A、B)、椭圆形象牙镦(T4M6:36C)配成一套件(冒未见,当朽蚀或被汉墓扰乱致失),长度不明(图 63,4)。

5. 瑶山遗址 M7,C 型翘刃玉戚(M7:32),青白色,置于东侧,刃缘向西,原似持于左手(原文如此,从图上看似应右手,但人骨架具体位置不明,未敢肯定),僧帽形玉冒(M7:31)和斜方形玉镦(M7:33)配套一套件,冒、镦皆有细刻,精美无比。长 80 厘米(图 63,5)。

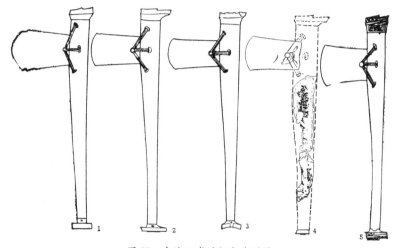

图 63 良渚玉戚的组合典型器

1. 寺墩 M3(玉冒 M3:56、玉戚 M3:57、玉镦 M3:68) 2. 福泉山 T22M5(玉冒 M5:52、玉戚 M5:46、玉镦 M5:43) 3. 福泉山 T27M2(玉冒 M2:34、玉戚 M2:37、玉镦 M2:45) 4. 福泉山 T4M6(玉戚 T4M6:25、象牙柲 T4M6:36A、B、象牙镦 T4M6:36C) 5. 瑶山 M7(玉冒 M7:31、玉戚 M7:32、玉镦 M7:33)

五、用　　途

良渚玉戚这一器形,过去一直被称为穿孔玉斧、玉铲,近来也有被称为玉钺的,这是基于对穿孔石制斧柯器的承袭关系和人们长期将穿孔石斧视作单纯生产工具的必然结果,现在看来,这一认识是不严密的。为了探明良渚玉戚的真实用途,我们有必要将穿孔石斧的情况作一客观的分析。

崧泽文化的崧泽墓地报道发现了 100 座墓葬,其中 7 墓出 8 件穿孔石斧,经性别、年龄鉴定,3 座有结果的都为中年男性,崧泽墓地各墓平均随葬 5.16 件器物,而这 3 座男墓随葬达 31 件,平均每墓十余件。M21 尤其突出,竟有 17 件[①]。大汶口文化的山东大汶口墓地 133 座墓,

---

① 上海市文物保管委员会:《上海市青浦县崧泽遗址的试掘》,《考古学报》1962 年第 2 期;黄宣佩、张明华:《青浦县崧泽遗址第二次发掘》,《考古学报》1980 年第 1 期。

有 27 座出穿孔石斧,经性别鉴定的 11 座中,男性成年占 8 座,它们各自的随葬品质量、数量、墓圹结构,都显示了其在大汶口墓地中特殊的富有身份①。江苏刘林遗址两次发掘 197 座墓葬,持穿孔石斧的 19 人,经性别鉴定的男 11 人,女 5 人,男性持穿孔石斧的除一人年龄不明,二墓 16 岁左右,余皆 30—50 岁之间,且随葬丰富,身份特殊②。这一现象几乎同样地出现在其他新石器时代原始文化中有扁平穿孔石斧的墓葬中。由于扁平穿孔石斧都系通体精磨制作,绝大部分没有使用痕迹,所以,将它们笼统地视作利器——生产工具或武器是很不应该的(笔者始终认为,处于生产力低下的原始先民,将日常频繁地与坚木韧枝、猛兽世敌打交道的利器,施以繁难的通体精磨工艺,是完全没有这个必要的)。它应该主要地和氏族社会里,中成年男性特权者所具有的军事权力有关。这里,我们不排斥统计资料中通体精磨的扁平穿孔石斧,极个别地见有使用痕迹和女性持有的现象,但这恰恰说明了一种礼器总是由原始低级、一器多用,逐步趋向完善、高级、专一的正常途径。时至良渚时代,出现了良渚玉戚,它们都用美玉镜面状精磨,轻薄钝锋,有的甚至在刃部附近细刻繁复的神像和鸟形图案;与戚柲的结合仅靠浅显的凹槽;玉戚上的绕绳穿孔孔径十分细小,反山一件仅 5 毫米;戚柲的首、尾都呈 1 厘米左右的扁薄状,最厚的装戚部位也只有 3 厘米左右;柲体的用材有珍贵的象牙,有的上面镶嵌玉饰片,或有用玉或象牙精制的冒和镦,与明确为良渚生产工具的石斧形制:柄首粗硕,径约五六厘米,毫无修饰,斧体石质坚硬,厚重且锋利,耐撞击的结构截然相反③。所以,质地更加精美,形制更趋复杂,工艺更为先进、豪华、孱弱、不堪一击的良渚玉戚,不但彻底排除了生产工具的可能性,而且肯定是一种比穿孔精磨石斧更加高级的礼器新形式。

文献记载戚的用途是十分明确的,除了兵器,它也是武乐之器,亦具权力的象征。良渚文化中的玉戚如何?我认为了解良渚玉戚持有者的身份是至关重要的一环。笔者曾亲自主持清理过福泉山遗址的六座良渚大墓,现场考察过反山良渚大墓的发掘工地,发现良渚大墓具有四个鲜明的特点:

表一　冒　　　　　　　　　　　　　　　长度单位:厘米

器物号	与柲首接触面		卯　　孔			备注
	长	宽	长	宽	深	
寺墩 M3:56	5.1	1	2.8			据线图测算
福泉山 T27M2:34	6.1	1.1	3.1	0.4	1.2	实测
福泉山 T22M5:52	5.8	1	3.1	0.4	1.3	实测
张陵山 M1:15	5.7	0.9	2.2	0.4	1.4	据线图测算
瑶山 M7:31	6.3	1.1				据线图测算
反山 M20:144	5.7	1.2	2.8	0.5	1.2	据线图测算

① 山东省文物管理处、济南市博物馆:《大汶口》,文物出版社,1974 年。
② 江苏省文物工作队:《江苏邳县刘林新石器时代遗址第一次发掘》,《考古学报》1962 年第 1 期;南京博物院:《江苏邳县刘林新石器时代遗址第二次发掘》,《考古学报》1965 年第 2 期。
③ 肖梦龙:《试论石斧石锛的安柄与使用》,《农业考古》1982 年第 2 期。

表二　镦　　　　　　　　　　　　　　　　　　　　　　　长度单位：厘米

器物号	与柲尾接触面		卯　孔			备注
	长	宽	长	宽	深	
福泉山 T27M2：45	3.2	1.4	2.15	0.65	1.2	实测
福泉山 T22M5：43	3.3	1.5	2	0.5	1.3	实测
福泉山 T4M6：36(C)	4.2	1.75				实测
瑶山 M7：33	3.1	1.35				据线图测算
反山 M20：144	3.2	1.5	2.7	0.8		据线图测算

1. 他们都有动用大批良渚氏族人员专为其堆筑的大型土墩墓地。福泉山高出地面 6 米多，东西长 94 米、南北宽 80 米，体积约五万立方米。草鞋山高达 8 米，东西长 120 米、南北宽 100 米。其他良渚大墓的墓地亦有类似的规模。

2. 他们都有很大的埋葬面或墓坑，不少还有葬具。福泉山 T27M2 埋葬面长约 3、宽约 1.5 米，面积 4.5 平方米。T23M2 墓坑南北残长 5.6、东西宽 2 米，面积达 11 平方米之多，草鞋山 M198 墓坑南北残长 4、东西残宽 1.7 米，面积不少于 7 平方米。这种规模比同期众多的良渚小墓及以前诸原始文化墓葬平面为 2 平方米左右扩大了好几倍。

3. 出现了陪葬奴隶。1987 年底，福泉山 145 号墓两具陪葬人骨架，双手反剪，两腿弯曲，仰头侧身，仿佛使人看到了当年陪葬者挣扎、反抗、呼救的悲惨情景①。张陵山 M4 一墓中出现了三颗人头②。

4. 他们多随葬有玉制礼器琮、璧或大批玉、石、象牙稀贵材料精制的珍品。种类繁多，工艺高超，一墓多随葬一百余件，福泉山 T27M2 随葬 170 件，反山 M14 一墓多达 260 件组，M20 仅玉器就有 511 件。福泉山 T4M6 出土的细刻兽面纹象牙戚柲，是我国目前所见新石器时代最大最精致的象牙器。湖绿色透光玉戚，无论从质地上、色彩上、磨制工艺上，都雄踞我国玉石斧柯器之冠。反山 M12 一件玉琮射径 17.1—17.6 厘米，高 8.8 厘米，重达 6.5 公斤，细刻八个羽冠神人兽面"神徽"。目前资料证明，其刻纹之繁复，形制之重大，举世无双。各墓出土的细刻、镂孔、禽鸟纹壶、蟠螭纹鼎等等，在小墓或生活遗存中几乎绝迹。

以上四点，足以说明这些特权显贵者们的身份，已经不再是共同劳动、共享劳动果实的原始共产主义阶段的普通人员或一般氏族首领，而是一批凌驾于普通人之上的，处于更高社会形式阶段上的氏族组织，甚或所谓原始国家——"方国"③中的首领或王。这些首领或王，往往集政、军、巫权于一身，持豪华型良渚玉戚作权杖，显示自己的地位，对外有征战杀戮的权力，对内有统辖属下的权力。

本文在撰写过程中，曾得到考古研究所安志敏、上海博物馆馆长马承源两位老师的热情鼓励与指导，谨此致谢。

---

① 《夏王朝前南方已有奴隶制》，《文汇报》1988 年 1 月 3 日。

② 南京博物院：《江苏吴县张陵山遗址发掘简报》，《文物资料丛刊》第 6 辑。

③ 石兴邦：《从考古学文化探讨我国私有制和国家的起源问题——纪念摩尔根逝世一百周年》，《史前研究》1983 年创刊号。

六 一件琮形玉器破解了多个学术难题

上海福泉山一件良渚文化的湖绿色透光细刻人兽纹琮形玉器,因其图案人兽难辨、刻纹纤若发丝、材料来源不明、用途神秘莫测,让专家们陷入困境。

1993年,当我将其率先从"玉琮"中分离出来的《良渚文化的琮形镯》文章发表后,辽宁省考古所所长孙守道先生特意来信:"有琮为镯,考之精当;新年新作,更祝辉煌。"对于器表上下设置大小眼睛的纹饰探考,笔者认定此为巫师御虎蹻的祖型,并就此规律性关系,成功复原了中国唯一的三星堆人虎复合铜器及妇好墓玉人虎、金沙石人虎等一系列人虎组合的文物,从而极大地充实、完美了中国这一绵延了四五千年的人御虎的独特文化现象。而福泉山良渚墓意外发现鲨鱼牙齿,也为证实沈之瑜馆长生前提示的鱼牙刻玉(浅显的阴线纹)一说提供了可能性,为鉴定一批良渚型古玉的真伪提供了工艺上的辨识依据。

以下《良渚玉符试探》一文,虽然突破性地证实了以反山"琮王""神徽"为典型的"巫师御虎蹻"的纹饰内容,但在"玉符"实为梳背的探考上,因1999年浙江周家浜遗址出土了象牙梳的完整器后,让我在考古界各种观点全军覆没中同样未能幸免。为了保存这份客观,本文集未予删除,当以为训。

良渚文化的琮形镯

　　玉琮，在我的印象里，它是礼器，但在学术界众口一词地将无论精粗、大小，内圆外方的玉器笼统称作玉琮时，总觉不妥。1982 年，当我亲手从上海福泉山遗址良渚大墓中清理到一件人兽纹湖绿色透光"玉琮"时(图 64)，对其精致轻巧光润的造型和可以穿上手腕的孔径产生了新的想法，它会不会是手镯？江苏省考古工作者在赵陵山发掘的一座良渚文化墓地中发现了一件矮方形素面玉琮，出土时与玉环、象牙镯一起穿戴在墓主的手臂上。这一发现引起了考古界的重视，苏琮先生认为这是琮起源于镯的很好例证①。

图 64　湖绿色透光细刻人兽纹琮形玉镯　良渚文化　上海福泉山遗址出土

　　良渚玉琮，是良渚文化的重器。然而，良渚文化遗址中出土的大量质地、形制相差悬殊的琮形器物并不都是琮。我在"良渚古玉综论"②一文中曾论述过这一问题。如新沂花厅玉项链上发现的琮形管，过去称小玉琮，应归入饰件——管类；上海福泉山等许多出土于手部、无对钻遗脊、内壁光滑、满饰人兽纹的矮型薄壁圆琮，为琮形镯，应归入臂饰类；寺墩 3 号墓中围绕人骨架堆放的，几乎都是粗糙的琮形器，可能是专门作为敛尸用的明器；而真正作为礼器用的玉琮，笔者认为，唯玉质优良、体量重大，不可能作服饰、体饰用的多节型长琮(如大英博物馆一件，19 节，高 49.5 厘米)和方正、硕大、敦厚、纹饰精美(如反山一件，重 6.5 公斤)的两种。不过，我在那篇文章里，明显地避开了一批较多数量、质精纹美、大孔薄壁、外方内圆的矮形琮的

---

　　*　本文原载《文物天地》1993 年第 4 期。
　　①　苏琮：《赵陵山出土的两件玉器》，《中国文物报》1992 年 8 月 2 日。
　　②　张明华：《良渚古玉综论》，《东南文化》1992 年第 2 期。

阐述。因为考虑到"外方内圆"是琮的专利定义的传统习惯和目前考古界、学术界众口一词的现状,只将薄壁筒形琮正名为玉镯,而对"外方内圆"的琮形镯未敢轻率表态。现在赵陵山既有发现,笔者认为,为良渚文化琮形镯正名的时机已经成熟,特将文章中回避的几个要点简述如下:

1. 能够收集到的这类琮形玉镯共 23 件,它们的高度一般在 3—10 厘米左右,孔径规格比较一致,均在 6—7 厘米之间,与普通人手腕的径长 5.4—6 厘米十分接近。玉镯孔径最小的 1 件是 4.8 厘米,2 件 5.1 厘米,2 件 5.3 厘米,1 件 5.9 厘米。虽然 3 件孔径偏小,但制作规格因人而宜的腕饰,对个别体形瘦小的人,制作规格稍小的琮形镯,也是可以理解的。观察这些琮形镯的内壁,光润柔和,明显有与人体皮肉长期摩擦的痕迹。

2. 从已经发表的良渚大墓出土现状图中发现,这一类琮形镯,都发现于人骨架的臂腕部。如反山 M20:121 位于右手,M20:124 位于左手;瑶山 M7:34、50 的两件,与一筒形镯位于右手;福泉山 M9:21 与半球形镯、筒形镯同位于左手,右手部另见一琮形镯与一筒形镯在一起,M65:50 与另一琮形镯则位于左手等。

3. 琮形镯的孔径,一般都是上口稍大,下口稍小。如福泉山 M9:21,上口 6.9、下口 6.1 厘米;寺墩 M4:1,上口 6.8—6.9、下口 6.7—6.8 厘米。与人的腕臂上粗下细的结构一致,而琮形镯按上大下小地套饰在手腕或手臂上,镯面上的人兽纹正好呈正置状。

4. 琮形镯比一般薄壁筒形镯、扁狭形环等都较重大,有人以为戴上它颇碍手脚。其实,出土资料证明,这些人除有琮形镯外,浑身上下还穿、带、佩、套有多种精美绝伦的玉、石饰件。如帽饰上的半月形器,色彩斑斓的珠、璜、坠、锥、环组合的项链、脚链,管形、环形、异形佩等等。这些数量很大、沉甸甸的饰件,为良渚社会中的特殊人物、神的代表、权的象征佩带,威仪所至,又是十分得体的。这同现今国内外土著居民,用金、银、铜、木、贝等各种材料,精心制作的礼仪盛装,是异曲同工的。不过,良渚人与土著居民的情况一样,真正"全副武装"的情况,也只出现在重大典庆和祭奠的仪式之中。

以上四点,笔者认为不可能是偶然的巧合,它们都与人们生前使用的臂饰——镯有关。由于良渚大墓埋葬的土墩位置都较高,受外界冷热、干湿影响较大,几千年的侵蚀,人体骨骼大都腐朽成碎屑状,因此一直未见有手臂直接穿入此类器物的报道。江苏考古工作者凭着他们严肃认真的科学态度与高超的考古技术,在赵陵山终于发现了琮形玉镯戴于墓主人臂上的遗迹,从而为我们最终将这一类很有代表性的玉器,从礼器玉琮中区分出来提供了可靠的依据。这对我们正确认识玉琮的形制、用途、执琮者的身份乃至良渚社会的形态,都有很重要的意义。

至今,琮形镯在已发表的有关文章与图录中,几乎无一例外地被称为琮,现在是为其正名的时候了。

附表一　琮形镯统计表

器物号	高度	孔径	器物号	高度	孔　径
反山 M12:93	7	6.2	瑶山 M7:50	4.2	6.4
M12:96	7.6	6	M10:16	5.8	5.9
M16:8	5.3	6.7	M10:19	5.2	6.5

器物号	高度	孔径	器物号	高度	孔　径
M17:2	7	6.6	平湖戴墓墩	4	5.1
M20:121	3.2	7.2	福泉山 M9:21	5	6.9(上)—6.7(下)
M20:124	9.6	7.1	M65:50	5.6	6
M23:22		6	寺墩 M4:1	7.2	6.9(上)—6.7(下)
M23:126	4.6	5.1	绰墩	6—6.2	6
M23:163	4.9	4.8	少卿山 M1:2	7.5	6.2
瑶山 M2:22	5	6.8	三里墩	4.9—5.1	5.3
M2:23	8.8	6.2	陆庄	3.9	5.3
M7:34	4.4	6.5			

湖绿色透光琮形玉镯

　　在全国著名的上海福泉山遗址的发掘中有许多重要文物与遗迹在考古界和学术界产生过影响。其中1982年发现的一件距今4 000多年的良渚文化的湖绿透光细刻人兽纹琮形玉器(参见图64)，因图案内容人兽难辨，刻纹出奇繁密，线条纤若发丝，工艺无法解释，材料来源不明，用途神秘莫测，让专家们一时困惑，众说纷纭。

　　这件玉器的形状外方内圆，器表刻琢有繁密的人兽纹，考古界、文物界对这一类玉器几乎众口一词地称其为玉琮。笔者在20世纪80年代初期亦曾随大流称其为琮。后来发现文献上对玉琮的功能有特殊的意义，从先秦一直到唐、宋、元、明、清，"黄琮"始终是作为礼祭大地的玉制重器(《周礼》："黄琮礼地"，以后代有记载并遵守)。事实上外方内圆的玉器在良渚文化中很多，有高仅一二厘米的矮"琮"，也有高如中国历史博物馆一件达49.2厘米的长"琮"；有只重十几克的小"琮"，也有如浙江反山一件重达6 500克的大"琮"；有不作一点雕琢的素"琮"，也有器表密布细刻、浮雕等的装饰"琮"；有质地粗糙、加工简单的石"琮"，也有质地细洁、鲜丽、滋润的玉"琮"。把它们一以概之统称为"玉琮"显然是不妥当不科学的。毫无疑问，作为当时礼器中唯一的礼地重器，它们都十分珍贵，可以推断数量应该是稀少的，质量、工艺亦应该是优良的，在体量上不可能是轻小的，而应是相对重大的。

　　参考考古发现中的一些迹象，有些小型的琮形器其实都与江苏花厅遗址出土的玉管一样，是玉项链上的组合部件，是玉管。有些质地粗劣的大琮或长琮，在墓中往往多件或十数件的，应该是形似的明器。江苏寺墩M3号墓主人是一位少年，一墓围着人体的大琮、长琮多达十几件，除了一件长琮(应该是礼器)较精美外，其余都很粗糙，有几件还是被敲碎后随葬的。问题是像福泉山细刻人兽纹外方内圆的琮形器在江浙地区的良渚文化中有较多的发现，它们应该归纳在哪一类，有什么功能？

　　为了寻找答案，笔者对这批琮形器进行了全面的统计和观察，结果发现它们与腕饰有着许多明确的联系。

　　1. 它们的高度都在3～10厘米，孔径均在6～7厘米，与普通人手腕的径长5～6厘米接近，而且能见的几件内壁都很光润柔和，有长期与人体皮肉穿套摩擦的迹象。

　　2. 考古现场记录发现这些玉器的出土位置几乎都在人骨架的手腕部。或左或右或左右手都有，有的一手同方向置两件。

　　3. 形制上都呈上大下小的状态，与手腕下垂的上粗下细的特征一致，也与大上小下置器

　　＊　本文原载于《考古上海》上海文化出版社2010年版，第122—130页。

形成的人兽纹正面位置吻合。

如此,这类外方内圆的玉器可以认为是良渚先民的琮形玉镯①。

当然,从形制上观察它们要比较一般的圆筒形手镯来得厚重,外方的手镯形制至商周,以后基本缺乏后续的考古依据。有趣的是笔者从20世纪80年代中期墨西哥一部《复仇美妇人》的电视剧中发现女主角手上,在2009年8月,上海东方电视台"可凡倾听"节目的嘉宾周采芹(著名京剧表演艺术家周信芳女儿)的手腕上,发现她们所戴的腕饰就是外方内圆形的手镯。尤其可靠的是1990年我们在金山亭林遗址一座良渚墓葬的人骨架手臂上清理到了一件外方内圆的骨镯。1992年,江苏的考古工作者在赵陵山的一座良渚墓葬发现有一件素面外方内圆的玉器恰巧套戴在人骨架的手臂上。

福泉山人兽纹透光玉镯外方内圆,短筒形,上大下小,两节,以四角为中脊线,刻上下四组纹饰。上面是两组横棱两小圆眼和宽扁的嘴,下面是两椭圆形大眼鼻梁和宽扁的嘴。上下两组纹饰的外上角各有一只小鸟。四面共16只小鸟都用细如毫发的线条刻成,尖喙、圆睛,振翅欲飞(图65)。这些纹饰意义如何让人很难揣测。

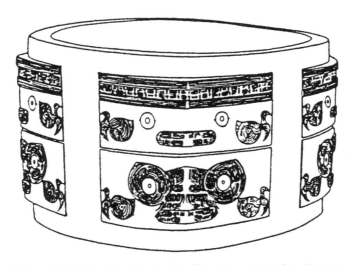

图65　湖绿色透光人兽纹琮形玉镯　良渚文化　上海福泉山遗址出土

1986年浙江反山遗址出土了一件大玉琮,除了中脊线上的四组纹饰基本一致外,还在玉琮正面的中间凹槽里,上下各刻一幅至今在良渚玉器上最完整最细密的上人下兽的图案(参见图16)。经仔细辨认,终于让人明白这正是福泉山琮形镯和在良渚玉器上大量出现的一直让人不明就里的大小眼睛图案的最细化和最完整化。上面的小眼睛原来是一位戴着羽冠的神人,下面的大眼睛表达了一只阔口獠牙的猛兽。至于人是什么人?兽是什么兽?在考古界引起过极大的争论,人是勇士、战神、巫师、首领、王者、黄帝……兽是老虎、老鹰、猪猡、兽面盾牌……时间延续之长,结论反差之大,也许是学术界空前绝后的奇怪状态。②

---

①　张明华:《良渚文化的琮形镯》,《文物天地》1993年第4期。
②　张明华:《中国古玉》,上海书店出版社2004年版,第299—304页。

笔者鉴于道教起源于中国的原始宗教,而道教有巫师御鹿、虎、龙三蹻通天一说(《抱朴子》:"龙蹻行最远"),又因人御老虎几乎是中国历史上贯彻始终的宗教形式和题材,所以,对人兽的认定,人应该是巫师(当时的巫师与首领互兼),兽为虎蹻。人是黄帝、战神、勇士缺乏文献依据和说服力;虎的认定只要采用排除法即可。图案上粗壮的兽腿和阔嘴獠牙排除了枝丫形细脚和尖嘴弯喙的老鹰,勾弯利爪形的兽足和阔嘴獠牙排除了偶蹄类和长吻前凸的猪猡。也因了人虎题材的历史绵延性,笔者曾经把四川三星堆一坑两处出土的一件跪坐铜人和一件不知用途的虎形铜器座合二而一,成功复原了全国唯一一件巫师御虎蹻的商代青铜器①。另一件被许多人认为是兽面纹青铜面具的,其实同样是神人御虎纹器,上部人面代表神人,下部突兀的两个大眼睛代表神兽②。这两件时代上与良渚相去不远的青铜器的成功复原和重新认定也反过来印证了良渚巫师御虎蹻图案认定的可信性。巫师御虎蹻是巫师凭借着虎蹻的神奇脚力,来往于天地之间,承载着沟通、协调和磨合人间与上天关系的重任。可想而知,当福泉山及其他良渚巫师手腕上套饰刻有巫师御虎图案的玉镯和佩戴上长羽飘拂的冠帽等其他一些礼仪装束,该是一副多么神圣威武的形象。甲骨文中的"美"字似乎为我们特别生动地刻画了一位头戴艳丽羽冠的良渚首领的形象,羽毛代表头戴羽冠,象征着通天(图66)。这种羽冠首领和神的形象,在世界文明史上十分普遍。

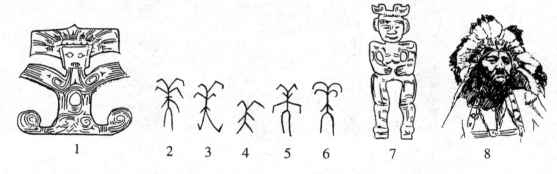

图66 1.浙江反山良渚文化玉梳背上的羽冠神人像 2—6.甲骨文"美"字
7.妇好墓角形羽冠玉人 8.羽冠印第安人像

说到这里,人们一定会问,上海地区原来是水乡平原地区,哪有老虎? 没有老虎,上海人怎会凭空创造出与虎有关的艺术形象? 虎纹产生缺乏基础,不可信! 别急,上海不但远古有虎,晚至明清时代都有虎踪的记载。20 世纪 60 年代初,考古工作者在上海闵行马桥遗址里直接清理到距今 4 000 多年的老虎牙齿③。《外冈志》记到明崇祯辛未冬月,在今嘉定外冈一金姓居民后园的竹林里,突现一黑虎,咬伤四人后逃往西南方向。清乾隆二十六年(公元 1761年)冬,嘉定安亭有一虎循吴淞江而西,一路伤人,被一胡姓村民刺杀。《真如镇志》记,康熙四

① 张明华:《良渚兽面为虎的又一重要例证》,《中国文物报》1998 年 9 月 9 日。
② 张明华:《良渚玉器虎纹及其源流》,载《出土玉器鉴定与研究》紫禁城出版社 2001 年 4 月,第 319—336 页。
③ 上海市文物管理委员会:《上海马桥遗址第一、二次发掘》,载《考古学报》1978 年第 1 期第 121 页。

年、乾隆二十六年都见有虎。《法华镇志》记,乾隆初,西镇一船工与老虎搏斗被咬伤……据杨忠明检索,上海的虎踪还有很多①。其实,古代上海的植被茂密,西部有山,周围的苏浙地区就是绵延不断的天目山余脉,是麋鹿、梅花鹿、野牛、獐、獾等动物的天堂。

中国新石器时代玉器的材料来源,一般都认为是当地的矿产。这当然与生产力水平有限,路途遥远、交通不便、氏族部落之间缺乏交流有直接的关系。经检测,东北发达的红山文化玉器的用材确实是就地取材。上海古文化中略早于良渚文化的、距今 5 000 多年的崧泽文化玉器,因为是中国最早使用软玉的典型,为此,在 20 世纪 80 年代初期,笔者曾陪同同济大学海洋地质系的知名学者严钦尚等专家,对上海地区的几座出露岩体的石山进行过考察。他们认为这些石山都是火山运动的产物,从山上采集到的岩石标本观察,崧泽文化的制玉材料在这些岩体中完全可以生成和存在。标本所显示的玉料即如我们平时经常可以见到的石头当中的一缕缕、一块块相对细洁、鲜丽的夹杂物。崧泽文化出土的玉器,都是扁薄的、厚度仅一二毫米的璜、环、珏之类。虽然长度有的可达 10 多厘米,但只要顺着玉脉的走向砸挖,是可以得到符合要求的材料的。可是当这件颜色呈湖绿透光状、质地细腻、纯净、滋润,高 5 厘米、宽 7.2 厘米的玉器呈现在我们面前时,我们已经很难用前面所见的一缕缕、一块块狭窄碎小的玉源来解释了。因为这件玉镯制成品的毛坯玉料至少在 10 厘米见方以上。何况福泉山出土的玉器中甚至还有更长、更厚、更大的器形。这种规格显然不可能再是当地能够产出的原材料了。它们来自哪里?

就在这件玉镯出土不久,新疆的一位玉石专家正好来到上海博物馆考察,经他仔细观察之后,依据其滋润、鲜丽、纯净和独有的光泽度,十分肯定地判断这是新疆的和田玉。考古发现证明良渚文化晚期的社会形态比崧泽时期先进了许多,福泉山良渚墓葬中确实也发现过千里之外山东大汶口文化的背水壶。但新疆和田与上海福泉山毕竟相隔千山万水,路途几千公里,与山东相比较存在不小差距。它的出现包括以后浙江、江苏良渚玉器的大量发现,使良渚玉料的来源成为考古界当时无法解答的一大难题。万幸的是,20 世纪 90 年代初,有学者报道江苏的地质工作者钟华邦先生经过不懈的努力,1982 年在江苏溧阳的小梅岭发现过与良渚玉器同样的透闪石软玉的矿体,后来据说还发现了先民采矿的痕迹,使这个一度无从捉摸的悬案大白于天下。

在这件琮形玉镯上还有一个迹象亦是让人迷惑不解的问题,即上面细若发丝的线条是用什么工具刻画出来的。根据资料表明,一般玉器硬度在摩氏 6°。因此要在玉器上刻画许多学者认为当时应该使用了金属工具。我国的考古资料证明,在距今约 4 000 年的齐家文化中已有金属,但只是很软的红铜。事实上要想刻动摩氏 6°的玉器,就是金属工具也必须是在硬度上超过它的钢质刀具。当时肯定没有。也有学者认为为了使玉石刻画方便,使它变软,在玉器基本"加工成形刻花前曾经 900 ℃以上的热处理"。不过从这件光泽如新、质地坚硬的琮形玉镯上观察,毫无一点经 900 ℃以上烈焰烧烤的迹象。

---

① 杨忠明:《老上海的虎踪续谈》,《新民晚报》2008 年 6 月 10 日。

　　1984 年，笔者负责筹办"福泉山遗址考古汇报展览"，上博老馆长沈之瑜先生审批由我撰写的大纲，对其中提到这件琮形玉镯上的刻画工具是个谜时，沈馆长当即提示，国外有用鱼牙刻玉的说法。可惜我到处查找，始终缺乏实证和相关文献依据，也就渐渐淡忘了。不久，上海自然博物馆曹克清教授将我过去委托他鉴定的一批福泉山动物遗骸结果送来，其中有一枚牙根宽约 1.4 厘米的等腰三角形鲨鱼牙齿。根据原始记录，这是由我亲自清理的一座良渚大墓中的随葬物。望着它那齿锋尖利的特征，我想，它可不可以刻玉？我当然不能用这件 4 000 多年的实物去试验。千方百计托朋友觅来新鲜的鲨鱼牙齿，但不是太大便是太小，太小的不但无法系缚装柄，而且普遍太软；太大的鲨牙由于齿尖本来就过粗厚，根本刻不出细若发丝的阴线。一番忙碌，曹教授判定的个体约两米的成年食人鲨标本始终没有找到。我只能试用一些个体与其体量要求稍稍接近的小鲨鱼牙齿，勉强在玉石上划出一些阴线。几乎在同时，有刊物报道，在亚马逊河流域确实生长着一种牙齿坚硬锋利无比的鱼类。体扁薄，似鲳鱼，属鲑鲤目，译作"水虎鱼"，俗称食人鱼。上颚坚韧有力，下颚是一个大下巴突于前方。身躯庞大的牛马下河，15 分钟便被啃个精光，农人不慎入水，只需 5 分钟就消失得无影无踪。当地的土人甚至用这种鱼牙充作刀和锯子，土医生将它用作外科手术刀。前美国总统罗斯福在他《亚马逊河流域探险记》里惊呼："它们是世界上最恐怖的鱼类之一。"据此，我依据浙江河姆渡、荷叶地、反山、瑶山，上海福泉山、马桥等遗址都有鲨鱼牙齿出土的事实，于 1990 年 12 月 9 日在《中国文物报》上提出了鲨鱼牙刻玉的这种可能，认为良渚人抓到一条鲨鱼就有上下各三排上百颗牙齿可以利用，等腰三角形的珐琅质牙面侧边密布乳突状半透明的尖利细齿，如果将根部宽约 1.4 厘米（按出土鲨牙标准计）的鲨牙插入竹木骨角的柄端，加细绳缠紧，一定十分稳固。良渚玉工用此刻纹，实在要比加工繁难的石刀刚挺轻巧，得心应手得多（有学者把我的鲨牙刻玉仅指细刻阴线纹以为包揽了雕琢玉器所有工艺，这是一种误解）。这似乎是大自然天造地设的恩赐，也是良渚人予以聪明利用的天缘地合。后经浙江考古所刘斌研究员[①]、南京博物院汪遵国研究员[②]、美国哈佛大学访问学者陈甘棣教授实验[③]和浙江余姚河姆渡遗址直接找到了鲨牙工具而得到证实。当然，不排除有些遗址中发现的细小的黑曜石、玛瑙工具的硬度也可以刻玉。说到这，不少人会对良渚人抓鲨鱼的能力表示怀疑，因为鲨鱼之凶猛人人皆知，没有非同一般牢固的网具、射杀力强劲的箭叉，谈何容易？开始时笔者也有同样的顾虑、疑惑，不过，谜底被我的同事轻而易举地解开了。同事是一位 20 世纪 50 年代初驻浙海岛的老兵，有渔民告诉他，平时十分机敏凶猛的鲨鱼到了寒冬有晒太阳的习惯。它们喜欢漂浮在风平浪静的港湾礁石旁，懒洋洋的，动作十分迟钝，即使人们靠近它，也少有反应。于是当地渔民用连绳的钢叉（新石器时代的野兽骨角石矛也很尖利）凿住鲨鱼，再在伤口上浇淡水，刺激它，让它疼痛难忍拼命逃窜，这时渔民就放舟放绳顺其拖曳，待它精疲力竭后，

　　① 刘斌：《良渚治玉的社会性问题初探》，载《东南文化》1993 年第 1 期。

　　② 汪遵国：《论良渚文化玉器》，载余杭市政协文史资料委员会等编：《文明的曙光——良渚文化》，浙江人民出版社 1996 年版，第 170 页。

　　③ 陈甘棣：《海外遗珍——三叉形精致微纹器》，载余杭市政协文史资料委员会等编：《文明的曙光——良渚文化》，浙江人民出版社 1996 年版，第 221 页。

就可以把它打捞上岸。显然,当时人们抓鲨鱼确实不是我们今天想象的那么困难。抓到了鲨鱼,既可以解决冬季果蔬肉食的稀缺,又为玉器制作提供了精良的琢玉工具,岂不两全其美!

一件小小的玉镯,为我们提供了大量信息,仔细琢磨,还有很多很多……

良渚玉符试探

图67　玉符　良渚文化　上海福泉山遗址出土

1983 年，上海福泉山遗址的发掘，在大量精美的玉石陶器当中，有两件很小、很薄、很简洁的倒梯形小玉片引起了我的注意，尤其是下沿出榫处有几个小穿孔，说明这是一种用途存疑的榫卯结构的复合型器物(图 67)。经检索，之前江苏张陵山、昝庙、草鞋山，以后浙江的反山、瑶山等遗址都有发现，增加了阴线纹、浅浮雕、镂空纹的多种形式。本文暂称玉符作一试探。

一、发现概况及复原依据

良渚玉符，过去人们称之为"角形装饰物"[1]"玉佩饰"[2]"玉冠状饰"[3]等。这种器物多见于良渚大墓人骨架的肩部、头侧。如上海福泉山 2 件[4]，江苏草鞋山[5]、张陵山[6]、少卿山[7]、昝庙[8]、寺墩[9]各 1 件，浙江反山 9 件[10]、瑶山 11 件[11]。其主要形制为扁薄倒梯形，宽、高各约 5～6 厘米，厚约 0.5 厘米。上边有凹口，中凸葫芦顶，略呈耸耳虎面状，个别无凹口呈凸顶状。一般为素面，近顶部大都有小圆形或横向椭圆形穿孔，有的一面有细刻和浅浮雕结合的兽面纹，也有集细刻、浅浮雕、透雕的羽冠人形、蟠螭、禽鸟纹等于一体的罕见精品。下沿皆有扁榫，并有 1～5 个穿孔。从普遍呈现的扁榫结构看，良渚玉符至今未见一件完整器，它们仅仅是玉符上端的一个部件，下端的卯合部分，由于用材可能是有机物质，已朽蚀殆尽。另有猪形和鸟形玉符。

对于良渚玉符的完整形制，日本学者林巳奈夫曾略有觉察。他认为美国弗利尔艺术馆一件高边玉镯上面的双翼形图案(图 68：1)可能与江苏、浙江的良渚文化角形装饰物有关，甚至将该物的起源追溯到了浙江河姆渡文化的木制装饰物——蝶形器[12]。林氏的论断启示我们，

＊　本文原载于《文物》1990 年第 12 期，第 33—36、92 页。

①⑫　林巳奈夫：《良渚文化的玉器》，《博物馆》(日本)第 360 期。

②④　上海市文物保管委员会：《上海青浦福泉山良渚文化墓地》，《文物》1986 年第 10 期。

③⑩　浙江省文物考古研究所反山考古队：《浙江余杭反山良渚墓地发掘简报》，《文物》1988 年第 1 期。

⑤　南京博物院：《江苏吴县草鞋山遗址》，《文物资料丛刊》第 3 辑。

⑥　南京博物院：《江苏吴县张陵山遗址发掘报告》，《文物资料丛刊》第 6 辑。

⑦　苏州博物馆、昆山县博物馆：《江苏省昆山县少卿山遗址》，《文物》1988 年第 1 期。

⑧⑨　南京博物院：《江苏武进寺墩遗址的试掘》，《考古》1981 年第 3 期。

⑪　浙江省文物考古研究所：《余杭瑶山良渚文化祭坛遗址发掘简报》，《文物》1988 年第 1 期。

双翼形图案所示可能是考古界过去无从寻觅、无法复原的良渚玉符的完整形制。

弗利尔美术馆藏玉镯上的图案,上部被林氏称作伸展的双翼状物,从大轮廓上比较,确与玉符(主要指虎面形)十分相似,尤与浙江反山遗址 16 号墓所出一件镂孔虎面纹玉符(凸顶,两侧微翘)接近(图 68:10)。下部呈钟座形,中间横一狭长的扁条形饰物,并有钩弯形角纹。可资印证的实物未见出土,但几处遗迹为我们提供了线索。浙江瑶山遗址 2 号墓的一件玉符,出土时"凸榫部位留有朱砂的痕迹,并和长约 8 厘米的木质纤维朽痕相连"。7 号墓的一件玉符,出土时"周围散落正面弧凸、背面平直的小玉粒 26 颗"[①]。反山遗址的发掘简报报道,在出土玉符的下方"往往发现成片的朱砂和用于镶嵌的小玉粒"[②]。很显然,玉符的卯合部分可能是用木材制成,涂红,并嵌贴有小玉粒饰片,基本形制即如弗利尔艺术馆藏玉镯上的双翼形图案。完整器的大小,据瑶山 2 号墓的玉符,上部玉质高 5.8、下部木质纤维朽痕长约 8、总高约 14 厘米;卯合部位的扁条形及钩弯形角纹结构质地不明,应是用类似瑶山、反山等处玉符旁发现的小玉粒或鱼、兽牙齿嵌饰而成。据此,我们可以初步复原出虎面形良渚玉符的完整形状(图 68:8、9)。

在弗利尔美术馆藏良渚玉璧中见有 3 个被称作谜一般的图案[③](图 68:5～7),雕刻精细,上部有一长尾鸟,下部连一收腰、阶梯状顶的长方形图案,内均有细刻画纹。其中一件在底边附一月牙形纹,两件的鸟足与长方形图案间有一花柱形物。良渚时代出现如此完美的图案,实为罕见。图案极似器物的写真,但它们究竟所绘何物,是否后刻,目前还难以确定。1988 年初,上海福泉山的一座良渚大墓中,出土一件鸟形小玉器[④](图 68:2)。器体扁薄,鸟脚以下已

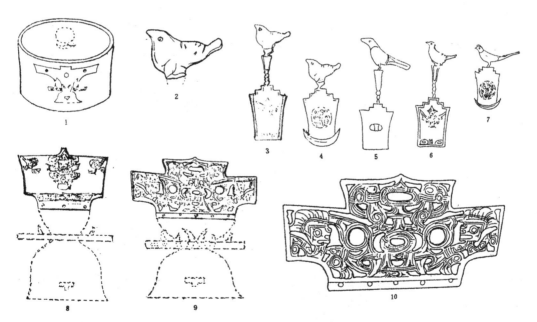

图 68　1. 美国弗利尔美术馆藏玉镯　2. 玉鸟(福泉山 M126)　3、4. 复原的鸟形玉符　5—7. 美国弗利尔美术馆藏玉璧上的鸟纹图案　8、9. 复原的虎纹玉符(瑶山 M2:1、反山 M16:4)　10. 虎纹玉符(反山 M16:4)

①　浙江省文物考古研究所:《余杭瑶山良渚文化祭坛遗址发掘简报》,《文物》1988 年第 1 期。
②　浙江省文物考古研究所反山考古队:《浙江余杭反山良渚墓地发掘简报》,《文物》1988 年第 1 期。
③　(美)朱莉亚·凯·默里:《新石器时代的中国玉器》,《东南文化》1988 年第 2 期。
④　浙江省文物考古研究所等:《良渚文化玉器》,文物出版社、两木出版社,1989 年版图 196。

残,酷似美国弗利尔美术馆藏玉璧图案上的鸟形。鸟足的断裂痕清晰,断裂位置恰当图案所示的上下两部分连接的最弱处。如将出土玉鸟按比例绘出,高近 10 厘米(图 68:3、4)。

二、造型与纹饰的认识

良渚玉符的形制,除了前述虎面形和复原的福泉山鸟形符外,另见一件流散在美国的猪形符①,浙江反山出土一件龙纹符。

虎面形玉符,大多素面,轮廓略呈倒梯形,上边大多凹口,中间凸一葫芦顶,底边两侧向内弧削,呈耸耳虎面形。江苏草鞋山的一件,耸耳还刻出形象的内耳廓,两只刻画精细的眼睛使虎面更趋形象(图 69:1)。江苏昝庙②的一件有眼有鼻,十分形象(图 69:2)。浙江反山③的一

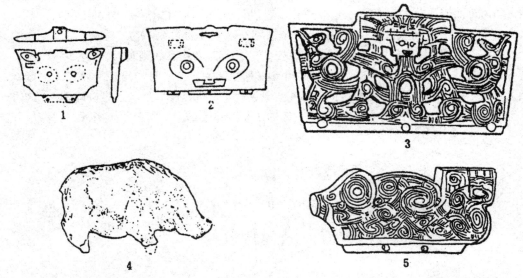

图 69 1、2、6. 虎纹玉符(草鞋山 M199:1、昝庙、反山 M17:8) 3. 龙纹玉符(反山 M15:7)
4. 猪形陶塑(河姆渡 T21:24) 5. 猪形玉符东京国立博物馆藏

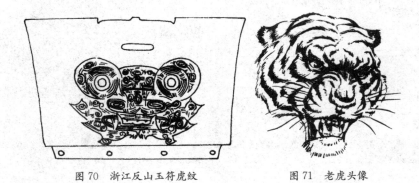

图 70 浙江反山玉符虎纹   图 71 老虎头像

---

① 参见 Oriental Art, J.J.Lally & Co, New York, 1988。
② 南京博物院:《江苏武进寺墩遗址的试掘》,《考古》1981 年第 3 期。
③ 浙江省文物考古研究所反山考古队:《浙江余杭反山良渚墓地发掘简报》,《文物》1988 年第 1 期。

图72　云南江川李家山出土西汉铜臂甲上的虎纹

件用线刻与浅浮雕工艺作成的正面虎形刻纹,与写实虎图的五官、獠牙位置、特征极其吻合,其下图案化的四肢也和云南江川李家山出土的西汉铜臂甲上的虎纹(图70～72)十分相似。所以良渚文化反山12号墓出土的玉琮(M12:98)、玉戚(M12:100)和22号墓出土的玉璜(M22:20)等器物上的图案过去长期被称为"神徽"的下部和"简化神徽",都应是虎纹。

另有两件虎纹玉符的形状比较特殊。前述图68:8玉符的上方两角细刻鸟纹,中间有人与虎的复合纹,近底边有一道卷云纹。图68:9、10玉符中间是虎纹,左右两侧各有一戴羽冠的人像,侧身侧面,重圈为眼,两侧以小三角为眼睑,宽鼻,弧线勾划鼻翼,阔嘴。原简报所述神人的鸟足实为蹲踞着的虎前肢的左右两足。这两件器物所饰人纹一正二侧,皆羽冠,倒梯形脸面,身上满饰卷云纹。民族学和文献记载均认为插饰鸟羽有假飞鸟沟通天地的寓意,但此人的身分一般认为是"神人"①"巫师"②或"神祖"③。

龙纹玉符,目前仅见反山15号墓出土1件(图69:3)。居中阴刻羽冠神人像,方脸。单圈圆眼,有眼睑,阔嘴,内刻牙齿,周围有繁复的细刻和透雕组合纹,乍看极似人首龙身图案,然玉符人纹躯体上对称有手足,两旁的虬曲纹与上海广富林遗址、福泉山遗址良渚文化陶鼎上的蟠螭纹接近。关于龙的原形,或说是蜥蜴,或说是鳄鱼、海马、猪、蛇等等。辽西红山文化的玉龙为猪首蛇身④,山西陶寺遗址的陶盘龙纹为鳄首蛇身⑤,河南西水坡遗址的蚌壳堆龙为鳄首兽身⑥。反山这两种玉符上的龙形则呈抽象的蟠螭形。

猪形玉符,1件⑦(图69:5)。日本东京国立博物馆藏。从精印的图片资料观察,生坑迹象

①　浙江省文物考古研究所反山考古队:《浙江余杭反山良渚墓地发掘简报》,《文物》1988年第1期。
②　张光直:《濮阳三蹻与中国古代美术上的人兽母题》,《文物》1988年第11期。
③　邓淑苹:《由"绝地天通"到"沟通天地"》,《故宫文物月刊》(台湾)第67期。
④　辽宁省文物考古研究所:《辽宁牛河梁红山文化"女神庙"与积石冢发掘简报》,《文物》1986年第8期。
⑤　中国社会科学院考古研究所山西工作队、临汾地区文化局《1978—1980山西襄汾陶寺墓地发掘简报》,《考古》1983年第1期。
⑥　濮阳市文物管理委员会等:《河南濮阳西水坡遗址发掘简报》,《文物》1988年第3期。
⑦　参见 Oriental Art,J.J.Lally & Co,New York,1988。

明显,可信。长 6.3 厘米,以猪的侧身形象为外轮廓,通体饰细刻纹,猪首有柱形短吻前突,大口,獠牙,眼呈同心圆纹状,身躯肥胖,臀浑圆,上凸一扁方体,与尾有异,不知何物。猪足原文未作交待,器底凸一扁榫,横穿两个小孔。此猪形与河姆渡文化陶塑家猪十分接近(图 69:4)。相比之下,玉符上的猪吻略短,躯体矮胖,更显示出家猪的特征。

猪在新石器时代人类社会中占有相当重要的地位,它一直是人们狩猎的重要对象,也是人类最早驯养的家畜之一,至少七千多年前已有家猪[1]。人们用珍贵的玉材制作猪形玉器,足见家猪在日常生活中的重要地位。

鸟形玉符复原依据较少,不少学者都将它归入大汶口—龙山文化系统认识,这是基于他们都将有这类刻纹的琮璧玉器本身看作大汶口—龙山文化遗物引起的[2]。笔者认为,既然目前发现的典型的琮璧礼器主要出自良渚文化,而大汶口—龙山文化这类资料尚不明朗,因此,将弗利尔美术馆藏玉璧上的鸟形符放在良渚系统讨论似乎更加贴切。

关于鸟形玉符的完整结构。图 68:5、6 自上而下为鸟、花柱、高山。前者山形平面上还有一椭圆形小图案,不明何物。后者山形平面上的刻纹形似展翅的动物。图 68:7 自上而下为小鸟、高山,山形平面上有一组涡纹合成的太阳图案,底边附一新月纹。三件玉符上都刻有小鸟和高山,两件山形平面上的刻纹不清楚,鸟纹都刻在玉符的最显要部位,这可能与原始氏族部落都有崇鸟的习俗或鸟图腾不无关系。山在古代被认为是神巫沟通天地的途径,是神巫上下天地的阶梯。因此,上述玉符中的阶梯形高山和鸟形图案,反映了良渚文化有以鸟为图腾

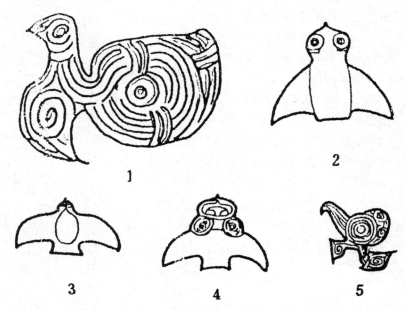

图 73　玉琮上的鸟形刻纹

1.(福泉山 T4M6:21)　2—4. 玉鸟(反山 M14:259、M17:60、瑶山 M2:50)　5.玉符上的鸟形刻纹(瑶山 M2:1)

---

① 浙江省文物管理委员会:《河姆渡遗址第一期发掘报告》,《考古学报》1978 年第 1 期。
② 石兴邦:《山东地区史前考古方面的有关问题》,《山东史前文化论文集》,齐鲁书社 1986 年版。

的客观事实。李学勤先生认为,鸟站在山上是岛字,所以它是岛夷或鸟夷的标志①。张崇根先生则认为"鸟夷"是"长江以南越人的一支"②。良渚玉器中的玉鸟和鸟纹很多,形象几乎都不一样。上海福泉山玉琮上的鸟纹似鹌鹑(图73:1);反山出土的两件玉鸟,一件似雀(图73:2),一件似鸽(图73:3);瑶山的一件玉鸟似燕(图73:4),一件玉器上的鸟形刻纹似鸵鸟(图73:5)。弗利尔美术馆藏玉璧上三鸟纹,经上海自然博物馆周满章先生辨认,图68:5,鸟喙坚厚,体壮,尾羽粗大,似鸦;图68:6,鸟喙稍细,体稍壮,尾羽稍大,似鹊;图68:7,鸟尖喙,体瘦小,尾羽细长,近体长的一半,似鹌鸽。很显然,这些图像的原型并不是同一种鸟。

三、用　　途

虎面形玉符轮廓呈虎面形,纹饰为虎纹或羽冠人、虎的组合纹。有人推测这是涂朱嵌玉的木质神像上的玉冠③,有人认为这是组佩的一种挂饰,在底边出榫穿孔中挂一圈项链④,玉符位于脑后。然而,系挂后虎面倒置,不合情理。另一种是在玉符的上端孔中穿一圈项链,底边出榫的孔上系挂几组坠珠。虽然虎面正置,但那些上端无穿孔的玉符就无法解释了。实际上完整器不出露粗糙的榫头和出土位置几无颈部的情况,已否定了这两种形式。因此,有穿孔的虎面形玉符上部,其孔可能只是纹饰的一个组成部分。其他如猪形、鸟形、龙纹玉符均无系挂之处,且都为两面纹饰,也不可能供嵌饰使用。因此,这种由原始先民用美玉精心制作的器物,除可能用作装饰外,一般都与当时巫术用的法器和祭典用的礼器有关。

张光直先生认为,反山、瑶山玉器上的所谓"神徽"的"神人与兽面复合像"(包括简化了的形式——笔者注)的"人兽关系就是巫蹻关系,人便是巫师的形象,兽便是蹻的形象"。⑤巫师借助"蹻"的脚力,上天入地与鬼神来往。良渚玉器上的兽面,张光直未说明是什么"蹻",但与原始巫术有直系渊源关系的中国古代道教历来就有龙、虎、鹿三蹻的说法⑥。因此,我们可以依据前面的考证,将虎面形玉符看作虎蹻的象征。瑶山出土的一件虎面形玉符(M2:1)有完整的"神人与兽面复合像",那自然是良渚巫师御虎蹻的最完整的反映了。

上古时期,夏禹能阻挡洪水,商汤能祭天求雨,后稷能使庄稼长好快熟,这都非常人所能为。甲骨文中屡见商王卜问风雨、祭祀、征战、田猎的记载,也表明商王本人就是一位巫师。鉴于良渚玉器上发现的人像特征均为羽冠,方脸,有眼、睑、鼻、嘴,平臂折肘及身饰云纹,反映了这是一尊戴着面具的神通广大、最有权威的巫师的偶像。

龙纹玉符,显示了人、龙同处现象。前述反山出土的龙纹玉符上的纹饰,应该是巫师蟊龙

---

①　李学勤:《论良渚文化玉器符号》,《湖南博物馆文集》,岳麓书院 1991 年。
②　张崇根:《鸟夷、东鳀补证》,《贵州社会科学》1981 年第 3 期。
③　董楚平:《良渚人的衣冠文化》,《东南文化》1988 年第 3、4 期。
④　Huang Xuanpei, China's Neolithic Jade Ware, Ritual and power: Jades of Ancient China, China House Gallery, China Institute in America, New York City, 1988.
⑤　张光直:《濮阳三蹻与中国古代美术上的人兽母题》,《文物》1988 年第 11 期。
⑥　葛洪:《抱朴子》内十五。

御龙从事天地之事的再现①。根据《抱朴子》内十五"龙蹻行最远"的说法,持有龙蹻玉符的反山 15 号墓主人的地位是很高的。

中国古代北方盛行萨满教,巫师在作法时必须借助法器,其中神鼓、神杖是巫师联络神灵的道具②。因此,我们是否可以这样认识良渚文化的虎、龙纹玉符,即:象征性地刻有蹻的形象的玉符,是巫师上天入地、与神鬼来往的理想的交通工具。蹻纹玉符同时成了巫师与鬼神交往的必备信物。

猪形玉符,因猪不擅行走,且无猪蹻的出处,所以不可能是蹻符。良渚文化时期经济以农业为主,畜牧业已基本取代了渔猎业。由于猪是最易驯养的家畜,也是良渚先民的主要肉食来源,是财富和地位的象征。为了求得财富充裕,良渚人寄希望于巫术的神奇魅力,于是,出现了以猪形为基本形制的玉符,由巫师以此向有关神祇祈求丰产。

鸟形玉符,因纹饰比较复杂,其用途的推测也比较困难。日、月、高山等既没有蹻符的可能,也不会有祈丰的涵义。

《左传》昭公十七年有郯子谈少皞氏以鸟名官的记载。少皞与良渚时代几乎同时,地域邻近,良渚玉鸟与鸟纹的出现是否意味着良渚氏族社会已与少皞的氏族组织一样,出现了几个比较有明确分工的、以不同种鸟命名的、持不同种鸟形玉符的职官? 少皞的鸟官除有农、工、营造、刑狱、教化的主管官外,还有一批比例很大的历法官,这显然是由于先民缺乏自然常识,只得把自己无法解释的自然界的一些规律性变化与神联系在一起,郑重地委以专职官员掌管。这几件以鸟为主纹的良渚玉符,下辅日、月、高山,似乎反映了日月运行于天地之间的蕴意,而不同种的鸟形又表示良渚持有者有如少皞属下的历法官。

综上所述,我们大致可以得到如下结论,即目前发现并得以初步复原的玉符,从功用上可以分为 3 种:一为神蹻符,以太湖地区出土的龙纹、虎面纹玉符为代表;二为祈丰符,以美国纽约东方艺术拍卖行的猪形玉符为代表;三为职官符,以美国佛里尔美术馆藏玉璧上的鸟形图案和以此图案为依据复原的上海福泉山鸟形玉符为代表。至于良渚大墓中也有类似纹样的一些玉器,除可能具有宗教意义外,因完整器复原的条件不成熟和资料的缺乏,还有待今后探考。

注:1999 年,浙江周家浜出土了这种玉器下有象牙梳的完整器,它应该称"玉梳背"。本篇仍采用玉符一词,并坚持收入这本集子里。一方面为保持学术研究的客观性,另一方面,本文论证了良渚兽面为虎纹的重要观点和完整过程。

---

① 张光直:《濮阳三蹻与中国古代美术上的人兽母题》,《文物》1988 年第 11 期。
② 孙其刚:《人神之间的使者》,《文物天地》1988 年第 6 期。

良渚兽面为虎纹的又一重要例证

关于良渚"神徽"的讨论,恐怕是近年来考古界争论最多,分歧最大,至今无法统一的罕见课题之一。由于最完整的繁密纹出现在良渚文化最重大的礼器"琮王""钺王"上(参见图 16),其他繁简不一的"神徽"又大量地出现在良渚王或显贵者们占有的玉礼器、玉饰件等珍贵品上,良渚文化又值中国社会跨入文明时代的关键时刻,因此,能读懂这一在良渚意识形态中举足轻重的"神徽",意义十分深远。

分析各种说法,笔者发现整个图徽构成的要点是最下面腿爪的归属问题。把腿爪归于人体,那么此人的身份、此图的内涵就复杂起来了。因为生活中没有腿上长爪的人物。于是《山海经》中的"鸟爪神人",胸前置兽面盾的"战神""太阳神"等等,顿时神秘莫测,异常玄妙起来。把两腿归于巨眼兽身上,那么除了个别学者令人不解地识其为鹰鸟,一般都认为是上人下兽。笔者一直认为是上人下兽,且兽为虎,已有多次论及。我们可以以反山一件玉符(M17:8)上的无人形图案中得到启迪,它明显地是一只蹲踞状利爪显露的猛虎(有人说是猪,然而猪足是蹄,非爪)。不少人因在"神徽"上一时找不到人脚而顺势将虎爪识归于人体,其实大可不必,人脚不见,不等于神人就没有了双脚,更不是当年玉工或设计者们的疏漏,而是神人的坐姿使然。一次,笔者在研习中偶尔从《中国青铜器全集·巴蜀卷》里,从曾经轰动一时的三星堆青铜器上找到了依据。

三星堆一号坑有一件所谓的虎形器(图 74),它中空的器座形结构十分特别,引起了我的注意。它上面应该置放有什么容器,盛水、酒、果的盘、匜、罐之类?资料中没有发现适合者。然而巨眼、阔鼻、大嘴、犬牙交叉、双脚匍匐在前的虎形,让我感到了似曾相识,这不正是良渚神兽的老虎吗?良渚"神徽"的上部是神人,那么这件铜器上面会不会也是人,而不是普通的容器呢?虽然发掘报告和相关资料没有这方面信息,但是发掘报告中与青铜虎形器座线图同处一版的居然是一件相同比例的跪坐铜人,其姿态(正面)与良渚神人几无二致(图 75)。按照两器的规格,我把它们描画下来合二为一,浑然成了一件立体的、商代的青铜"神徽"。有意思的是铜人的双脚从正面观察同样不见所在,而弯伸在前的两只老虎脚,从人体高度比例看,确实极易看成了人的双脚,虎头位于胸前很像良渚"神徽"的虎头,被置胸前的"兽面盾"。然而事实是人跪坐在老虎身上,而绝不是胸置兽面盾的爪脚神人像(图 76)。商代与良渚相去不远,古代的一些风习、宗教内容不至于变得面目全非,可以说,立体的三星堆铜人,为我们认识良渚"神徽"的正确构成,提供了重要的文物依据。可以想像,那种恐怕是唯通天地或重大礼

---

*　本文原载于《中国文物报》1998 年 9 月 9 日。

仪时必须遵守的臀贴脚后跟上的跪坐姿势，哪怕在平地上从正面也看不到膝盖的以下部分。良渚神人跪坐在毛茸茸的老虎背上，正前方又有宽大的老虎头，整个腰下被遮没了，也是合乎视觉效果的。联系上海马桥遗址发现过良渚文化、马桥文化的老虎牙齿，证明太湖地区先民具备接触老虎的条件。人们把猛虎的形象作为他们心目中的王、英雄、首领、巫师或神的通天地的坐骑，与古埃及人将非洲百兽之王——雄狮融合在他们的国王——法老下半身的狮身人面像（参见图15），似乎具有异曲同工的寓意。当我把这一发现告知杨伯达先生时，杨先生立即予以肯定，鉴于上人下虎题材在良渚文化中的重大意义，杨先生甚至大胆预见，在良渚文化中，不排除将有上人下虎玉雕立体"神徽"发现的可能。

图74 虎形器座 商代 四川广汉三星堆祭祀坑出土　图75 跪坐青铜人像 商代 四川广汉三星堆祭祀坑出土

图76 四川三星堆一号坑铜人、铜虎形器复位成巫师御虎蹻青铜器示意图

受三星堆青铜"神徽"的启发,笔者发现上人下虎的题材似乎贯穿于中国古代的整个历史时期。除了三星堆铜人虎的可靠资料,殷墟妇好墓的跪坐玉人也不是过去人们所想像的是地位低贱的"奴隶",他们恰恰是当时居最高地位的大巫和奴隶主,那些散落在一旁的精美的玉龙、玉虎,正是他们身下的、需要沟通天地时的坐骑——龙蹻与虎蹻。刘方复先生为证明良渚"神徽"下面的神兽为虎,曾经引用过陕西茹家庄西周青铜人虎纹轫饰,河南洛阳小屯村一号墓二件战国伏虎玉人,湖南砂子塘汉墓木椁漆绘羽人跪踞于虎背的图画,很有说服力。最近笔者又从有关资料中读到宋代有张贴张天师骑虎驱邪图的习俗,清代能见伏虎罗汉,以及民居屋顶置风狮爷的陶塑,虽然后一阶段人的坐姿已不再严格地跪坐于虎身,人物角色也日益复杂起来,但张天师是中国道教中的显赫人物,罗汉是佛祖释迦牟尼的弟子,风狮爷是能吞风镇风的风神——"飞廉"的化身,他们的身份仍然如良渚"神徽"初始时期一样,非同一般。

一系列的人虎图案及造型艺术的确认,为我们认定良渚"神徽"上的神兽原型为老虎提供了更加充实完整的证据,为我们最终读懂良渚"神徽"创造了很好的条件。过去也有不少学者认为商周时期变幻莫测、面目狰狞的饕餮纹是由良渚兽面演变发展而来,笔者认同这一说法,不过,理解角度应该它是与良渚人虎题材并列发展的另一分支,它是在新的社会意识形态需求下,在改变了良渚以珍贵、神秘的美玉为载体之后,移植于新的珍贵、神秘的载体——青铜上的登峰造极的产物。

良渚玉器虎纹及其源流

　　良渚文化是学术界近年崛起的研究重点,良渚文化研究的课题很多,但人们不约而同地倾向了精湛的良渚玉器;而良渚玉器的聚焦所在,毫无疑义地是反山"琮王"上的所谓"神徽"。有人说它上人下兽,巫师御虎①;有人说它上人下鹰,鸟爪神人②;有人说它是胸前置兽面盾的"战神"③;甚或是太阳神④;也有人说这刻有一图徽的玉琮是上人下猪的祭祖礼器⑤等等。这方面,萧兵先生曾有过相当周全的搜集与分析⑥。纷繁的、截然不同的推论与观点,众说纷纭,风马牛不相及,简直让人摸不着头脑。这也许是学术界在同一课题上引发出如此众多不同观点的、空前的现象。由于最完整的繁密纹"神徽"出现在良渚文化最重大的礼器——反山的"琮王"和"戚王"上,其他繁简不一的"神徽"又大量地出现在王或显贵者们占用的玉礼器、玉饰件等珍贵品上,无论人们如何认识、评论它,都显示了"神徽"无比重要的意义。读懂它几乎可以读懂了良渚文化。

　　分析各种说法,笔者发现,认定整个图徽构成的关键是最下面的爪形腿的归属问题。把腿归属为人体,那么此人的身份、此图的内涵就复杂起来了。因为生活中没有长鸟爪的人物,于是认定其为《山海经》中的鸟爪神人,胸置兽面盾的"战神",等等。把两腿归于巨眼兽身上,那么除了个别学者令人不解地识其为鹰鸟(鸟嘴为角质层无牙弯喙,自然界哪有这般巨目、阔鼻、大嘴、犬牙交错的怪鸟?),一般都认为是上人下兽。兽形虽然已被许多装饰性线条或卷云形单元所填满,但基本肢体组成是没有问题的。事实上,反山一件玉符(梳背;M17:8)上的无人形图案最能说明问题,它是一只蹲踞状利爪显露的猛虎(有人说是猪,然而猪足是蹄,非爪;参见图70)。至于最完整神徽上人下兽图形上人的下肢没有表示,使许多人为神人到处寻找其脚不得,于是把虎脚识是人脚,其实大可不必。人脚不见,是由于神人的坐姿使然,那种恐怕是唯通天地或重大礼仪时必须遵守的臀贴脚后跟上的跪坐姿势(商代玉人及战国、汉代的铜人都能见到这种特定的坐姿),哪怕在平地上,像"神徽"所示,从正面观察也看不到膝盖以

---

　　*　本文原载于杨伯达主编:《出土玉器鉴定与研究》,紫禁城出版社 2001 年版,第 319—336 页。

　　①　a. 张明华:《良渚玉符试探》,《文物》1990 年第 12 期;b.《良渚文化神踊符》,香港《龙语》第 20、21 期;c. 刘方复:《良渚"神人兽面纹"析》,《文物天地》1990 年 2 期;d. 汪遵国:《考古发现的良渚文化玉器》,《东南文化》1994 年第 6 期。

　　②　a. 周南泉:《"玉琮王"探释》,《中国文物报》1990 年 8 月 23 日;b. 杜金鹏:《说皇》,《文物》1994 年第 7 期;c. 杜金鹏:《良渚神祇与祭坛》,《考古》1997 年第 2 期。

　　③　吴汝祚:《略论长江、黄河两流域史前时期的太阳神崇拜》,《华夏考古》1996 年第 2 期。

　　④　牟永抗:《良渚玉器上神崇拜的探索》,见《庆祝苏秉琦考古五十五年论文集》,文物出版社,1989 年。

　　⑤　王大有:《龙凤文化源流》,北京工艺美术出版社,1988 年。

　　⑥　萧兵:《良渚玉器"神人兽面纹"新解》,《东南文化》1992 年第 3、4 期。

下部分的。良渚神人跪坐在毛茸茸的老虎背上，前面又有宽大的虎头，整个腰下部位遮没了也是正常的。联系上海马桥遗址发现过良渚文化、马桥文化的老虎牙齿，太湖流域先民具备接触老虎的条件，人们把猛虎的形象作为他们心目中王、英雄、首领、巫师或神的坐骑，与古埃及人将非洲的百兽之王——雄狮融合在他们的国王——法老下半身的狮身人面像（参见图15），似乎具有着异曲同工的寓意。

以三角与圆示虎眼喻虎是崧泽与良渚文化的共同点，反映了良渚虎纹前源的客观存在。

关于良渚虎纹的考定，其实过去长期忽视了一个很重要、可能存在的前源问题。因为如此繁复多变、构图成熟的虎纹，它不可能是突然出现的，它总有个演化发展的过程。良渚文化是崧泽文化的后续，良渚的鼎、豆、罐、壶等陶器的基本形制，良渚的斧、钺、锛、凿等的典型石器，几乎都能从崧泽文化中发现它们的踪影。作为前源的崧泽文化，按一般规律推测，它很可能有相对原始、朴拙的虎纹出现。

崧泽文化中有虎纹？笔者早在1988年为《上海博物馆藏宝录》撰稿时，曾在不经意中发现福泉山崧泽文化一件折角足大陶鼎（图77）"圆捺纹在足根中脊两侧，结合锯齿形脊线和角尺形足面观察，极似一个两眼圆睁的兽面。联系时代稍后，出现在良渚文化玉琮、玉锥、象牙器上形神兼备的兽面纹饰，似乎反映了一种更加原始的兽面纹形态，为我们寻找兽面纹的起源提供了新的线索"。[1]不久以后，我的老师黄宣佩先生在1990～1991年《史前研究》上发表了《关于良渚文化"神像"的探讨》一文，文中把兽面纹的起源前提到了马家浜文化时期，"在马家浜文化器物中，有一种圆锥形的鼎足，它的足根部位常见一对向外侧的、用手指捺印的双目，这种目纹可能就是神像的最早形态"。[2]而且就笔者认为良渚虎纹前源的崧泽文化大陶鼎足根部的捺点纹释读为良渚"神像"的前源，认为比起马家浜及崧泽文化陶鼎上的其他捺点纹的"神像更为清晰，已经用凹线勾划出脸形，并以角线为中心，两侧各捺一目，还在头上刻上光芒状的点线纹"。这里黄先生虽然没有认同笔者良渚兽面为虎纹的观点，而理解为是各种元素的综合体，但在把良渚"神像"的起源推至崧泽甚至马家浜时代方向是一致的。

崧泽陶器上的附饰习用写实手法，喜欢在一些生活器皿上客观地塑造出他们日常生活中所喜好的动物造型。如浙江嘉兴地区出土的鹰形罐、人首纹瓶、上海出土的猪纹匜等，唯独没有发现老虎的形象。是没有出土过？很难理解，虽然发现

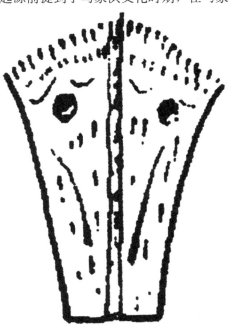

图77　上海福泉山大陶鼎上的捺点兽面纹

---

① 张明华：《鼎中大器——福泉山角尺形足大陶鼎》，上海文艺出版社、三联书店（香港）有限公司《上海博物馆藏宝录》，1989年。

② 黄宣佩：《关于良渚文化"神像"的探讨》，《史前研究》1990～1991年合刊。

并见诸报导的崧泽文化遗址要比良渚文化遗址少得多,但是,江、浙、沪三地的考古工作者也已经发现并科学发掘过崧泽、邱城、张陵山、草鞋山等不少内涵丰富的重大遗址,要有虎的形象,也不至于疏漏到未见踪影的地步。是崧泽人没有见过老虎,没有刻画虎的形象?同样难以解释。邻近的生态环境相似的浙江河姆渡遗址河姆渡文化中已有华南虎出现。浙江学者经过一番调研后认为,河姆渡遗址经鉴定的古代野生动物"现在仍大多存在于(今)浙江省境内,只有象、犀、四不象和红面猴已不存在,少数种如鹈鹕、虎等仅偶尔见到"[1]。如前所述,良渚、马桥文化时代也见老虎,说明江、浙、沪地区至少 7 000 年以来未曾断过虎踪,生态环境也并无特大变化的崧泽时代有虎是不必怀疑的。崧泽文化应该有虎纹,只是未被我们认识而已。我们有必要试从良渚文化众多虎纹中找出一些规律性的东西来,去到崧泽文化中寻求相似之处。

良渚文化虎形,无论是繁密纹还是简化纹,其表达的突出点在于两颗大得过分、比例明显失调的大眼睛上。良渚人虽然不可能知道后人会高明地浓缩出一句"画龙点睛"的成语来,但他们在艺术创作上有时居然可以把老虎的重大特征,如利齿毕露的血盆大口、凶猛凛威的勾弯利爪、色彩斑斓的庞大躯体统统舍弃,而仅仅留下了眈眈而视的两颗眼睛。笔者认为,这不是简单的省略,而是反映出长期的艺术实践,磨砺了良渚人无比敏锐的洞察力和十分成熟的思维理念。良渚人可能已经感觉到了特征强烈的虎眼,在传达、掌握他们的宗教信念方面,要比仅显威猛之态的、具象的外在感觉,更显超凡脱俗,更加神秘和深邃,能给人以更加充裕、广阔的想像空间。

反山一件浅青色镂孔纹玉璜(M16:3;图 78,1)和瑶山一件牙白色玉牌饰(M7:55)上,都有由镂孔圆与折边三角组成的巨眼虎纹。圆示眼球,圆两侧相向的两个三角示眼眦。浙江有学者称前者为"神人面纹",后者为"兽面"或"伏蛙"。依笔者之见,两器构图虽然简练至极,仍活现了百兽之王老虎的神韵。而其构图之基本元素——圆与三角却与我们在崧泽文化陶器上常见的圆与三角何其相似乃尔(M59:8;图 78,2),它们会不会就是良渚虎纹的前源形式?为了便于对照认识,以下试将崧泽一些典型图式做一归纳。

1. 镂孔纹

镂孔纹形式在崧泽陶器上施用的数量较大,大都见之陶豆的把部,但圆与三角的大小、布

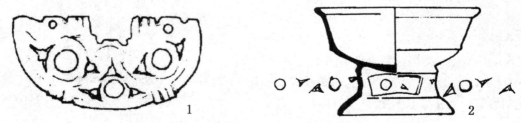

图 78 1.镂孔纹玉璜浙江反山遗址出土 2.镂孔纹钵形陶豆崧泽遗址出土

---

① 浙江博物馆动物组:《河姆渡遗址动植物遗存的鉴定研究》,《考古学报》1978 年第 1 期。

局的变化较多。如崧泽一件(M59:8)圆孔较大,三角形却呈胎表外沿较大的斜刀剔镂状,靠近内壁骤小,甚至未透;M98:10圆为镂孔,三角为T字形未透剔刻状;M88:9在圆与三角之间填划弧线纹;M91:10出现圆与三角不完整单元的组合形式。江苏草鞋山遗址一件四足兽形陶器(M8:3)体形魁伟,四足支立,夸张的大口和上仰的颈项,活现了一头华南虎扬首啸吼,声振四野的雄姿。器身两侧三角与圆的镂孔纹组合,似乎又为这件陶器印上了虎纹的特殊标记(图79,1)。

2. 压划纹

压划纹是崧泽文化习用的陶器装饰艺术,一般趁胎湿时压划完成。多见竹编纹,一部分为图符或不知名的动物形。陶器上单独用压划纹表示三角和圆的组合比较少见。福泉山一件红彩绘灰黄陶豆的圆使用的是镂孔工艺。三角却是用压划工艺表示。比较特别的是三角形是由简化成撇捺两笔压划的"人"字形横卧而成,三角形已呈名存实亡的三尖纹(图79,2)。

3. 红褐色彩绘纹

在崧泽陶器上的红褐色彩绘,均非经窑烧的彩陶。能见两种材料,一种为红褐色矿物质粉料,当年涂绘时可能羼过胶质,今洗涤时胶质已尽,极易毁损。一种为生漆,出土后极易起皮翘起。圆与三角形彩绘图案多见于壶罐的肩腹部,崧泽一件陶壶(M79:6)的三角与圆的图案即用粉料彩绘于肩部(图79,3)。

图79 1.镂空纹四足兽形陶器(草鞋山M8:3) 2.压划纹粗把陶豆
(福泉山M139:30) 3.红褐色彩绘纹陶壶(崧泽M79:6)

4. 剔刻纹

用剔刻纹表示圆与三角的现象,一般时代偏晚。由于不少遗址中,崧泽晚期与良渚早期的地层相叠紧近,墓葬上下时有交错,人们在区分文化层位中时有误差,经常发现有些崧泽晚期墓或遗物被归入良渚文化叙述。其实,我们只要参照文化内涵单一的上海汤庙村遗址崧泽墓地的出土物[1],就会发现崧泽文化再晚的遗存,也不会出现鱼鳍形、T字形足鼎和贯耳壶(亦称双鼻壶),相反在可靠的良渚陶器上也不会发现三角与圆的组合式图案。

剔刻的圆与三角组合纹,据初步统计,施刻的对象较多为盆、盘、罐、豆等诸多器形,所处位置也不局限于豆把上,而是盘口、罐肩、杯腹,无处不在。形式上圆与三角稍有变异,较多的一种是长三角形与由两相对应的弧形刻纹合成不连贯的、括符形组合。参见江苏澄湖古井出

---

① 上海市文物保管委员会:《上海松江县汤庙村遗址》,《考古》1985年第7期。

土陶罐(74WCHJ43:3;图80,1)、上海汤庙村直腹罐(M4:77)器表(图80,2)、汤庙村矮圈足盘(M1:6)口沿(图80,3)、瓦棱腹杯(M13:3)腹下(图81,1)。

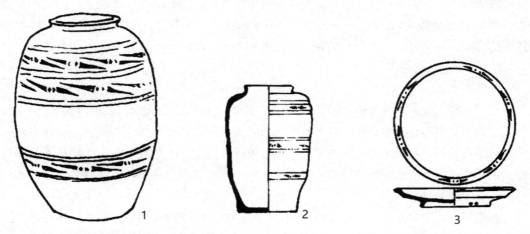

图80　1. 剔刻纹陶罐(澄湖74MCHJ43:3)　2. 剔刻纹陶罐(汤庙村 M4:77)　3. 剔刻纹陶盘(汤庙村 M1:6)

另一种形式较少见,偶见于豆把上。由弧边三角和未经剔刻的实心圆组成。如崧泽一件盆形豆(M85:8)的腹部(图81,2)。

5. 镂孔与剔刻组合纹

镂孔与剔刻组合的形式可见上海寺前村遗址的一件双层陶壶上。此壶形制特殊,腹设内胆,外有二周镂孔的圆与三角的组合纹,在花瓣形圈足上是剔刻的组合纹(图81,3)。

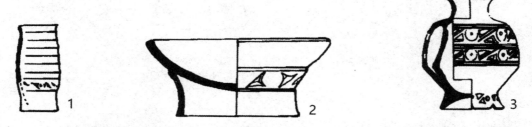

图81　1. 剔刻纹陶杯(汤庙村 M13:3)　2. 剔刻纹陶豆(崧泽 M85:8)　3. 寺前村镂孔与剔刻组合纹双层陶壶

总的感觉,崧泽陶器上的圆与三角的组合,确实具有良渚虎纹的神韵,特别是如前两件良渚玉器上的虎纹,均以三角为眼眦,圆形为眼球,甚为明显,尤为可信,然而这是不是一个规律? 其他良渚玉器上的虎纹能否都具备构成虎纹的基本元素——圆与三角? 由于载体的不同,审美观的变异,工艺的进步,虎纹早已由明朗、单一的崧泽式,衍变为繁简变化频繁的形式。这里示眼球的圆,虽然大多由崧泽的镂孔形式改由线刻同心圆或管钻浅槽形所替代,圆的基本形状尚在,不至于错误,但基本元素中的示眼眦的三角形却大都被变异、弱化、错位甚至省略而难找感觉。笔者经过仔细辨识,还是能找到它们的影踪,大致有如下几种情况与形式。

1. 三角形眼眦弱化成尖瘦状

圆与三角稍有变异的情况在良渚虎纹中占为主体,而且大多用细刻形式来表示。瑶山一件山字形器(M7:26)虎纹的眼球是由多组线刻同心圆组成,内外眦均由三条凹弧线夹成的瘦三角形组成(图82,1)。有些示眼眦的三角形空间面积尤其狭小,而三尖角却由线条延伸得特别细长,不少甚至隐附在线刻的填充纹中(图82,2)。

图82　1. 三角形眼眦弱化成尖瘦状(瑶山山字形器 M7:26)　2. 三角形眼眦弱化成尖瘦状的
(瑶山筒形镯 M9:4)　3. 眼眦由卷云纹夹成不明显的小三角(瑶山筒形镯 M10:15)

2. 眼眦由卷云纹夹成不明显的小三角

瑶山筒形镯(M10:15)上也有比较完整的浅浮雕细刻组合的虎纹。值得注意的是此图所示虎眼外眦的三角形,不再是习见的由单线勾划而成,而是由两个卷云纹单元的底边与眼球外沿的圆弧线交夹而成(图82,3)。如此形式在反山"琮王"(M12:98)等良渚玉器上多处发现(图83,1),我们都可认作虎眼的外眦。

3. 眼眦呈微型小三角,几成实心线

瑶山筒形镯(瑶 M10:19)饰有浅浮雕与细刻组合式虎纹,眼的外眦只有在眼球外沿的一条弧线上划出一个微型的、几成实心线的小三角(图83,2)。

4. 示眼眦的三角呈错位状

良渚玉器上的虎纹由于线条刻画十分复杂,眼眦略有错位,极易让人不知所在,坠入迷雾。反山镂孔符形器(M16:4)虎纹表达特别生动,但内眦却未曾紧贴眼球下沿,且方向十分坦斜,位置明显错位,不仔细辨识,很难把它与眼球视作一体(图83,3)。

5. 示眼眦的三角被省略

良渚虎纹眼眦被省略的情况主要发生在内眦上。如反山"琮王"(M12:98),虽然"神徽"图案的线条最繁复,构图最完整,然而老虎的眼眦却被弱化了。外眦是由二个卷云单元与眼球夹角而成,隐隐约约,内眦则完全被省略(图83,1)。这种情况在瑶山方锥形器(M9:7,图84,1)、玉璜(M4:34,图84,2)等玉器上都能发现。另外,在一些浅浮雕素面虎眼上,由于本来就未刻填充纹,如福泉山琮形镯(M65:50,图84,3)上面的内外眦也都被省略殆尽,而像福泉山施以繁密纹的透光湖绿色琮形镯(M9:21)未见眼眦表示的,则十分罕见。

以上的比照与归纳,我们不难发现良渚与崧泽的虎纹虽然繁简不一,表达形式不一,载体不一,但其用三角与圆示虎眼喻虎纹的基本原则与共同点不变。因此,良渚的虎纹确实有着十分可靠的前源。

历代上人下虎的图案与造型艺术,为我们证实良渚"神徽"中神兽的原型为老虎和后流形式提供了充实的依据。

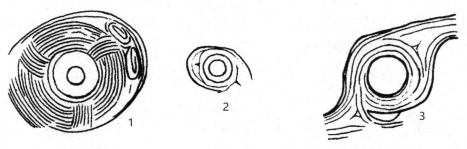

图 83　1. 眼眦由卷云纹夹成不明显的小三角(反山"琮王"M12:98)　2. 眼眦呈微型小三角几成实心线
(瑶山筒形镯 M10:19)　3. 示眼眦的三角呈错位状(反山镂孔符形器 M16:4)

图 84　1. 示眼眦的三角被省略(瑶山方锥形器 M9:1)
2. 示眼眦的三角被省略(瑶山玉璜 M4:34)　3. 示眼眦的三角省略(福泉山琮形镯 M65:50)

笔者过去在为证实良渚兽面为虎纹时,作为后续依据,曾赞成刘方复先生引用陕西茹家庄西周青铜人虎轵饰上人蹲坐于虎背上的造型(图 85,1)、河南洛阳小屯村一号墓 2 件战国伏虎玉人上的人踞坐在虎背上的造型(图 85,2、3),及湖南砂子塘汉墓木椁漆绘的羽人跪踞于虎背上的图画(图 85,4)。三件出土文物虽然当时尚嫌薄弱,但鉴于良渚文化各方面曾经予华夏文明以强大影响,在良渚文化意识形态中曾起过巨大影响的人虎纹,在良渚以后完全销声匿迹的可能性微乎其微。因此,凭笔者的直觉此说可信,而且在今后的田野发掘、考古研究中,一定再会有突破性的发现。果不其然,就在 1993 年,笔者有关文章刚刚发表之后不久[1]就发现了一个有力的证据,曾经轰动一时的三星堆铜器中的青铜跪坐人(K1:139)和青铜虎形器(K1:62)实为一件复合器(图 85,5)[2]。它无疑是良渚玉器上上人下虎平面浅刻题材形式的立体化造型。

三星堆铜人高 15 厘米,铜虎残高 11 厘米,宽 8 厘米,长 12 厘米,按同一比例把两者画在一起,十分吻合。我不知道四川学者是否已经发现并证实了它们的复合关系,但当时因我未有相应文章发表,故未作及时研究。不过最近当我向杨伯达先生汇报这一发现时,杨先生立即予以肯定。鉴于上人下虎题材在良渚文化中的重大意义,杨先生甚至大胆预见,在良渚文化中不排除也有上人下虎玉质圆雕造型发现的可能。更加可喜的是,在本文已经草就,即将定稿时,妇好墓几个取跪坐姿势的玉人引起了我的注意,它们与良渚"神人"及三星堆铜人姿

①　张明华:《良渚古玉——玉材矿源与巫师纹样新管见》,香港《中国文物世界》第 100 期。
②　四川省文物管理委员会、四川省考古研究所、四川省广汉县文化局:《广汉三星堆遗址一号祭祀坑发掘简报》,《文物》1987 年第 10 期。

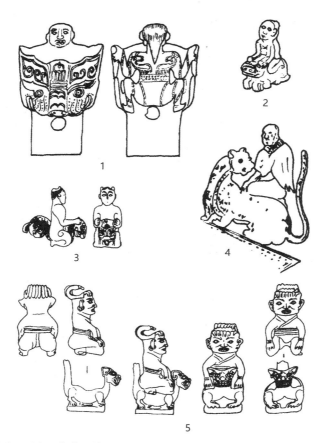

图85　1.陕西茹家庄西周铜人御虎軏饰件　2.河南洛阳小屯村一号墓战国玉人御虎　3.河南洛阳小屯村一号墓战国玉人御虎　4.湖南砂子塘汉墓木椁上的羽人御虎漆绘图　5.四川三星堆铜人御虎摹拟复原图

态那么相像,会不会也像三星堆铜人那样身下原来也坐有老虎? 资料表明妇好墓果然有不少玉雕老虎、龙,它们很可能不为人认识而人为地被冷落分散在一边。仔细揣摩妇好墓的玉人玉虎图照,虽然没有现成的两者曾有复合关系的信息,但按图索骥,人虎、龙配对,居然有两组尺寸十分接近,几可配合(图86、87)。另一用孔雀石制作的人(377)与老虎(401),前者高4厘米,后者高3厘米,长12厘米,材质、风格、大小甚为得体;但因虎无线图,无法绘制出效果图来。

　　过去有学者依玉人的衣冠、发式,特别是委屈状的坐姿判断,妇好墓的这些玉人是"奴隶主的侍从""女奴隶""儿童"。[1]然而事实恰恰相反。这些跪屈而坐者,并不是今人所理解的,是地位卑微者的屈从形象,而是当时那些身份非凡的、下御猛虎的王、首领、英雄或大巫师,正在行使沟通天地大礼时的虔诚而又严格的坐姿。405 号玉兽,报告作者定名为虎,依笔者观察,额顶有龙角、嘴鼻平直、狭长、圆柱状,吻部明显前凸的特征,与虎首区别较大,应该是玉龙。如果此说可信,那么又为笔者所推崇的张光直先生的龙虎鹿"三蹻说"[2]增加了新的证据。

　①　中国社会科学院考古研究所安阳工作队:《安阳殷墟五号墓的发掘》,《考古学报》1977 年第 2 期。
　②　张明华:《良渚玉符试探》,《文物》1990 年第 12 期。

图 86　妇好墓玉人虎复合示意图

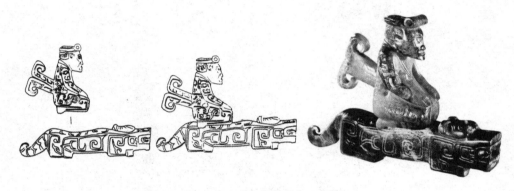

图 87　妇好墓玉人龙复合示意图

　　顺及，我们在研究、认识玉器过程中，有一个情况必须注意并明确：至少到目前为止，除了石器磨制技术尚未发明或发现初始阶段的新旧石器时代交替之际，因未曾充分发现玉之美润、神秘特征，而将其制成过生产工具外，新石器迄后的整个历史时期，未见一件将玉材制成表达低贱意义的产品。只要是玉器，它们就都是礼仪、信誓、避邪、趋吉、装饰等的神圣、高贵的用具。嗜玉如命的殷商时代，统治阶层怎么可能会用稀贵神圣的美玉去塑造被他们视作畜牲的奴隶的形象呢？因此，妇好墓玉人以及其他几处发现的类似的玉石人物①的高贵身份是毋庸置疑的。

　　对三星堆人虎铜器、妇好墓人虎玉器组合件的研究，弥补了我们对良渚文化人虎图像后流环链上与之最紧近、最关键的殷商阶段认识的欠缺。这样，以良渚时代巫师御虎蹻图→商代妇好墓人虎复合玉器、三星堆人虎复合青铜器→西周茹家庄人虎形青铜轫饰→战国小屯村伏虎玉人→汉代砂子塘人虎彩绘图，环环相接，让人信服。

　　最近，笔者读到了施慧美先生的新作《寅神风物之美》，其中讲到宋代有贴张天师骑虎驱邪图的习俗（宋 陈元靓《岁时广纪·画天师》中载："端午，张挂天师骑虎像以驱邪。"）②；清代

---

① 陈志达：《殷代王室玉器与玉石人物雕像》，《文物》1982 年第 12 期。
② 施慧美：《寅神风物之美》，台湾《历史文物》1998 年第八卷第一期。

能见伏虎罗汉,清代金门岛民居屋顶能见风神风狮爷陶塑(图88,1)①。虽然这一阶段人的坐姿已经不再统一地跪坐于虎身上了,人物的角色也变得复杂起来了,但张天师是中国道教中的显赫人物,罗汉是佛祖释迦牟尼的弟子,风狮爷是能吞风镇风的风神——"飞廉"的化身。他们的身份却仍然都像良渚初始阶段而非同一般。我觉得角色稍有变化这也是符合事物发展规律的,这就像我们经常讨论到的始自先秦的"苍璧礼天,黄琮礼地"一说,虽然以后的朝政频频更替,琮、璧形制也在中国历史进程中多有演变,如汉碑上的玉琮(图88,2),清代《王朝礼器图》中的黄琮甚至离奇地变成了多角形甚或扁平长方斧形(图88,3),但文献记载"苍璧礼天,黄琮礼地"的礼仪制度却贯彻并执行于古代中国的整个历史时期。

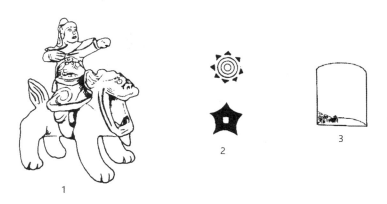

图88　1.清代风神狮爷陶塑　2.汉《六玉碑》上的五角、八角形玉琮　3.清《皇朝礼器图》上的斧形黄琮

良渚巫师御虎图与琮璧同时出现并盛行,其意识形态上创始意义之重大,较之玉琮璧礼器的使用则有过之而无不及;它在中国历史上的绵延不绝,也是理所当然的。

一系列人虎图案及造型艺术的确认,为我们认定良渚"神徽"上的神兽原型为老虎提供了更加充实、有力的证据。崧泽甚至马家浜时期的抽象虎纹,又为我们提供了良渚虎纹的前源,也为我们展示并证实了这一时期中国虎纹由抽象过渡到具象所经历的漫长翔实的发展过程。当然,良渚虎纹的发展不免会像琮璧等器物一样,中途也会衍变出一些奇形怪状、莫名其妙来,这是社会风习、人们意识形态的需求所致。商周青铜器上盛行的变幻莫测、形象狰狞的饕餮纹,应该是在改变了崧泽以陶器、良渚以玉器为载体之后,虎纹突然异变,又在新的载体——青铜器上充分发挥,终于成为为统治阶级服务的登峰造极的产物。

补记:

关于三星堆铜"踞坐人像"、铜"虎形饰件"可能为合二而一的神人御虎组合器,并借此佐证良渚玉器上的所谓"神徽"图案实为人虎关系之议论,我曾急就过一篇小文,刊于《中国文物报》②。一时引起了学界的不小反响。以后我为参加"98中国出土玉器鉴定与研究讨论会",比较完整地写成了本文。有意思的是,北京开会回来,不知怎地,我又突然发现被人们普遍称

---

①　黄秀春、施慧美:《海滨邹鲁　文物华光》,台湾《历史文物》1998年第八卷第三期。
②　张明华:《良渚兽面为虎纹的又一重要例证》,《中国文物报》1998年9月9日。

为三星堆青铜"兽面具"的器物(图89),上面的"兽面"实为人面,亦即完整跪坐人体的高度简化,而兽面下部被称为"一对勾云状眼饰"的实为兽眼,亦即完整兽体的高度简化。这件本来就连成一体的上人下兽的造型,恰恰又成了前已论及的三星堆青铜"踞坐人像"与"虎形饰件"应是组合器的科学依据,而且也为所谓的良渚"神徽"巫师御虎蹻关系,乃至中国人虎题材的历史渊源增加了又一实物例证。①

图 89 三星堆简化人御虎纹青铜面具

---

① 张明华:《三星堆"兽面具"辨析》,《中国文物报》1999 年 3 月 17 日。

关于金沙石人像形象的考辨

成都金沙遗址的发现,是中国 21 世纪初最具轰动效应的考古收获之一。其中的不解之谜很多,需要我们认真、艰苦、科学并坚持不懈地加以破译。本文试就祭祀区所发现的几尊石人像的身份及相关问题作一分析。

金沙石人像大都保存完整,12 件。脸形方正瘦削,颧骨高凸,鼻梁挺直,大鼻头,阔嘴涂朱砂,耳上有穿孔,头顶发式中分,四角高翘,脑后有的辫发二三束,发束并为一股,直垂于后背的双手之间。裸体,赤足。造型奇异之处是双膝跪地且双手被绳索反绑身后。目前,学术界对这些石人的身份出现了两种截然不同的判断。

对金沙石人像身份的两种不同判断

一是用来祭祀的俘虏或奴隶(人牲)。以我的好友王方为代表的学者,经过观察,发现其"面部表情非常丰富,或悲恸、或惊恐、或平静、或苦涩、或茫然"[1]。也许就是这些不好的感觉,又"与三星堆青铜立人、跪人及金沙青铜立人均大相径庭,并从石跪人面部呈现出的深切的悲哀和无奈的表情以及他们那怪异的发式与手势推测,极可能表现的是战争俘虏或奴隶的形象"[2],"如果说青铜大立人是大王或大巫师,是统治者和征服者的代表,跪坐的石人就是处于从属地位的被征服者和被统治者形象的写照",人像用跪姿及被反缚着双手的形式雕琢"其目的在于要交待这个可能来自异族人物身份,突出的是其臣服与卑贱低下和受奴役虐待的地位"[3]。在涉及宗教意义的判断上,他们认为"石跪坐人像应是商代以来人祭(人牲)现象的真实反映。人祭就是将人像牛羊猪等牲畜一样供奉给祖先、天地和山川神灵"[4]。

二是以自身为牺牲的统治阶层人物。此说目前以学者黄剑华为代表。黄先生同样发现"这些石人像的表情都是一副承受痛苦的样子,同时又交织着静默、企盼、祈祷、等待、苦闷与惊讶等微妙变化"[5],但他从这类石跪人像的跪坐姿势上作出了另一种判断,这"本是一种礼仪习俗,可上溯到夏代,夏人和夷人都有这种习惯。在殷商时期,跪坐成为崇尚鬼神的商朝统治

---

* 本文原载于《中国文物报》2008 年 1 月 2 日。
① 成都文物考古研究所:《金沙》,五洲传播出版社,2005 年版,第 106 页。
② 成都文物考古研究所:《金沙》,五洲传播出版社,2005 年版,第 108 页。
③ 王方:《对成都金沙遗址出土石雕作品的几点认识》,《考古与文物》2004 年第 3 期。
④ 张之恒等:《夏商周考古》,南开大学出版社,1997 年版,第 123—129 页。
⑤ 黄剑华:《金沙遗址》,四川人民出版社,2003 年版,第 53—54 页。

阶层的起居法,并演变成一种供奉祖先、祭祀神天,以及招待宾客的礼仪……所以它们并不是社会地位很低的人物,而是统治阶层人物的象征……用绳索捆绑双手并非刑罚,而是表示一种祭祀行为,一种与古蜀族或古蜀王国社会生活密切相关的宗教仪式"①。又引《吕氏春秋·顺民篇》:"昔者汤克夏而正天下,天大旱,五年不收,汤乃以身祷于桑林……于是翦其发,磨其手,以身为牺牲,用祈福于上帝,民乃甚说,雨乃大至",证实"金沙遗址古蜀族雕刻的这些具有丰富象征含义的石像,很显然也是崇尚习俗的产物。它们在祭祀活动中,扮演着重要的角色,在古代蜀人心目中可能是备受尊崇、身份特殊的偶像"。②

　　两种观点的产生都有一定的道理,而且共同认可石雕像代表着牺牲的形象,只是身份地位的判断上出现了悬殊的差异。我们发现,引起差异的主要原因是对捆绑的双手和屈膝跪地姿势的不同理解。对此,笔者基本倾向后者,只是其身份地位应该更加明确,因为"在古代蜀人心目中可能是备受尊崇、身份特殊的偶像"和"统治阶层人物",应该就是巫师、首领或王(先秦一般是三者互兼的)。当然,认定是一回事,要得到认可就没那么简单了,其中许多有悖常理的细节如果不加以认真梳理,交代清楚,所有的结论都是不踏实的,无法令人信服。以下就相关问题试作进一步的补充和诠释。

古代跪坐姿势并不低贱

　　金沙石人像既然被认为有身居巫师的崇高地位,又是自愿献祭的形象,为什么要取下跪、屈服、屈从、被迫,甚或若执行大刑般的极端姿势?笔者分析,这种姿势在今看来确实可悲、可卑、甚至可怕。如果仅凭感觉判断,这些人的确不可能与有相当身份的巫师联系起来。事实上,跪、坐有不同的含义。以今人理解的跪,在古代称"跽",是臀股不着足跟且直腰的"长跪"。如金沙石人像那样双膝屈而接地,臀股贴于足跟上的姿势,恰恰是古代正儿八经的"坐"。这在《礼记·曲礼》中,是作为正势的待客之礼。在考古界由这种经验性的误判,过去早已发生过多次。河南妇好墓出土跪坐玉人、四川三星堆遗址出土的跪坐铜人等,就是因为是跪坐的姿势,让许多专家认为他们是"奴隶主的侍从""女奴隶"或是"巴蜀人丑化中原人的形象"等③。然而,我们如果能客观地从历史的角度观察,从中国古老的文化现象和传统习俗中寻觅,结论就不会那么草率。当年,笔者为了探明良渚"神徽"上神秘、繁复、云遮雾障的组合内容(参见图16),分析了各家"神人佩兽面盾""神人与饕餮纹""神祖动物面复合像""神人与老鹰""神人与猪猡""神像是火的化身""神人与多种动物的形象组合""原始神与蹼足猛兽""女性乳房、女阴和男根组合成的祖先神像""高乳丰臀巨阴'地母-女神'的形象"等一批层出不穷、花样百出的观点④,发现几乎无一说到点子上。庆幸的是笔者仅仅从认识先秦至唐宋元明清几近贯彻始终的、绵延不绝的高人御虎的文化现象中,意外地以合二而一的方式复原了三星堆巫师御

　　① 黄剑华:《金沙遗址》,四川人民出版社,2003年版,第65、66页。
　　② 出处同上,第67、68页。
　　③ 中国社会科学院考古研究所安阳工作队:《安阳殷墟五号墓的发掘》,载《考古学报》1977年第2期;中央电视台三星堆考古专题片专家言。
　　④ 张明华:《中国古玉——发现与研究100年》上海书店出版社,2004年版,第246—251页。

虎蹻青铜器,复原了妇好墓巫师御虎玉摆件,认识了三星堆铜兽面具实为上人下虎的组合实质等,从而反证良渚"神徽"是目前中国最早的巫师御虎蹻图,并很自然地发现,先前普遍被学界认为地位低贱的跪地人物,几乎都是能与虎配套的、御虎的巫师与王(首领)级人物。他们因处时代早晚的不同,在角色上可能有些许变化,但其高地位、高法力的身份始终未变①。金沙石雕人像的跪姿与它们完全一样,它也会是御虎蹻者?

金沙石人像应该是坐着虎蹻献祭的巫师形象

俗话说"踏破铁鞋无觅处,得来全不费工夫""无巧不成书"的这等好事,居然都在这里发生、应验了。金沙遗址发掘简报报道,和这些跪坐石人一起,考古工作者几乎是配套性地发现了多只石雕老虎。经过挑选(由于简报编号没有明确相互关系,不能保证是原配),笔者按比例(除虎尾未见原始线图及尺寸)复原绘制了一组(图 90),煞是贴切、生动。石雕人像作为具有高贵身份的献祭者的形象,跪坐在老虎身上(跪在地上如何前行?),活现了巫师在虎蹻的帮助下,不掉身价地(虽然十分悲壮)去到了他该去的地方。说到这里,观察仔细的读者便会质疑,同样是跪地,三星堆、妇好墓中巫师的和金沙遗址石人像可不一样,它们的双手是自然地抚在前膝,表情也十分自然(过去也有人凭主观想象形容它们惊恐状之类),金沙石人可是双手反绑,一脸的尴尬、痛苦状的呀! 这种人享坐虎蹻,可能吗?

图 90　试复原的四川金沙巫师御虎蹻献祭的石像

捆绑双手有负荆请罪的意义

黄剑华所引《吕氏春秋·顺民篇》表述得十分清楚,汤王与其他巫师或王(首领)一样,一

---

① 张明华:《良渚玉器虎纹及其源流》,载《出土玉器鉴定与研究》,紫禁城出版社 2001 年版,第 319—336 页。

且凭其修炼的法术,在一些特大的不可抗拒的大灾大难面前无能为力时,他只能使出最后一招,"以身为牺牲,用祈福于上帝"。问题是既然巫师或王(首领)的献祭是自愿的、虔诚的,那为什么非要把献祭人的双手用绳索牢牢缚住? 其中"磨其手",黄剑秋引毕沅、俞樾、陈奇猷等人的解释,就是以木桿十指而缚之的意思,这种现象在巫术盛行的先秦时期是十分普遍的。黄剑秋直释其为"商王朝统治者在大旱之年举行的一种祭祀仪式"[①]。但此说没有解释清楚人们为什么非要对他们采用负面的、极端的强制性手段? 笔者理解认为,巫师们献祭祈福的行为当然崇高,也是自愿的,但他们马上所要面临的肉体上的痛苦也是肯定的。人类在预知、明知痛苦将临前,其思想上、生理上、表情上的反应必然是错综复杂的。因此,石人像面部的表情出现那么多的尴尬,是十分真实、客观的反映,这也成就了商代石工们这批高超的写实主义的杰作。金沙石人像的双手之所以都被牢牢地反缚着,这应该是他们一种誓不回头,下大决心为民献身的表示,也是自己法术不够,无能为力,唯有"负荆请罪",牺牲自己感动上苍的精神境界(黄剑华引文中,在"汤乃以身祷于桑林"后省略的汤王的一句话很能说明问题。汤王"曰:'余一人有罪,无及万夫。万夫有罪,在余一人。无以一人之不敏,使上帝鬼神伤民之命。'")当然,用绳索捆绑双手,毕竟是一种制约,也不完全排除是为了保证祭祀过程的顺利进行,防止个别巫师一时的动摇造成祭祀的失败。问题还不止于此,金沙石人像采用赤裸的、让今人看来颇为不雅甚或低贱的造型,同样难以让人理解。

裸体、剪发是脱俗、虔诚的表示

身份高贵的金沙石人像为什么不像三星堆、妇好墓巫师那样给穿上华丽的衣服,反而用赤裸的、让今人看来颇为不雅甚或低贱的造型表示? 笔者研究发现,其实这种现象在当时非但不低俗,恰恰是献祭者为了表达对崇高的受祭对象日月、天地、山川、上帝、神祖等的虔诚、敬畏。因为在他们看来赤条条来,赤条条去,以最清净的(应该还要焚香沐浴)、整洁的(还要梳辫、剪发)、尽可能脱俗、脱凡的身子献祭,是最最神圣的。笔者曾经在相关的研究中,发现中国国家博物馆藏螭虎噬人纹玉珮、安徽阜南商代虎食人青铜尊等器物上,那些正在升天、成仙抑或献祭的人样,几乎都是赤裸的[②],红山文化、山西晋侯墓等出土的,不少正在作法与天地沟通的玉雕巫师形象,也多是露脐或显乳的无衣状态[③]。即使在相去不远的西藏天葬风俗中,欲求升天的人们,也必须赤裸洗净后才能提供给老鹰吞食。

此外,文献中"剪其发"三字也很重要,说明作为献祭者汤王在献祭前其仪表是经过一番精心打理的,这是对受祭对象的一份尊重。金沙的石人像的头发被认真修剪成中线对分、两侧斜翘、四周出棱出角、脑后垂辫子的模样,虽然显得怪诞,但个个整整齐齐、纹丝不乱,反映了它们所代表着应有的高贵身份。如果把金沙石人像理解为地位低贱的奴隶或战俘性质的、

---

① 黄剑华:《金沙遗址》,四川人民出版社,2003年版,第67页。

② 张明华:《螭虎食人和鹰攫人首纹玉器所阐明的宗教意义》,载《中国玉文化玉学论丛》,紫禁城出版社2005年版,第436—446页。

③ 张明华:《红山玉人的传承、意义探讨》,《2007中国朝阳牛河梁红山玉文化国际论坛文集》待刊稿;参考张明华:《凌家滩、牛河梁抚胸玉立人说明了什么》,载《中国文物报》2005年3月18日。

"像牛羊猪等牲畜一样供奉给祖先、天地和山川神灵"的人殉，那么这些虔诚、繁琐的过程岂不多此一举？

同为巫师却用石头雕塑是表达一种不正常

三星堆、妇好墓的巫师御虎蹻造像分别采用珍稀的青铜铸造，采用神秘的美玉雕琢，金沙的巫师御虎造像是用石头雕琢的，这在同时代、同题材的用材表达上也是仅见的。用石头雕琢说明了什么？区别在哪里？其实，在选择使用什么材料方面，人类似乎自有其约定俗成的、十分严格的文化规则。早期曾比较单纯地把石头用来制作生产工具，以后由于发现石头来源丰富，又比许多材料坚固，不易侵蚀腐朽，开始使用于需要恒久保持的葬具和阴宅的摆设，如埃及金字塔、石室陵寝、狮身人面像，及其他怪兽、人物等等。中国红山文化的牛河梁积石冢、石棺、石椁，秦汉以来帝王的石阙、石室地宫、棺椁、碑额及其陵前神道上的石翁仲、武士朝官、鳞甲走兽，以及佛像、佛龛、石窟、石函等。笔者认为，金沙石雕人像是作为代替活人献祭的牺牲，表示一种非正常情况下的不得已作为而被埋入地下的偶像，与同是巫师的三星堆青铜人、妇好墓玉雕人等代表着人间正在正常地与天地沟通的巫术活动相对应。一个趋阴，一个在阳（三星堆青铜人和妇好墓玉人虽与金沙石人同出地下的祭祀坑或墓葬，但前者是人们生前的使用物，人死后才入葬），趋阴的、非正常情况下的金沙人像用石头雕琢亦就顺理成章了。

金沙石雕像是求雨祛涝祭祀仪式的遗留

行文至此，金沙石雕人像所代表的御虎巫师的高贵身份基本得到确认，关于金沙先民琢制、瘗埋金沙石人像的动机也比较明确。黄剑华"根据文献记载和环境考古资料，商周时期不仅中原地区气候多变，成都平原也常发生旱灾和洪涝灾害。在这种时代背景下，古蜀族或古蜀王国的统治者经常举行祭日求雨之类的活动，应是情理中事"①。此说甚确。不过，笔者从金沙遗址出土文物中找到了更加直接的依据。

鳌、蛇，是与水关系密切的动物。金沙人用石鳌（图91）、石蛇（图92）祭祀，其动机、目的都应该与缺水的旱灾，与多水的涝灾有关。旱了祈求下雨，涝了拜托退水。巧合的就是在出土石人像、鳌、蛇的古代成都，人们历来把沉入水中固定浮桥的、盛满石头的木函直称"石鳌"《晋书·成都王颖传》："造浮桥以通河北，以大木函盛石，沈之以系桥，名曰石鳌。"治都江堰的先民把投水中以遏流的置石竹笼直称"石蛇"（《宋史·赵不忧传》："永康军岁治都江堰，笼石蛇绝江遏水，以灌数郡田"）。因此，可以这样推测，这些代表巫师的石人像，在亲水的（石）鳌、（石）蛇的导引下，坐在虎蹻上自愿献身。在完成祈雨或祛涝的祭祀仪式之后，被行祭的人们埋入了地下。这种古老、特殊的祭祀方式——瘗，在文献中屡有记载（《礼记·祭法》："瘗埋于泰折，祭地。用骍犊。"《尔雅·释天》："祭天曰燔柴，祭地曰瘗埋，祭山曰庪悬，祭川曰浮沉。"）

金沙遗址一处发现了那么多同时代的与水有关的石雕人像（此类石人像三星堆遗址出过

---

① 黄剑华：《金沙遗址》，四川人民出版社，2003年版，第67页。

两件,1983 年成都方池街出过一件),足以说明巴蜀地区当时的水患确实是比较严重和十分频繁的。严重到巫师法术不起作用而必须赔上性命(当然石人是象征性的),频繁到在金沙一处,同一个时期内就举行了 12 次(仅以发现的 12 尊御虎人像计)求雨祛涝的祭祀仪式。

在金沙参观考察和拙文写作期间,得到成都博物院院长王毅、考古专家王方的热情接待和帮助,尤其是对笔者的不甚成熟观点的大度和包容,在此表示衷心的感谢!

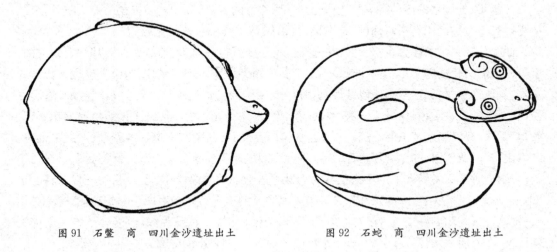

图 91　石鳖　商　四川金沙遗址出土　　　　图 92　石蛇　商　四川金沙遗址出土

三星堆"兽面具"辨析

《广汉三星堆遗址二号祭祀坑发掘简报》曾报导发现过 9 件"兽面具",作者"根据兽面尺寸及四角的穿孔,推测当为祭祀时巫师所戴面具"(《文物》1989 年 5 期)。但几年后,《中国青铜系全集·巴蜀》(下称《全集》)的作者认为该器"作悬挂组装使用"。它们究竟作何用?本文就这批器物的出土现状、纹饰内容、结构特点等方面,作一初步分析。

一、是兽面还是人面

这些"兽面具"形制基本一致,头上外侧均出两卷云状物,系由眉毛延伸内弯而成(简报称为卷云形角,《全集》认为卷云形由眉毛"与内勾的双角相连"而成),头顶耸立一三尖形(《全集》称剑锋状物),两侧一对弯角(《全集》称勾云状饰),双眼圆浑,除一件(图 93,2)内外眦夸张成臣字眼,余均呈左右相对的小眼眦,鼻梁细挺,小鼻翼,宽扁大嘴,嘴角下勾,上、下两排牙齿紧咬,未见兽面常见的犬齿与獠牙。从《全集》中能见二件在组合内容上有所差别,在兽面下方附有"一对勾云状眼饰。"以上各器的双眉上端枝角及嘴角下方都有 4 个小穿孔(图 93,1—3)。

对于这批"兽面具",林巳奈夫先生在论及此器前额中央所饰"神树花里"的花朵"是一种绽开的莲花造型"时,只是变更地称其为"饕餮形青铜面具"[1]。江松先生在考证此器额中纹饰为用于"祭祀火与太阳的鸟形冠"时[2],连器名也未予提及。反映了人们对它尚未发生过特别的疑义。不过,笔者依这些"兽面具"上的五官造型、结构特征分析,他们应该是人面。稍嫌夸张的弯眉大眼,无犬、獠牙的阔嘴和略显扁短的面颊,并无兽类特征,细挺的鼻梁,下面又有唯人猿类特有的小巧的鼻翼,反而与人面十分接近。至于头上的东西,无论是"鸟冠""莲花""弯角",还是其他,作为附赘的饰物,与主纹是人?是兽?无甚必然关联。然而,最终让笔者动摇"兽面具"主纹是兽面的关键因素是其中二件下附的"一对勾云状眼饰"(图 93,3)。

这"一对勾云状眼饰"表达的是人?是兽?它们紧贴在"兽面具"下面喻示着什么?《简报》与《全集》均未提及。但我们只要与商周青铜器、玉器上习见的兽面纹相对照(即使是同为二号坑出土之三牛铜尊),圆瞪的眼球、勾弯的内眦,以及当地青铜器兽面外眦喜欢顺势延长,弯成角状的特点和眼下两边外撇,似嘴或肢爪状附饰,证明它是一头猛兽的一双巨眼。显然

---

* 本文原载于《中国文物报》1999 年 3 月 17 日。

① 林巳奈夫:《中国古代的日晕与神话图像》,见李绍明等:《三星堆与巴蜀文化》,巴蜀书社,1993 年。

② 江松:《良渚文化的冠形器》,《考古》1994 年 4 期。

图93　1—3.青铜兽面具　商代　四川三星堆出土　4、5.铜质面饰　西周　陕西贺家村出土
6.铜人面形饰　商代　陕西老牛坡出土　7、8.铜人面饰　西周　北京琉璃河出土

这种器物的上部是人面,下部是兽眼,这种上人下兽的特殊组合,使笔者立即联想到了不久前考证三星堆跪坐铜人与虎形铜座的组合关系①,这是三星堆先民上人下虎题材的又一表达方式。人,仅用无身躯、无四肢的面颊表示;虎,无躯体、头面,仅仅用两个眼睛表示。这种高度概括的艺术手段,神奇美妙之极,让人拍案叫绝。这也不得不让人考虑到时代在前的太湖地区发达的良渚文化可能给予三星堆古文化的影响。因为它们与良渚"琮王"上人下虎的最完整图案,其他玉器上面仅以一对小圆圈示人眼喻神人,下面仅以一对椭圆眼示虎眼喻虎蹯的格式和涵义如出一辙。三星堆"兽面具"的内涵与良渚"神徽"一样,是巫师(可能兼有王、英雄、偶像)御虎蹯通天地的意义。当然,在尚无文字直接记载可证的情况下,这只能

① 张明华:《良渚兽面为虎纹的又一重要例证》,《中国文物报》1998 年 9 月 9 日。

是一种推测。

二、是面具还是饰件

从发表资料看9件"兽面具"的规格,最高21厘米、最矮12.2、最宽38.4、最窄23.4厘米,作面具未尝不可,但从《简报》所绘剖面图看,器面略微弧凸,总体上是十分平板的。置于鼻梁高凸的人面上恐有不适(铜质既硬又沉,无法附贴于人面);特别是眼部并无观望孔,使用时呈盲目状态。虽然西藏、贵州的巫术舞蹈中也能见到一些盲目的平板状面具,使用时戴于额部,靠上翘的缝隙下观察外界,但它们都是用轻质的木、棉、麻、毛料制成。而且三星堆"兽面具"上所见四个小穿孔十分细小,穿绳系缚很不方便,上下穿、左右穿形成的绳扣,都很难固定于人的头面。棱角分明的小孔上也没有留下常见的穿系使用过的磨损现象。它应该具有其他用途。《陕西岐山贺家村西周墓葬》一文(载《考古》1976年1期)中提到1号墓发现了一人、一兽2件铜面饰,它们都是盾牌上的装饰,三星堆"兽面具"会不会也是盾饰?

贺家村的铜兽面,大角、鼓眼、小耳。背面中线上下有二钮可供系缚。器宽13.5厘米(图93,4)。铜人面,圆形。面纹突出如浮雕,张目露齿。周边平缘,背面亦有二钮。径11厘米(图93,5)。文中对铜兽面出土现状与盾的关系有特别具体的描述。"盾原来是俯放在篑上的,面向下,握手在上,弓形器、镞、铜管都放在盾上,盾朽坏后,兽面饰坠入篑内,盾上的镞部分坠入篑内,其余散在篑旁。"

以贺家村盾面饰与三星堆"兽面饰"相比,规格上后者略大;纹饰上,人、兽均有,唯后者另有几件独特的人兽组合;在用于固定的结构上,前者有二钮可供系缚,后者布四孔,应是销钉的孔眼,两者相去不远。如果结合铜人、兽纹的涵义及先民固定于盾上的可能意图上认识,也许对三星堆"兽面具"的饰盾功能会得到进一步肯定。

孙华先生在研究丹徒王家山铜镈于一文中,把陕西岐山县贺家村、西安市老牛坡(图93,6)、北京房山区琉璃河等商周墓葬(图93,7、8)中出土的怒目圆睁、洞鼻张耳、龇牙咧嘴、形象狰狞的铜面像,一同认为"是装钉在漆盾之上,用以吓唬敌人,保护自己免受兵刃的伤害为目的"的附件,甚至"有更深层的原始宗教含义,即他们是神(能'避免兵刃伤害'的'兵神')而不是(普通)人"。它们具有"百兵莫我敢伤"的神奇功用[1]。此说很有道理,三星堆的人面也是神人形象,而下面的勾云状眼饰则是神兽,把神人或神人御神兽的形象钉饰于盾牌上,喻示了持盾者具有通神的意思,这就如良渚玉戚上的巫师御虎蹻图的功能一样,持戚者征伐敌方,并非是用这把玉戚直接砍向敌人的头颅,举戚所向,仅仅是表达了自己代表着神祇、天地之意前来完成讨伐的任务而已。

三星堆"兽面具"出土报告未曾提及附近有盾牌的情况,但明确发现"大多数遗物是在入坑前人们举行某种仪式时有意损坏的",而且坑内遗物"大部分都杂在灰烬的炭屑里,并留下了明显的烟熏火烧痕迹"。因此,漆木质的盾牌本体在这种情况下是不大可能有所保留的,但这似乎不会影响到推测三星堆"兽面具"是一种具有巫术意义的盾饰的可信性。

---

[1] 孙华:《丹徒王家山铜镈于试析》,《文物天地》1998年6期。

良渚古玉的刻纹工具是什么？

　　精湛的良渚文化玉器，目前已引起了世人的瞩目。除了其原始、朴拙、奇特的造型艺术外，那细如发丝、繁密如织、充满神秘色彩的刻纹，更是令人惊讶。

　　是什么工具刻画出如此精美的纹饰？笔者曾密切关注过学术界的研究动态，可惜至今未见科学、满意的结论。由于其纤细的线槽底面是毛糙状，使用的不可能是旋磨的砣具。由于良渚文化未发现过金属遗存，因此也不可能出现高碳型硬钢之类的刀、针。牟永抗先生据镇江、句容等地发现的、早于良渚文化的细石器推测，这种工具为玛瑙一类、摩氏硬度 7 度的石刀。虽然笔者过去一直倾向于这个观点，但心里总感觉很不踏实，因此也曾试着用玛瑙料敲砸成尖状器，在软玉上刻画，硬度可以，但效果很不理想。主要是尖状器无法制成尖细的、得心应手的形制。为了刻画方便，尖锋稍长，用力方向稍有偏差，脆性的锋尖便会崩裂。如果制成比较牢固、钝尖的形制，就会严重影响操作视线而根本无法刻画细微纹样，更难刻出如青浦福泉山 T4m6∶21 玉琮上小若圆珠笔滚珠那样的小鸟眼睛。放大镜下可以观察到小鸟眼睛是由许多条重复的短直线围刻而成的，证明了良渚阴刻细密纹工具中，确实存在着一种难以想象的、坚硬的、细巧的刻画工具。它究竟是什么？这成了长期困扰研究良渚古玉人们的一个难题。

　　不久前，上海自然博物馆的动物学专家曹克清先生，将我过去委托他鉴定的一批福泉山动物骨骼结果送来，其中有一枚宽约 1.4 厘米的等腰三角形的鲨鱼牙齿（据牙根釉面最宽处测定）。这是由我主持清理发掘的良渚大墓 T22m4 的随葬物（图 94）。望着它那尖利灵巧的形状，笔者若有所悟。记得 1984 年我向馆领导交审由我执笔撰写的《青浦县福泉山遗址出土文物展览陈列大纲》时，沈之瑜馆长曾提示过，国外有动物牙齿的珐琅质硬度超过软玉的说法，当时我感到很新奇，但一时却无从查核，也就渐渐地淡忘了。今天这枚鲨牙的出现，终于再次引起了我的重视，它会不会就是大家到处寻觅的，良渚古玉的刻画工具？我萌发了强烈的求证它的动机。可惜，费尽气力，始终无法找到直接的文献依据。不过，有资料报导，亚马逊河流域确实生长有一种利齿惊人的鱼类，长不过三、四十厘米，扁侧体，貌似鲳鱼，属鲑鲤目，我国著名学者邹源琳教授曾将它译作"水虎鱼"，意为水中的猛虎。上颚坚韧有力，下颚是一个大下巴突于前方，其齿锐利非常，成楔形。身躯庞大的牛马下河，十五分钟就被咬得精光，只剩下一副血淋淋的骨架子；不慎入水的农人，只需五分钟就会消失得无影无踪。当地的土人甚至用这种鱼牙充作刀和锯子，土医生竟然将它制成手术工具。原美国总统罗斯福在他的《亚马逊河流域探险记》里惊呼："它们是世界上最恐怖的鱼类之一。"

---

　　*　本文原载于《中国文物报》1990 年 12 月 6 日。

　　鲨鱼的牙齿在颚部的排列十分奇特,除了上下两排垂直、相对应使用的利齿外,上下颚后还各有三排预备牙平卧着,与亚马逊河流域的锯鲑鲤排列紧密的牙齿异曲同工(锯鲑鲤牙齿一齿损坏,就必须全副脱换)。笔者曾试探着用宽仅二、三毫米的幼鲨小齿试锋,居然在一般软玉上划出了纤细清晰的阴线纹,尤其令人振奋的是,经检索,发现鲨鱼牙在浙江反山、瑶山的良渚大墓中多有发现。瑶山七号墓一墓多达四枚。上海的马桥遗址以及浙江河姆渡遗址,也有鲨牙出土的报导。这说明,鲨鱼是我国沿海先民四千年以前已有能力、有目的捕获对象。可以设想,如果将宽约1.4厘米的鲨牙插入竹木柄端,加细绳缠紧,一定十分稳固。等腰三角形的牙面侧边密布乳突状半透明的细齿,尖利的珐琅质齿锋刚挺轻巧,实在是一件无比精良的刻玉工具。

　　鉴于目前尚未觅到与良渚大墓中出土同一规格的鲨鱼牙标本(鱼类专家认为其个体起码长过二米)。进一步的研究和更加精当的结论,有待于今后的工作。

补记:

　　此文写就,即答应沈馆长,发表后会及时向他报告。然而,天有不测风云,1990 年 12 月 2 日,沈馆长逝世,4 天后文章发表了,很遗憾!承诺没能兑现。不过,聊以告慰的是,笔者虽然没能及时以鲨鱼牙齿实验证实此说,但浙江考古所研究员刘斌先生,南京博物院研究员汪遵国先生,美国陈甘棣教授等,不久后分别用新鲜的、化石的鲨牙刻玉成功[①]。

图94　1.鲨鱼牙齿　上海福泉山遗址良渚文化大墓出土

---

　　① 刘斌:《良渚治玉的社会问题初探》,《东南文化》1993 年地 1 期。陈甘棣:《海外遗珍——三叉形精致微纹器》,载《文明曙光——良渚文化》,浙江人民出版社 1996 年版,第 224 页。

玉器中的哥德巴赫猜想

　　1936年，当浙江余杭良渚镇上一位叫施昕更的小职员，发现了一些看似普通又零星散落的黑衣陶器、有孔石斧之类的古董时，谁也没有料到，这些古董居然成为中国新石器时代最发达文化之一的良渚文化的星星之火。

　　巧合的是，半个世纪过后，还是在此地，在反山遗址的一座良渚大墓中，一件"琮王"上的图徽，成为开启中国文明起源的关键密码。上面是人？是巫？是神……下面是虎？是猪？是鹰……整个图案表达的是巫师御虎蹻还是鸟爪神人像……新鲜、离奇、臆想、荒诞者有之，严肃、精彩、创见者不少。整整26年，至今悬而未决。

小鸟纹可能是神徽

　　20世纪七八十年代，对江苏草鞋山、上海福泉山、浙江反山等大型著名古遗址的集中发现和科学发掘，证实良渚文化已经具备犁耕、镰割等发达的稻作农业，快轮制陶、琢玉、漆木器等手工业已较为先进的社会形态。

　　尤其是以大型高土台来显示地位的贵族王者墓地，工程浩大的环壕城池……出乎今人意料地为现代人勾勒出一幅国家雏形的新奇宏图。当然，其中最新、最特别、最具代表性的发现，是数量空前、工艺精绝、造型繁多的玉器。

　　权贵们的一墓大都葬有成百甚至上千的玉器（陶、石、骨等器除外），墓葬揭开，往往美玉盖满墓主人的全身上下。它们有装饰、礼仪、生活等复杂的用途，从而为研究中华文明提供了极其丰富、重要的实物资料。同时，也使一批学者热血沸腾，突发奇想，要在传统的新石器时代和青铜时代之间增设一个"玉器时代"①。

　　以往人们只知道新疆出美玉，而四五千年前的江南哪来如此多的玉材？形制怪诞奇特的玉琮、玉璧、山字形器，结构繁复且有精美冒镦组合的玉戚，倒梯形冠状饰等，与人们日常接触的用具样貌相去甚远。让今人对这些玉器的具体源流、功能等百思不得其解。

　　面对玉器上的图案浅刻、深刀、浅浮雕、深浮雕、圆雕，玻璃光打磨，细纤超过发丝的阴线纹等，在没有发明金属工具的年代，今天的人真不知古人使用了什么魔法得以成器……多少年来，经过专家学者们的不懈努力，考古新发现的不断充实，玉材的来源已基本确定，比较可

　＊　本文原载于《中国收藏》2013年第1期，第116—123页。

　①　牟永抗等撰文《试谈玉器时代》，《中国文物报》1990年11月1日刊登。

信的是出自江苏溧阳小梅岭。

议论众多、观点迥异的像倒梯形玉冠状器,在浙江周家浜遗址中出土,被证实就是镶接在象牙梳上的装饰——梳背。浙江塘山等遗址、治玉作坊出土的玉料、玉器半成品、残件上留下的遗痕,基本能够推测出当时治玉时使用了各种形状的砺石磨棒,加沙和水往返研磨切割玉料的片状竹木骨石制工具,以及竹木骨管加沙和水旋磨穿孔的技能。

如果说今人对良渚玉器的玉料来源、工艺成型等困扰已逐渐烟消云散,那良渚文化玉器上的纹饰则是个难以破译的谜团。

中国古代玉器的纹饰相当丰富,探明它们的起源、意义是玉文化的一个重大课题。纹、文两字在古代是相通的,因此,研究中国古代玉器上的纹饰,如良渚玉器上的有些图纹常被李学勤等不少权威学者认为就是一种文字。

不过,经过考察后笔者认为,若以狭义文字的定义来衡量中国古代玉器上的纹饰,再结合良渚不少陶文已有甲骨文式的字形、字义出现,如美国弗利尔美术馆藏的玉璧上的小鸟纹。这种纹饰完全依形而就、缺乏文字的笔画规律性,其应与古埃及的王徽一样,做标识徽记讲更为妥帖。

神秘图徽浮出水面

其实,良渚文化的纹、字极为难辨、意义难识,是学界有目共睹的。不过,在1986年,一个更复杂、更怪异、更难辨识的图纹浮出了水面,称它惊世骇俗也不为过。

浙江余杭县发现的反山遗址是座4 000多年前由人工堆筑、体量达2万余立方米的"金字塔"式高土台。其中共清理出良渚大墓11座、1 200余件(组)随葬品,其中玉器占了90%。因有如此高的随葬规格,故人们称之为良渚时代的"王陵"。

就玉器而言,有工艺特别精湛、造型特别丰富的良渚文化玉琮、璧、钺、环、璜、镯、带钩、柱状器、冠形器、冒镦、珠、管、锥形器、山字形器、项链及鸟、龟、鱼、蝉等1 100多件(组),单件编号达3 200余件。

其中,12号墓出土的扁方形大玉琮,更是一件堪称空前绝后的"国之瑰宝"。高8.8厘米,长宽约17厘米多,重达6.5公斤。器表由四角中脊线展开的两层八组简化人兽纹、十六组小鸟纹,每面中间直槽上八个人兽复合的繁密纹组成。

单个人兽纹竟被紧紧约束在了高仅3厘米、宽约4厘米的范围内,繁密至极、神秘诡异,毫无疑问它是中国最早的微雕杰作(参见图16)。由于持有者的随葬品特别丰富,身份显赫,更见饰有冒镦组合并刻有人兽纹图徽代表权威的大型豪华型玉戚。因此,探明"琮王"的意义尤显重要,可以毫不夸张地说,这件"琮王"上的图徽应该是开启中国文明起源的关键密码。

图徽发现的消息,立即像闪电一样传遍学术界。也许发掘者的整理工作太过庞杂,一时顾不上对外公布,也许是发掘者意外得宝还来不及缓过神来,也许……总之,直到两年以后才在发掘报告上展露出了它的神秘尊容,让迫不及待翘首以盼的专家学者们凝目聚焦、思绪汹涌,论文满天飞。

良渚人崇拜的神徽

上面是人？是巫？是神……下面是虎？是猪？是鹰……整个图案表达的是巫师御虎蹻？还是鸟爪神人像……新鲜、离奇、臆想、荒诞者有之，严肃、精彩、创见者不少，讨论参与人数之多、观点之纷繁、延续时间之漫长，可谓史无前例。整整 26 年，至今悬而未决！把良渚文化的纹饰研究推向了前所未有的巅峰，这也创造了考古界的奇迹。笔者曾将其称作考古界的一个"哥德巴赫猜想"，现在看来毫不为过！

最为广泛提及的是，此人兽纹是一位鸟爪战神像。在 1988 年，当时的浙江考古工作者在考古发掘报告上首次公开发表这一图案，称其为"神人兽面复合像"，而且应该是"良渚人崇拜的'神徽'"①。

人兽纹用浅浮雕和阴线刻两种方法雕琢而成，羽冠人首及胸部的巨眼、阔鼻、大嘴的兽面则隐起微凸。上面的人形，倒梯形脸面，圆眼重圈，两侧有小三角形的眼眦，宽鼻以弧线勾出鼻翼，阔嘴刻出上下两排十六颗牙齿。头上所戴宽大的羽冠。人体的四肢以阴线刻成，上肢呈横向抬臂弯肘状，五指平伸抚胸。下面的兽纹匍匐蹲踞状，巨眼为一对向外上翘的椭圆形，内填重圈代表眼睑，下刻大鼻阔嘴，嘴内刻出细齿獠牙。腿脚上密布卷云纹、弧线、横竖直线组成的繁缛纹饰，利爪勾弯。

牟永抗认为，兽肢上的"趾如鸟爪或可认做蛙的蹼状趾"，"若不曾认出手指，羽冠的外形则颇似宽广的前额，两上臂可认做眉，或将肘部视为颧骨，小腿的部位恰似下巴，趾爪就成为一撮山羊胡子了，整个画面就成为以人头部外形为基础再配一张写实的狰狞兽面的图案。我们不能将这两种读法当做偶然的巧合，似应认做一种有深刻寓意的精心杰作"②。

在分析了这一图案上的浅浮雕表现和阴刻表现的内容规律后，牟永抗认为："我们将浮雕部位和阴刻部分分别绘一张图，就可以将其清晰地剖析为人形和兽面两个图形。这种人形和兽面复合的图像，可以释为一位头戴羽冠的英杰战神，其胸腹部位隐蔽在兽面盾之后，作冲击跳跃动作。另一种解释是兽神的人形化，可以认做在兽面表象里，包含着人形的精灵，或是兽的精灵已有人的形状。"

冯其庸认为："神人是被神化了的写实的人物，因此他不是集合形象，而是被神化的现实形象……这也许是中国大地上第一个具象的原始神……猛兽头部的理想化和美术化，它的身子，我认为可能是凶猛的鳞甲动物的理想化和美术化，那些满身的云纹就是鳞甲的反映，因此，它的左右肩部会有两个甲片耸起。它的爪，我认为不是鸟类的爪。而是蹼状掌，也就是水生动物或水陆两栖动物的脚掌。所以这个兽面形象，包括它的身子在内，是几种或多种凶猛动物理想化了的集合体，是一个创作而不是写真。"

王政认为："良渚文化以神人兽面相结合的神徽为标识，'整合'了母系及父系社会中氏族

---

① 浙江省文物考古研究所：《浙江余杭反山良渚墓地发掘报告》，《文物》1988 年第 1 期。

② 以下各学者的观点均采自张明华：《中国古玉——发现与研究 100 年》，上海书店出版社 2004 年版，第 246—251 页。

繁衍的图腾符号：神人、人面——祖先神的象征；鸟爪、鸟出卵壳——鸟卵生人观念的遗留；神兽、兽面——动物生殖图腾；使之成为良渚人氏族繁衍的巫术信仰，一个繁衍符号的'集合群'。在这个'集合群'中，人格神的形象已大大抬头，代表祖先神（或巫师扮饰化身）的羽冠神人已经凌驾于神性禽兽之上，动物生殖图腾（神兽）降于附属的地位，神鸟生人的信仰也仅保留了一副'鸟爪'，鸟卵繁衍的意识只是作为附带的'喻示'摆在一边放着。"

董楚平认为，良渚人兽复合纹是"良渚文化的宗神，也即良渚文化的上帝"。

邓淑苹认为："'神人'的'下肢'部分，应该是所谓'兽面'的'前肢'。全纹除表现了神、人、兽三种概念外，还有鸟爪和羽冠所代表的'鸟'。由于'兽'字是胎生有四足、全身有毛的脊椎动物的总称，不能包括鸟与爬虫类，而后二者可能抽绎形成了中国古代最常见的神灵动物，母题'凤'与'龙'……所以笔者以为该纹饰应正名为'神祖动物面复合像'，所要表达的是'神祇''祖先''神灵动物'三位一体，可相互转形的观念。"玉耘田器是在穿孔装柄处的上方凸一良渚冠状器型。邓淑苹受此启发认为："良渚神徽的创形，与耘田器有密切的关系。""良渚人乃利用耘田器的外形，创造了他们的神徽，纪念那位发明了耘田器、改革农业的祖先。"

岳洪彬、苗霞认为："神人兽面纹是'双关雕塑刻画法'的艺术杰作。其兽面纹是良渚文化时期纹身习俗的再现和浓缩，兽面纹之兽目的素材来源即是圆柱式玉琮。圆柱式玉琮则是当时的一种特殊礼仪用玉，具有沟通天地的特殊功能。"

性崇拜、动物、周字象形

其次被学者普遍议论的是，此人兽面纹图徽上有乳房、女阴、睾丸之类，具性崇拜意义。

车广锦认为，兽面之巨鼻是男根，"良渚文化玉器上的所谓兽面纹，是由女性乳房、女阴和男根组合成的祖先神像"。而玉琮一周四凸面"也都是阴茎头的符号。每一节上部的凹槽则是阴茎颈，也就是说玉琮的四周有秩序地排列着若干个阴茎头。"

肖兵认为上面的"这位尊神的双手不是叉在腰部，而恰好是夹护着她巨大的乳房……这形象正如甲金文'奭'字所见。这也就是世界各地（包括辽宁喀左红山文化遗址）出土的高乳丰臀巨阴'地母-女神'的形象。獠牙暴露的兽口正是障露的阴户，而且是所谓'有牙阴户'"。至于反山玉冠状器（M17:8）上的无人兽纹，肖氏以《山海经·海外西经》中无头的"以乳为目，以脐为口，操干戚以舞"的"刑天"神类比。

赵国华认为，兽面之眼并非女性之乳房，实则兼为鸟卵或男性之睾丸，它反映了良渚先民对以鸟为象征的男性崇拜，尤其是对以鸟卵为象征的睾丸崇拜。

另外被学者论及的是，神像是火或太阳的化身。

黄宣佩从崧泽、马家浜文化陶鼎足的捺点兽面纹上受到启发，认为："良渚神像的起源似与炊器有关，在炊煮活动中古人希望随着烟火与水汽的上升，有一位使者与天相通，向天祈求福佑，因此很可能神像就是火的化身。"

江松通过对"神徽"研究后发现"神徽"组合因素有三：鸟、巫、蛇（或龙）。巫像肘部、神像膝部、胫部皆有鸟翅状装饰，而其中鸟冠、羽、翅等鸟的因素，"很可能演化成南方的方位神'朱雀'，亦象征火。"

王仁湘认为石家河、良渚文化玉"神面上都饰有旋式图案，表明两者所具有的神格也应当是同一的"，并推论"史前以旋形装饰的人体或人面图形应当就是太阳或太阳神的图像，在特定场合出现的旋形图案就是太阳的象征"。

李学勤认为这是"良渚玉器饕餮纹的最完整、复杂的形式"。这个纹饰"兽面上方可视为玉冠，并可简化为兽额上的突出部分"。

陆建方认为神人下面的兽形"是多种动物的形象组合"。

周南泉认为所有称"人兽复合纹"者，皆宜称"人鸟复合纹"。

杜金鹏认为"良渚文化完整的神像是由羽冠神人与鸟爪、有四颗獠牙的怪神（鸟神？）有机结合为一体"。

两件玉琮上都有类似"琮王"上的简化版人兽纹，足见此种人兽纹当为良渚人崇拜的一种神徽。

唐复年认为："从动物学的角度来看……这种有獠牙的动物图像就是与人类生存关系密切的犬或猪之类的形象。"

臧振发现獠牙外露的几种动物都属偶蹄目，而"神兽"却有三个长爪。长爪甲的兽类数熊最相似。"这'神兽'绝不是他们崇拜的对象，而是敌对力量，是他们凌驾、征服的对象。"

周世荣认为"兽面纹"应该称"鱼面纹"。"良渚人当与从事渔业生产、葬礼中以鱼类作为牺牲以及宗教活动中以鱼类为象征性'神徽'有关。"所谓近水知鱼性。

王正书认为："神像既不是人，也不是兽，而是良渚文化时期人所塑造的一个由人面和鸟身相配的复合体"。下面的大兽面"尽管时代有早晚、纹样有繁简，都或多或少地显示着猪首特征。为此，作为一种抽象的表现形式，它们的共性应属猪类当无疑"，神像的"手臂内向作动物状，显然是巫术行为中表现为一种以猪为饷品，借以媚神求好的祭祀"。而神像头部怪诞的轮廓"实质上它为我们揭示的是一种面具装饰……（是）一种重要法器"。

另外还有更为新颖的观点是，彭林认为人兽纹与"周"字有关。"周字的基本特点是呈田字格形，我们认为，这正是琢玉前对称构图的界划，在四个小格中，各有一个小点，它表示琢点。这一特点在良渚文化的玉琮兽面纹构图中表现得尤为典型，其布图规律是：以琮的四条纵向棱边为中轴，分别向左右两侧布图，使兽面的鼻、吻部落在中轴上，双目在两侧，在琮的四个布图面的正中，有一条空白，作为分界。而每一兽面纹，一般又多分为上下两层，上层构图较简洁，下层则较繁缛，似有主副之别。主副两层构图之间也有一条空白带隔开。由于这种构图规则，使得每个布图面被分割成四块，呈田形，每一块之中都是雕琢面。因此，我们认为'周'正是一个大雕琢面的象形。"

1988 年，张光直论及古代美术上的人兽母题时，兼及良渚人兽复合纹，认为"人兽纹在一起便表示巫蹻之间密切和相互依赖的表示"。表示巫师利用蹻"为脚力，上天入地，与鬼神来往"。[1]

---

① 张光直：《濮阳三蹻与中国美术上的人兽问题》，《文物》1998 年第 11 期。

巫师御虎蹻的形象

领略了学者们对人兽纹的丰富猜想,读者的脑海中必然会留下"千奇百怪无奇不有,光怪陆离匪夷所思"的印象。笔者也相信每一位读者一定会有自己的判断,其中有些可信,有些就是天方夜谭。

其实,作为研究者之一,笔者也有自己的观点。早在 1989 年交出版社 1990 年发表的《良渚玉符试探》一文中,依浙江反山一件冠形饰上无人、一兽单独完整出现的图像(参见图 70),否定了不少人把兽脚认作人脚的看法。从而依形似虎识其为虎,并推崇张光直人兽为巫蹻关系一说,认定良渚文化所谓"神人与兽面的复合像"其实就是与中国道教有直系渊源关系的巫师御虎蹻的形象①。

以后,笔者又在《良渚古玉——玉材矿源与巫师纹样新管见》②和《良渚古玉》③一书中,对图案上面的人形进行了深入一步的探讨。发现倒梯形方脸,大鼻阔嘴,同心圆眼,风字形帽,帽顶有放射状羽毛,形式极似美国普林斯顿大学博物馆中一件从非洲原始部落中征集到的木质面具。黝黑色、凹面、凸眼、巨鼻、大嘴,顶连一软木皮革头箍,上面插满羽毛,与良渚神徽上的人面纹一致。

而中国甲骨文"美"字上半部美丽、整齐、弯弧、富有弹性的羽冠的简化、笔画化、文字化,似乎为我们作了十分形象、可信的注解(参见图 66)。

再后,笔者又用考古出土物、玉器、绘图、铜器上出现的、一直延续至明清的同一题材,作为依据加以佐证,并用御虎神人都取跪姿、双脚在虎背的现象,解释正面神人腿脚不见,虎身下当为虎腿的事实。

1998 年,又在《良渚兽面为虎纹的又一重要例证》④一文中,将三星堆一号祭祀坑跪坐铜人与虎形器合二而一,成功复原成为神人御虎蹻铜造像的过程中,使巫师御虎蹻形象之说得到了更加可信的证实。以后,此成果又在辨伪等相关领域中延伸利用,获得了可喜的成绩。

---

① 张明华:《良渚玉符研究》,《文物》1990 年第 12 期。
② 张明华:《良渚古玉——玉材矿源与巫师纹样新管见》,《中国文物世界》第 100 期。
③ 张明华:《良渚古玉》,台湾渡假出版社 1995 年版。
④ 张明华:《良渚兽面为虎纹的又一重要例证》,《中国文物报》1998 年 9 月 9 日。

七　江海遗址的几层淤泥，坐实了良渚文化消亡的原因是洪水泛滥

　　良渚文化在其最发达辉煌的时候，突然失去了踪影。从考古的文化层关系上，许多遗址中承接它的居然是充满中原、浙闽地区文化因素颇晚的马桥文化。于是大家认为良渚与马桥之间有个较大的空缺阶段。1999年，上海考古工作者在松江广富林遗址文化层中发现了一种来自豫鲁皖地区的广富林文化类型，在时序上与良渚文化有所衔接，但其文化面貌的悬殊，仍未能排除其与良渚文化之间仍有一些空缺。可以判定，突然的、不可抗拒的力量确实让良渚人大都离开了家乡。究其原因，学术界引发了好一阵争论。有瘟疫说、战争说、海侵说、洪水说等不一而足。1996年，笔者在上海奉贤江海遗址紧贴良渚文化层面上，直接发现了二三层淤土的重要迹象，结合他处良渚文化层上的资料，和同济大学测定的非海相沉淀的结论，坐实了良渚文化突然消亡的根本原因是洪水泛滥。

4 000 年前上海人突然失踪

  1996 年,笔者接到一位农民上交的一把小石锛,从形制上可以判断是距今约 4 000 多年良渚文化时期的遗物。据农民说,他是在奉贤南桥江海村庄稼地里挖到的。依过往的经验,那里还没有出土过那么早的东西,为慎重起见,笔者马上赶赴现场踏勘,在被深翻过的泥地里果然有不少古遗址常有的黑灰、红烧土屑及残陶器等,一二百米处河岸边还能见雪白的贝壳屑堆积。经与地质勘探资料对照,这些贝壳屑是上海 6 000 多年前南北向一条古海岸线遗迹,而这里恰恰处于其西侧,即古海岸的内侧,因此,它的存在和发现合乎情理,这应该是一处古文化遗址。当年 5 月 21 日至 11 月中旬我们进行了两次发掘。遗址的规模虽然不大,但含有晋代遗存及马桥文化、良渚文化等古文化遗存。可喜的是这里发现了中国第一座距今 3 000 多年马桥文化的古窑址,为中国陶瓷史填补了空白。良渚文化的内容也具有意义,唯一的一座良渚墓葬,其墓主被当地尊为奉贤第一人,自己的老祖宗。虽出土的陶石玉骨器不多,却都是研究良渚文化最晚期社会形态的典型器[1]。最最值得我们重视的是在江海遗址良渚文化堆积层的上面,马桥文化堆积层的下面所出现的三层淤泥!

  考古是一门科学,文物宝贝其固有的文化信息,惹眼的艺术含量,高贵的经济价位当然值得珍视,但那些不被人注意的自然迹象经常会是一些解开学界困惑的钥匙,有些甚至是千载难逢的机遇。江海遗址的这三层淤泥就有这么重要!

  在距今 6 000 年前,从苏南、浙北两处部分居民迁入今上海西部,形成了上海最早一批先民族群。他们先后经历了马家浜、崧泽、良渚三个阶段的原始文化期,在 2 000 多年的时间里,他们辛勤劳作,创造发明,为推动社会的进步做出了巨大贡献。其中青浦福泉山遗址等处的考古发现证明,上海的良渚文化在中国新石器时代代表着最先进的地区。发达的农业和手工业,精美无比、成批成套的礼仪用玉、陶器及特殊、显赫、首见的高土坛古墓葬地等重大遗物遗迹,更使它成为讨论中国古代文明诞生与否的焦点。可是出人意料的是,就在全国新石器时代文化中产生过重大影响的良渚文化末期,也就是在其最最辉煌的阶段,它却突然消失了。

  世界上这类怪事已有不少。尼安德特人从几十万年前就开始生活在欧洲大陆和一些地区,但在距今约 3 万年前突然灭绝。传统的观点一直认为是气候突变所引起的。利兹大学专家最近从海洋微小生物的遗迹中找到了反映当时气候没有很大变化的依据,因此,可以认定尼安德特人的灭绝可能不是因气候变化极度寒冷所致,更可能是与现代人类祖先竞争

---

  * 本文原载自张明华:《考古上海》,上海文化出版社 2010 年版,第 79—86 页。

  ① 上海市文物管理委员会:《上海奉贤江海遗址 1996 年发掘简报》,载《考古》2002 年第 11 期。

失败的后果①。尼罗河畔的埃及古文明是令人尊敬、叹服、辉煌无比的世界文化遗产,当我国尚处在传说时期五帝时代"协和万邦"的社会阶段,埃及已是有王朝编年史的社会了。但同样无法让人理解的是如此强盛发达无一邻邦与之匹敌的国家,也会莫名其妙地突然消失了②。据说今天的埃及人亦非当年的原住民,是多少年以后从外面迁入的。

更加奇怪的是,玛雅文明走过几千年的辉煌历程后,好像有某种神秘的约定,所有的玛雅人在同一时间内突然消失了。有的家庭的炉灶上还放着盛有饭菜的锅子,郊外田野里还倒放着正用来耕地的犁具,但所有的玛雅人却不知去向。多少年来引起了人们的种种猜测,是瘟疫、战争? 为什么至今没有发现尸体? 是过度的开垦导致环境恶化? 是风、水、旱灾? 都缺乏依据及说服力③。

大约在公元前 1500 年左右,希腊的克里特岛上的所有城市,连同著名的克诺索斯王宫,突然在同一时间被附近桑托林岛火山大爆发引起的海啸所吞没④。

或许,人们会问,是什么原因使尚处于最辉煌阶段的良渚文化突然消失? 你们怎么会发现或断言当时上海人失踪了,而且那么肯定地说是发生在 4 000 年前,古代太湖地区的人文历史呈现过这一段空白? 后一个问题看似复杂,其实,对我们考古工作者来说,回答这些问题并不难。因为,在上海乃至太湖地区的良渚文化分布区域,在考古学地层上,至今找不到一个可资证明是其直属后裔的承续文化,直至文化面貌相去甚远颇具中原风貌的距今约 3 000 多年的马桥文化的出现,已是良渚人失去踪影的几百年以后。对此,敏感的学术界早已倍加关注,有自然灾害说,有强敌占领说,有良渚远征说,有瘟疫说等等,众说纷纭。

强敌占领说,不可避免地会留下一截色彩浓烈的杂交文化。然而令人困惑的是,考古界在太湖地区探掘或发现的近四位数的古文化遗址中至今没有找到一处属于良渚杂交文化的古文化遗存。

远征、外扩只能是强盛时代的行为,以那种落后、低劣、零星的面目出现在异域他乡,无法令人信服、和谐地联系起来。

瘟疫消亡说有一定道理。世界上确实发生过多起横尸遍野的大瘟疫。公元前 430 年的雅典瘟疫直接死了四分之一的居民。公元 2 世纪中叶,安东尼瘟疫罗马本土三分之一的人口死亡,人数高达 500 万。1347 年爆发自意大利西西里岛的黑死病在三年时间内横扫欧洲。15世纪末,由欧洲人带去的天花,让美洲原有的二三千万原住民死剩不到 100 万,惨不忍睹⑤。我国古代发生的瘟疫同样不计其数,不少是有文字记载的。如东汉建安二十二年(公元 217年)冬天,北方发生疫病,当时为太子的曹丕在第二年给吴质的信中说:"亲故多离其灾,徐、陈、应、刘,一时俱逝"。除孔融、阮瑀早死外,建安七子之中竟有五人死于传染病。曹植《说疫气》描述当时疫病流行的惨状说:"建安二十二年,疠气流行,家家有僵尸之痛,室室有号泣之

---

① 葛秋芳:《研究显示尼安德特人可能不是因气候变化灭绝》,载中国文物报 2007 年 10 月 3 日。
② 周叔昆:《埃及的谜与爱》,《中国文物报》2010 年 4 月 23 日。
③ 郭豫斌:《西方古文明》,北京出版社 2005 年,第 97 页。
④ 郭豫斌:《西方古文明》,北京出版社 2005 年,第 129 页。
⑤ 李倩:《史上著名大瘟疫》,载《青年文摘》2009 年第 6 期。

哀。或阖门而殪，或覆族而丧。"魏晋南北朝时期晋惠帝光熙元年(公元 306 年):"宁州频岁饥疫，死者以十万计。五苓夷强盛，州兵屡败，吏民流入交州者甚众。"(《资治通鉴》)良渚社会尽管属新石器时代最发达的阶段，但医药水平有限，面对来势汹汹、蔓延迅速的疟疾、霍乱、鼠疫、寄生虫之类的传染病，就凭一些中草药如何招架得了? 即使是科学发达的今天，那些让人听来毛骨悚然的艾滋病、萨斯(SARS)、甲流(H1N1)还不照样让医学界、让政府时时警惕、严阵以待? 不过，我们从考古的角度观察始终无从寻觅良渚时期的瘟疫。相反，不少学者依据上海果园村遗址、江苏吴江梅堰、团结村大三瑾、胜墩、许巷、龙滩湖、正仪车站北、浙江湖州钱山漾、杭州水田畈等诸平地型晚期良渚文化遗址的良渚文化层面上，都有沉淀状淤土的现象①，以及与良渚文化时代相当的中国古史传说时代的洪水记录相对照②，认为良渚文化晚期，太湖地区曾经有过大范围水浸的"水灾说"比较可信。

文化层间出现的无人为堆筑痕迹无人类生活孑遗的纯淤泥性质地层，只能理解为自然力量所为。《淮南子·齐俗训》:"禹之时，天下大雨"等，也都反映了是"雨""大雨"引发了洪水，我们委托同济大学海洋地质系检测的江海遗址淤土标本中却未见足以证明海相的有孔虫标本③。

说明江海遗址良渚文化层面上多至三层的淤积土，是当地前后相去不远的三次洪灾记录，以及从上游不同地域、三个方向携来泥浆沉淀。可以想见，面对这种接二连三铺天盖地的特大洪水的猛烈冲击，良渚人在洪水猛兽的肆虐下，慌不择路，四处逃遁的实证④。

1997 年夏季，浙江省的考古工作者在遂昌好川村东部岭头岗的小山冈上进行考古发掘，在 4 000 平方米内清理到了"墓向一致，随葬品组合变化、器形演变发展轨迹清晰，递嬗承继关系明确，一脉相承"，"相对年代大致在良渚文化晚期至马桥文化阶段，个别墓葬可能晚至商代"的 80 座墓葬⑤。这几句话很重要，它似乎说明浙江同行发现了良渚文化——马桥文化的发展环链，填补了良渚与马桥文化之间的空缺，令人鼓舞。不过，好川墓地中的印纹陶文化并不代表了马桥文化，两者之间的差异，如马桥典型的青铜器纹饰和觯、瓠、簋、鸭形壶等最有代表性的器形都未见踪影。相反，发掘者自己认为，它是一个除了与良渚晚期文化有关系之外，还与江苏的花厅墓地类型、闽江流域昙石山文化、赣江——鄱阳湖水系樊城堆文化、山背文化、广东石峡文化、浙江江山肩头弄类型诸多文化有着千丝万缕关系的复合型文化。它在时空上、文化面貌上都不是马桥文化。同样情况，江西丰城的荣塘乡、广东曲江的石峡、海丰的三舵、封开的鹿尾村、陕西延安的芦山峁、江苏新沂的花厅、山西襄汾的陶寺等诸多遗址出现良渚因素的古文化，它们都是受到良渚文化一些影响的分散在良渚文化分布集中地以外的土著文化。与以中原二里头文化主体面貌南下，集合周邻肩头弄等因素形成的马桥文化不同，它们不可能代表良渚文化的继承者，它们也无法填补马桥与良渚文

---

① 叶文宪:《良渚文化去向蠡测》，参见余杭县政协文史资料委员会编:《良渚文化》，1987 年版，第 97 页。

② 徐旭生:《中国古史的传说时代》，文物出版社，1985 年版。

③ 上海市文物管理委员会:《上海奉贤江海遗址 1996 年发掘简报》附录三 同济大学海洋地质系海洋地质实验室:《土样微体古生物分析报告》，载《考古》2002 年第 11 期。

④ 张明华:《良渚文化突然消亡的原因是洪水泛滥》，载《江汉考古》1998 年第 1 期。

⑤ 王海明、罗兆荣:《遂昌好川发现良渚文化大型墓地》，载《中国文物报》1997 年 10 月 19 日。

化之间的缺环①。

　　良渚文化突然消亡的原因首次在同济大学科学测定的基础上已经明朗,因此,4 000 多年前,上海人(包括太湖地区的良渚文化人)突然消失,是由河水泛滥促使他们四散逃遁是个不争的事实。但良渚——马桥文化之间的缺环还在,它仍然是个未解之谜。我们相信,随着考古工作越来越多的新发现,结论正越来越明朗,并终将大白于天下。

---

　　① 　张明华:《良渚文化消亡研究中的两个关键问题》,载浙江省社会科学院国际良渚文化研究中心编《良渚文化探秘》2006 年版第 120 页。

淀山湖底的村庄

　　淀山湖,自然风光优美,物产丰富,是上海最大的湖泊。主要面积位于江、浙、沪交界的青浦区境内。明嘉靖《青浦县志》记载为"薛淀湖"。也许你到过淀山湖,当你为湛蓝的湖水、点点白帆所陶醉的时候,你可曾知道就在这片水底之下,居然还有一个几千年前的村落遗址。

　　1958 年,淀山湖附近几个县的群众,在湖中打捞"狗屎铁"(当地对一种沉淀在湖底的泥条状含铁结核的俗称),作为土法炼铁的原料。在金泽、西岑、商塌等三角形地区内,同时还捞到了很多形状不一的石器、陶片和动物残骸等,这引起了大家的注意。当时的上海历史与建设博物馆、上海文物整理仓库等单位,为此专门组成了工作小组进行调查。短短几天工夫就收集到石器 115 件,残陶器 73 件,其他文物 7 件。其中有打猎用的石镞、矛,农耕用的石斧、犁,手工业工具锛,兵器钺等;有烧煮或盛放食粮用的陶釜、罐;还有鹿牙、龟板等等。大量的出土文物生动地说明,这里曾经是一片陆地,还有一座颇具规模的村庄。人们在这里渔猎、农耕,生活过很长一段时期。其中骨镞(图 95)、孔石刀、石耘田器(图 96)等,是距今 4 000 多年的良渚文化遗物。以后又发现过春秋时代的钩镶(图 97)等重要文物。从而证明在今淀山湖的金泽、西岑、商塌这一三角形地带,有人类活动的历史,至少已有 4 000 多年。由于古遗址在水下,给考古工作带来了一定的困难,因此,关于它的详实面貌一时难以揭示,尤其是它的入湖时间和原因无法定论。

图 95　骨镞　良渚文化
上海青浦淀山湖出土

　　大自然的演变是惊天动地、光怪陆离、无奇不有的。造山运动,可以通过几百万年或者更长时间,把深不可测的大海变成耸入云端的高山,相反,大自然同样可以通过地震、地壳飘移,在瞬间或很长时间内,把一座大山、一片平原埋入大海……不过,淀山湖村庄的入水似乎另有原因。目前有"地体下沉"和"风浪冲蚀"两种说法颇为流行。

　　"地体下沉"的说法认为,古代的淀山湖地区,曾经是一片平原。根据在它东面一二十公里、距今 6 000 年左右的崧泽遗址来推测,淀山湖位居离东海岸更加纵深的位置,应该成陆于比崧泽更久远的年代。成陆后由于地体中水分的不断流失,整片土地开始下沉,变为低地,于是积水成湖,把原来的村庄也浸入了水中。自然界种种陆沉的奇迹,为数还是不少的。

　　＊　本文原载于《上海文博》2003 年第 1 期,第 84—86 页。

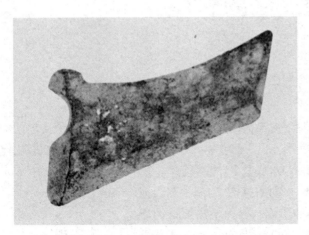

图96　耘田器残件　良渚文化　上海青浦淀山湖出土　　图97　钩镶　春秋　上海青浦淀山湖出土

在秘鲁沿岸的 2 000 米水下深处，人们发现了雕刻的石柱和巨大的建筑。这是大陆下沉被水淹没的结果。在北美东南的海底，发现了一条通向尤卡坦沿岸和洪都拉斯东部的道路，还有一段 9 米高、1 600 米长的海底"城墙"。1968 年，在比米尼岛附近的大洋深处，发现了用巨石整齐排列的街道、车站、门洞、城墙一样的建筑遗迹等等。这些迹象证实了古希腊哲学家柏拉图曾指出的、一个在大洋底下已经躺了 9 000 年的古大陆的存在，同时也似乎找到了希腊神话中的那个富饶美丽的亚特兰提斯大陆。

在我国海南岛海口市东面的喇叭形海湾中，潮退时能见到一些村庄的废墟，有石板拼成的井圈，舂米的石臼，居室内的石灯座，古代晒盐用的遗物遗迹。更加有趣的是在东寨港的水下，有一座以方石块砌成的古戏台。在北创港 7 米深的水下，每到 5 月水清时，还能见到一座四柱三孔、横跨 7 米的"贞节牌坊"。海鱼在牌坊周围游动，活现了"鱼跃龙门"的奇景。近年，在台湾海峡水面下，居然发现了大象等一批陆生古动物的遗骸。那么，在淀山湖中有没有人看到过类似的迹象呢？回答是肯定的。考古工作者在文物普查工作中，曾听到过一些传说和反映。

一位长期在农村搞水利工作的同志回忆，1958 年，在一个风平浪静的日子里，他曾亲眼看到湖底有石皮路（江南地区传统的一种用石条或石板铺排而成的路面）的情况。另外，我们在一些史书上，也发现了可供参考的资料。上海市文管会编撰的上海史料丛编《五茸志逸》上就有淀山湖附近的泖湖有坊市沉入水底的记载："泖，故由拳国。至秦废而为长水县。俄忽陆沉而为湖。曰泖。泖之言茂也，盖当秋霁时，其水隐隐见睥睨坊市迹云……"《松江府志》上又有记载，泖湖："每天晴泛舟，见其中井栏阶砌，宛然分明。正统九年（1444 年）夏，曹安赴举之南京，舟过泖中，适依舷，忽见水清处街砌如故……"从而增加了淀山湖中有建筑遗迹的可能性。

"风浪冲蚀"的说法认为，古代的淀山湖不一定像今天这样宽阔，这样浅坦。它可能只是古代长江泄水道的一部分，先民们在湖边劳动生息，时间长了，湖岸在风浪的冲击下逐渐坍塌，直至危及生活区时，他们才迁居新址。这样，千百年下来，湖面一年比一年开阔，冲入湖中的生活遗址也就一年比一年远离现今的湖岸。这种由风浪冲蚀作用造成的地貌改观情况，在上海地区就有发现。

光绪《月浦志》记载，在长江南岸，宝山县月浦镇东北六里，有黄窑镇，其地以烧窑为业，今没于海，仅有石皮街在。渔人于小汛潮退时，立街上捕鱼。另外，关于上海南部濒海地带的坍塌情况，不但见于史料记载，就是考古工作也证实了这一点。

金山区戚家墩遗址，是春秋战国至秦汉时期的村落，由于受海水冲蚀，许多建筑物及生活遗留，已坍沉、冲散于海中。1963 年，考古工作者就在这里的海滩上，发现了一口已被海水冲去了上半截的汉代陶井。

当然，内湖的水流、风浪要比大江大海的力度弱得多，湖岸入水的速度也缓慢得多。但也不能因此而低估了这个能量。淀山湖中一些湖岸和湖中小岛受到冲蚀的情况也很明显。有些树木几年前还是和水面相隔一段距离的，现在却被冲得东倒西歪，密密的根须暴露无遗，浸在水中，随波飘荡。即使个别地段使用了石板护堤，也屡屡被湖水所冲垮。当地几位有经验的水利民工反映说，由于冬夏两季风力较大，对于湖东南、西北两处岸线冲击尤大，造成了淀山湖的平面也在向东南、西北方向拉长。可见季风的作用也是一个不可小觑的因素。另外，湖中发现的碎陶片，大都已无棱角，显得光滑圆润，这似乎为风浪冲蚀说提供了重要的依据。

20 世纪 70 年代初，笔者考察过江苏吴县澄湖遗址，那里曾经发现过近千口古井，但奇怪的是在它周围应该存在的先民的生活面，包括所有古井的上半截均已荡然无存。这种现象与地体下沉的遗迹相对完整的状况不同，倒是与风浪冲蚀的特征相像。淀山湖地理位置与其相去不远，地理环境也比较一致，因此，使淀山湖古村庄入湖的原因很可能是千百年来风浪冲蚀所造成的。当然，最终的结论还是有待于条件成熟后，对淀山湖水下进行一次直接的科学发掘。

良渚文化突然消亡的原因是洪水泛滥

　　良渚文化具有中国新石器时代最发达的农业和手工业。精美无比,成批成套的礼仪用玉、陶器及特殊、显赫的高土坛古墓葬地等重大因素,更使它成为讨论中国古代文明诞生与否的焦点。然而令人不解的是这一文化,却在其最最辉煌的阶段,突然从太湖流域消失,至今找不到一个可资证明是其后裔的承续文化。文化面貌相去甚远的马桥文化的出现,已是良渚人失去踪影的近千年以后。考古学上的断层,使古代太湖地区的人文历史呈现了一段空白。对此,敏感的学术界早已关注倍至。

　　1986年10月,在纪念良渚文化发现五十周年的学术讨论会上,有学者率先提出了"良渚末期太湖平原上发生的严重水浸,使良渚文化遭到了毁灭性的打击,劫后余生的良渚文化先民于是举族离开了这块'汤汤洪水方割,荡荡怀山襄陵'的土地"①。以后,不少学者也发表了近似的"水灾说"②。但也出现了一些不同看法:"自然条件的变化(海侵)迫使他们(良渚先民)大规模的迁移,这个原因当是良渚文化迁移的主要原因",同时强调"良渚文化的迁移不同于其他文化的迁移,它可能带有扩张的性质"。③关于这一点,有学者在说及江苏花厅遗址的良渚因素时(虽然没有与洪水相联系),推断良渚曾有远征军一说④。也有学者在引证了几位自然科学家关于中国东部海平面万年来起伏变化的有关资料后,明确提出了"……不宜将上述文化(盛极一时的龙山文化和良渚文化)的衰落原因单一归结于特大水患";"综观世界上的文化衰落事件,除不可抗拒的自然灾害外,像战争、瘟疫等都有可能成为其主要原因"。⑤

　　笔者认为,以上各种分析都有一定道理,特别是无法获得明确记载与尚无可靠证据之前,这些可能性都会存在,只是朦胧感觉有些说法欠缺说服力。1996年,江海遗址的亲手发掘,使我倾向于"水灾说",良渚层面上的淤土情况、文化内涵及自然科学的介入,更证明水灾非海浸,而是江河泛滥。

　　战争,在世界上包括有史记载直至近代,确实会引起一个文化的衰落,一个国家的灭亡,

　　＊　本文原载于《江汉考古》1998年第1期,第62—65页。
　　①　叶文宪:《论良渚文化的去向》,1986年浙江良渚文化五十周年纪念学术讨论会油印稿。
　　②　俞伟超:《龙山文化与良渚文化衰变的奥秘》,《文物天地》1992年第3期。陈杰、吴建民:《太湖地区良渚文化时期的自然环境》,参见徐湖平主编《东方文明之光——良渚文化发现60周年纪念文集》,海南国际新闻出版中心,1996年版,第309页。
　　③　陆建方:《良渚文化去向与及蚩尤关系考》,1990年油印稿。
　　④　严文明:《碰撞与征服——花厅墓地埋葬情况的思考》,《文物天地》1990年第6期。
　　⑤　刘方复:《中国史前的洪水》,《文物天地》,1993年第1期。

被人们推测可能为良渚部族的蚩尤,文献上也确有被黄帝执杀,并发生过激烈的战事的记录[1],但衰落与亡国,不应该产生空白,因为外强入侵,都是以夺取政权、掳掠财富为目的,他们不会单纯地为杀人而来。杀光人,一般都是小范围、小规模、短时期的"仇杀"。外强的到来,必然会伴随着一种精神领域、物质领域上的侵略,它完全是一种不以人们意志为转移的文化输入,它在历史的环链上不可避免的留下一段色彩浓烈的杂交文化。然而令人困惑的是,考古界在太湖地区探掘或发现的近四位数的古文化遗址中,至今没有找到一处得以上接良渚文化的、羼有外来文化面貌的古文化遗存和地层。

"远征军"之说,笔者曾在有关文章中略有分析[2]。如花厅遗址墓地男女性别之比、年龄组合结构、埋葬器物内容等,似乎与一支悍勇的远征军的有关因素相去甚远,可能性不大。

广东、陕西、江西、山西、苏北多处出现良渚重器琮、璧之类[3],似与强盛的良渚外扩、远征有关。但经时代分析与器物观察,发现它们都是良渚文化末期、甚至更晚的色质粗杂、制作马虎、纹样简单的零星出土物,与代表当时中国最先进、发达社会形态,中国第一个用玉高峰时期所使用的人兽繁密纹反山"琮王"、豪华型冒镦组合的"戚王"、玻璃光打磨的福泉山琮形镯等一大批精美绝伦的礼仪用玉相比,有"天壤之别"。远征、外扩只能是强盛时代的行为。良渚文化的落后、低劣、零星的面目,出现在异域他乡,无法与之和谐地联系起来。相反,不少学者依据上海果园村遗址、江苏吴江梅堰、团结村大三瑾、胜墩、许巷、龙潭湖、正仪车站北、浙江吴兴钱山漾、杭州水田畈等诸平地型晚期良渚文化遗址的良渚文化层面上都有沉淀状淤土的现象[4],以及与良渚文化时代相当的中国古史传说时代的洪水记录相对照[5],认为良渚文化晚期,太湖地区曾经有过大范围水浸的"水灾说"比较可信。

笔者认为,文化层间出现的无人为堆筑痕迹、无人类生活孑遗的纯淤泥性质地层,只能理解为自然力量所为。大漠沙丘的移动靠风力,大面积淤积土的出现,也只能是洪水泛滥、泥沙俱下的沉淀物。但略有出入的是对一些学者在阐述水患中,仅仅局限于海平面上升,由海侵引起一点上持不同意见。

海平面上升固然不利,阻滞了河水的东排,甚至浸漫太湖平原,但东来的海水缺乏可供挟携泥沙之源头,海水的沉淀量是十分有限的。被大家广为引用的有关洪水的文献资料,如《山海经·大荒北经》:"蚩尤请风伯雨师,纵大风雨。黄帝乃下天女曰魃,雨止,逐杀蚩尤。魃不得复上,所居不雨。"《淮南子·齐俗训》:"禹之时,天下大雨"等,也都反映了是"雨""大雨"引发了洪水,而未见由海水引发的有关描述。从大禹治水的对象上,我们也未见类似海堤的影踪(御防海侵首治海堤),相反如《国语·周语》中仅见"疏川导滞""决汨九川",《孟子·滕文公》:

---

① 《逸周书·尝麦篇》:"蚩尤乃逐帝,争於涿鹿之河,九隅无遗。赤帝大慑,乃说於黄帝,执蚩尤,杀之於中冀,以用兵释怒。"

② 张明华:《关于一批良渚型古玉的文化归属问题》,《考古》1994 年第 11 期。

③ 广东省博物馆、曲江县文化局石峡发掘小组:《广东曲江石峡墓葬发掘简报》,《文物》1978 年第 7 期。姬乃军:《延安市发现的古代玉器》,《文物》1984 年第 2 期。万德强:《丰城出土的良渚文化玉器》,《江西文物》1989 年第 2 期。中国社会科学院考古研究所山西工作队、临汾地区文化局:《山西襄汾县陶寺遗址发掘简报》,1980 年第 1 期。南京博物院:《1987 年江苏新沂花厅遗址的发掘》,《文物》1990 年第 2 期。

④ 叶文宪:《良渚文化去向蠡测》,参见余杭县政协文史资料委员会编:《良渚文化》,1987 年,第 97 页。

⑤ 徐旭生:《中国古史的传说时代》,文物出版社,1985 年版。

"禹疏九河,沦济、漯而注诸海;决汝、汉,排淮、泗而注之江"等,记录的都是大禹领导疏通河道,引水入江入海的工程。尤其必须注意的是,经海水浸漫过的地层,一般总会有海相的显示,然而在我们委托同济大学海洋地质系检测的淤土标本中,却未见足以证明海相的有孔虫标本。另外,自然科学家认定的"至距今6 000年左右,海平面上升至现今海面高2~4米的高度"的不可思议的海侵时期,遗址地层堆积反映生活面比良渚时代还要低洼的马家浜人和崧泽人却能狩猎植稻,安居乐业,至"海面在5 000年(泊后)总体微微下降的过程中",只发生过"几次较小波动和1~2米高海面"[①]的太平时期,良渚人反而走投无路,四处逃遁。说明这个时期的水灾的形成,决定因素并非是海平面的上升。因此,太湖地区良渚文化层面上的淤土层,应该是由长江及其支流,从上游冲挟而来的沉淀物,良渚文化的突然消亡,主因是大雨引起江河泛滥的特大水灾。

笔者发掘上海江海遗址时发现良渚文化层面上,大多有二三层沉淀状的淤质土。如十分完整的T22(Ⅱ)在良渚文化层面上,自下至上依次为黑土、灰黄土、灰黑土(图105)。值得重视的是遗址的地层堆积,对于淤土的有无,在探坑中出现了两个必然规律:

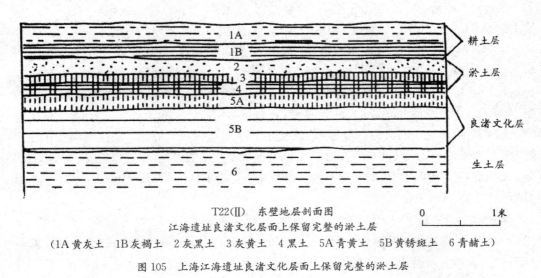

T22(Ⅱ) 东壁地层剖面图
江海遗址良渚文化层面上保留完整的淤土层
(1A黄灰土 1B灰褐土 2灰黑土 3灰黄土 4黑土 5A青黄土 5B黄锈斑土 6青赭土)

图105 上海江海遗址良渚文化层面上保留完整的淤土层

一、出现这种淤土的地层经测量,同一土色基本保持在同一水平面上,尤其是许多探坑多有发现的灰黄色淤土,其厚度也保持在十分一致的10~15厘米。反映了洪水沉淀遗迹特有的同一水平状态。

二、无淤土的探坑,良渚文化层以上的堆积必然是马桥文化或马桥文化以后的堆积,如T6的晚期文化(晋代)灰坑,T8、9的马桥文化陶窑及生活面,深入良渚文化层,有的甚至进入生土层;T25(Ⅱ)东壁南侧马桥文化先民的生活层,局部毁坏了良渚晚期洪水遗留下来的三层淤积层,并直达良渚文化层中,而北侧则仍然完整地保留着三层淤积层(图106)。

江海遗址的这一现象很有启迪意义,过去我们常常为那些应该同样遭受水灾,应该同样

---

① 赵希涛:《中国海岸变迁研究》,福建科技出版社,1984年版。

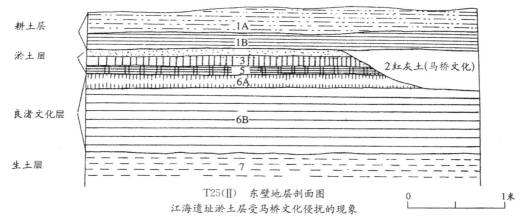

T25(Ⅱ) 东壁地层剖面图
江海遗址淤土层受马桥文化侵扰的现象

(1A 灰黄土　1B 灰褐土　2 红灰土　3 灰黑土　4 灰黄土　5 黑土　6A 淡黄土　6B 黄锈斑土　7 青灰锈斑土)

图 106　上海江海遗址良渚文化层面上的淤土层受马桥文化侵扰的现象

留有淤土的平地型良渚遗址,在发掘中没有发现淤土而困惑,现在可以找到答案了。排除那些地势稍高者,那些不见淤土的遗址,由于地表土厚度有限,是被后来的马桥文化或迤后文化的生活面或遗迹所毁坏了的。

　　江海遗址良渚文化层面上多至三层的淤积土,客观地反映了当地前后相去不远的三次洪灾,以及从上游不同地域、三个方向携来泥浆沉淀的实物记录。可以想见,面对这种接二连三、铺天盖地的特大洪水的猛烈冲击,手持石质生产工具,蜷居在不堪一击的茅屋草棚里的江海(当然包括太湖地区同遭大范围水灾的良渚)先民,唯一的生路只有外逃。于是,良渚文化的当然象征物玉琮形器,在良渚末期,不约而同地出现在广东石峡、陕西延安、江西丰城、山西陶寺、江苏花厅、陆庄……为我们明确地指示了当年良渚人在洪水猛兽的肆虐下,慌不择路,四处逃遁的轨迹。

良渚文化消亡研究中的两个关键问题

良渚文化是我国新石器时代最具影响力的古文化之一。它的祭坛、玉器、黑衣陶；它的意识形态、生产力、消亡问题等等积聚而成的"良渚学"，成为 20 世纪 80 年代以来的中国考古和史学关注的一个热点。当然，囿于文字资料的稀有与欠缺（良渚时期已有文字，笔者有专论）①，其中有待探索的课题还有很多，而良渚文化消亡的原因正是其中最引人瞩目、令人棘手、尚无定论的重大课题。

笔者在 20 世纪 90 年代后期就注意了这个课题的动向，1998 年第 1 期《江汉考古》上发表了《良渚文化突然消亡的原因是洪水泛滥》一文，阐述了一些观点，表明了自己的基本态度。目前，学界在这个课题上争议还很大，主要牵涉到以下两个关键问题：一、良渚时期到底有没有发生过大水灾？ 二、良渚文化与马桥文化之间到底有没有缺环？

本来对于第一个问题，我们可以这样假设因果关系：如果发生过大水灾，那么良渚文化消亡的主因就可能是自然灾害，人群被动的逃遁和迁徙，会使良渚与马桥之间产生缺环。相反，如果良渚时期没有发生过水灾，那么，良渚消亡的主因应该是人为的因素，或战争，或内讧等，而良渚与马桥之间就不会有缺环，只会为我们留下一种杂交文化。

对于第二个问题，我们也可以假设因果关系：如果有缺环，那么良渚时期水灾的可能性很大，因为只有不可抗拒的自然灾害，才会让人背井离乡。历史上再残酷的战争，侵略者的原始动机就是占有和统治，他们不会愚蠢到把当地人斩尽杀绝，赶个精光，对大片的良田村舍和宝贵资源于不顾，然后不可思议地连自己也走人。如果没有缺环，那么水灾的可能性就很小，至少就不会是那种大到不可抗拒的灭顶之灾了。

显然，两个问题实际上是互相关联的，因果关系也应该是十分清晰的，正确结论的获得似乎也并不困难。但问题就出在了大家对原始资料的掌握、认识及理解的歧义上，往往得出了截然相反的结论。这种现象在良渚文化研究中不乏其例，如对玉琮的起源和功能的认识问题，近百年间，海内外学者争论不休多达三四十种说法的怪异现象，让人不可思议。而良渚文化消亡问题的讨论，首先碰到了自然科学与自然科学、自然科学与古代文献记载的矛盾，当年水灾的有无成了首当其冲的难题。

---

* 本文原载于浙江省社会科学院国际良渚文化研究中心：《良渚文化探秘》，人民出版社 2006 年版，第 120—128 页。

① 张明华：《关于长江下游地区的早期文字》，《长江下游地区文明进程学术研讨会论文集》，上海书画出版社 2004 年版；张明华、王惠菊：《太湖地区新石器时代的陶文》，《考古》1990 年第 10 期。

一、良渚时期到底有没有发生过大水灾？

自然科学家严钦尚、邵虚生先生经过考察和研究,认为全新世中期初,距今 6 000～7 000 年,海位最大时,海水直抵江苏的宜兴、溧阳和茅山脚下①。韩有松等推断,在距今 5 000～8 000 年前,海水位高于现在的海面 6～7 米,整个太湖平原除少数高地和丘陵外,全部沦入海洋②。赵希涛先生从对我国庆丰古海面高度变化的研究中得到证实,距今 8 750～4 350 年,海面的高度变化总体上是呈上升趋势,距今 8 750 年海面高度为最低,距今 4 350 年海面高度为最高③。萧家仪从孢粉资料的分析中发现,良渚时代气候环境偏凉干,海面东退,沼泽退缩,耕地面积增大④。景存义分析了太湖平原 40 个泥炭点资料后,认为距今 4 000 年前后,这里“气候凉干,地下水位低,地表湖泊沼泽少”⑤。在我国丰富的古代文献中,又不乏与良渚时代相当的洪水频发的记载。《庄子·秋水》有:“禹之时,十年九潦而水弗为加益。”《淮南子·齐俗斋训》也有:“禹之时,天下大雨。”《尚书·洪范篇》说:“鲧堙洪水。”《孟子·滕文公上》篇:“当尧之时,天下犹未平,洪水横流,泛滥于天下。”《孟子·滕文公下》篇:“当尧之时,水逆行,泛滥于中国。”

严钦尚等认为 7 000 年前后有海侵,甚至把除少数高地和丘陵外的太湖平原全部沦入海洋一说的时间判断上,可能出现了偏晚或过于严重的程度,与考古界发现的事实产生矛盾。因为在这片土地(含宁绍平原上),4 000～7 000 多年的古文化,河姆渡及马家浜、崧泽、良渚文化遗址分布面广,延承有序,并没有毁灭性海侵的迹象与可能。浙江跨湖桥遗址遗存距今 8 000 多年,上面堆积有 4 米左右的、很单纯的海相堆积,地理位置相距不远,作何解释?中国著名的农业考古专家陈文华教授的观点很有见地。他认为,这里东濒钱塘江出海喇叭口,壮观汹涌的钱江潮,如遇海平面上升阶段,一路沿着槽形低地冲到跨湖桥是完全可能的。这与大规模的海侵有所区别,它是局部的。这种现象在东距古代海岸线三四十公里的上海青浦练塘同样发生过,只是堆积没有那么厚,但牡蛎等近海生动物的遗骸有丰富的发现。另有学者依据上海马桥遗址良渚文化层中发现有近海贝壳和贝壳沙的情况而认定“江南地区在良渚文化晚期确实曾发生过海侵”的结论⑥有失偏颇。因为这些贝壳明显是良渚人在生产活动中把处于生土层古海岸线上的近海贝类动物遗骸堆积翻了上来的,并非是良渚人当年的生活垃圾。

景存义等分析认为距今 4 000 年前后,这里“气候凉干,地下水位低,地表湖泊沼泽少”一说所指,应该不是良渚文化晚期,因为在江苏吴江、浙江吴兴等多处良渚文化遗址的晚期地层

① 严钦尚、邵虚生:《杭州湾北岸全新世海侵后期的岸线变化》,《中国第四纪海岸线学术讨论会论文集》,海洋出版社 1985 年版。
② 韩有松等:《太湖平原第四纪古地理环境》,出处同前。
③ 赵希涛:《江苏建湖庆丰剖面全新世地层及环境变迁与海面变化的初步研究》,《科学通报》1990 年第 4 期。
④ 萧家仪:《江苏吴江县龙南遗址孢粉组合与先民生活环境的初步研究》,《东南文化》1990 年第 5 期。
⑤ 景存义:《太湖平原中石器、新石器时代农耕文化发展与环境》,《农业考古》1991 年第 1 期。
⑥ 林志方:《江南地区良渚文化的消失原因》,《良渚文化论坛》,中国文化艺术出版社 2003 年。

中出现了洪水泛滥的淤土层[1]，马桥、江海等遗址良渚文化上的二三层淤土，经检测非海相的有孔虫和介形虫表达，它们应该是洪水依据的实证资料[2]，反映了当年这一带遭受了接二连三大洪水(非海水)的侵袭。《马桥》报告说有晚期良渚墓夹在两层淤土当中的现象，进一步反映了良渚人曾经抵挡过开始时候的大洪水，一度坚持了下来，但就像古文献上尧、鲧、禹时代"洪水横流，泛滥于天下"的记载，在当时尚无大量人力、足够实力、缺乏经验的现实面前，人们最终没能逃脱灭顶之灾。

有人发现有些并不在高地上的遗址，在良渚文化层面上不见这些淤土层，这是否反映了水势不大，甚至是局部的？因此也不足以证明良渚时期发生过毁灭性的洪水？其实很简单，这是后人的生产活动和可能的自然力量所致。如马桥遗址有丰富的马桥文化遗存，良渚文化层面上的淤土就大面积地缺损；江海遗址的探坑剖面更能说明问题，上面没有马桥文化堆积的探坑，在良渚文化上面有多达三层淤土叠压，有马桥文化堆积的则参差不全。二十五号探坑东壁北部没有马桥文化，三层淤土完整保留，南部出现马桥文化，淤土自然消失。这种现象在其他遗址中多有发生。

二、良渚文化与马桥文化之间到底有没有缺环？

这个问题其实用不到仔细分析，只要是搞考古出身的都不难做出明确的判断。

良渚文化那些特征强烈、精美绝伦的琮、璧玉石礼器，那些乌黑发亮、轻若薄纸的黑衣陶，那些工程庞大、高高耸立的首领和贵族墓地……在马桥文化中毫无反映。相反，马桥文化的浅灰陶、原始瓷面貌，青铜器纹饰和觯、瓠等青铜器器形等，在良渚文化中根本不见踪影。在两个文化所反映出来的生产力水平前先进、后落后的有违发展常规的现象，以及一系列用自然科学所测定的数据，我们至少可以这样断言，在马桥文化覆盖的、以太湖地区为主的范围内的两个文化之间确实存在着文化断层，也就是我们习惯称谓的缺环。当然，有人也许会这样质疑，用典型良渚文化与公认为有承继关系、同一体系的良渚以前的崧泽文化作比较，面貌不同样大有差别？难道据此能说它们之间也有缺环？这是一个貌似的问题，但错在了比较对象的时段上。如果我们用晚期崧泽文化的上海汤庙村等遗存去与早期良渚文化的钱山漾等遗存相比照，那么，诸多自然、渐变的过程与现象，就会让问题不显突兀，反而迎刃而解了。良渚与马桥则不同，我们即使用前者的最晚阶段，甚或用更晚的"广富林类型"去与后者的最早阶段相比照，两者还是格格不入。

主张马桥文化是后良渚文化、是良渚文化继承者的观点，本来的依据比较苍白[3]，往往是个别的器形，某一种工艺等，不足以与文化总体感觉上的明晰、强烈的反差相抗衡。以后

---

① 叶文宪：《良渚文化去向蠡测》，参见余杭县政协文史资料委员会编：《良渚文化》，1987年版，第97页。
② 上海市文物管理委员会：《马桥》，上海书画出版社2002年版，第344～345页；《上海奉贤县江海遗址1996年发掘简报》，《考古》2002年第11期。
③ 杨群：《良渚文化的去向和后良渚文化》，参见余杭县政协文史资料委员会编：《良渚文化》1987年，第88—95页。

不少学者在浙江遂昌好川遗址发现、发掘后，依据晚期良渚文化与南来印纹陶文化共置一墓的现象①，结合以往发现的晚期良渚文化出现在广东、江西、河南、苏北、陕西的情况，证明良渚文化根本没有消亡，更早的还有主张良渚人曾以远征军的角色，扩张了自己的地盘②。

浙江遂昌好川遗址晚期良渚文化与印纹陶文化共置一墓的现象，确实令人鼓舞。良渚文化最典型的晚期器物，如高颈、高腹、高圈足陶尊，浅盘形大圆镂孔陶豆、三袋足环把鬶、玉锥形器等分别出现在了各个墓葬。但显然，好川墓地中的印纹陶文化并不代表了马桥文化，两者之间的差异，如马桥典型的青铜器纹饰和觯、瓠、簋、鸭形壶等最有代表性的器形都未见踪影。相反，发掘者研究认为，它是一个除了与良渚晚期文化有关系之外，还与江苏的花厅墓地类型、闽江流域昙石山文化、赣江—鄱阳湖水系樊城堆文化、山背文化、广东石峡文化、浙江江山肩头弄类型诸多文化有着千丝万缕关系的复合型文化。它在时空上、文化面貌上，都不是马桥文化。同样情况，江西丰城的荣塘乡，广东曲江的石峡、海丰的三舵、封开的鹿尾村，陕西延安的芦山峁，江苏新沂的花厅，山西襄汾的陶寺等诸多遗址出现良渚因素的古文化，它们都是受到良渚文化一些影响的、分散在良渚文化分布集中地以外的土著文化，与在太湖地区较大范围内规模性发现的，时代、面貌一致，特征强烈的，由以中原二里头文化主体面貌南下，集合周邻肩头弄等因素形成的马桥文化（下及）不同。它们不可能代表良渚文化的继承者，它们也无法填补马桥与良渚文化之间的缺环。

远征军一说很难服人。因为这些地方的发现，普遍反映了良渚文化中色泽粗杂、制作马虎、纹样简单的零星出土物，与良渚远征军应有的、代表当时中国最先进、最发达的社会背景不相吻合，与中国第一个用玉高峰的典型代表所使用的繁密人兽纹反山"琮王"、豪华型冒镦组合"戚王"、玻璃光打磨的福泉山琮形镯等一大批精美绝伦的礼仪用玉相比，简直是天壤之别！更没有出现一个由强势政权四处出击、扩张后，必然留下的鲜明的政治版图和特征强烈的文化遗存。相反，这些良渚因素就此逐渐湮没于当地的土著文化之中。因此，如果要对这种非强势文化的外渗做出正确的解释，那么，结合考古现象，把良渚人遭遇接二连三的灭顶之灾后，逼迫无奈、背井离乡的逃亡路线和居点来认识比较贴切。

至此，我们可以这样小结：

距今约 4 000 年的良渚文化晚期，太湖地区曾经发生过特大洪水。基本以平原为生活区域的良渚社会，良田被冲垮，居所被冲塌，屯粮被冲走，良渚人虽然曾奋力抵挡一阵，终因水势太大，汹涌不断，接踵而至的瘟疫流行而背井离乡。他们慌不择路，四处奔散，遭抢被赶，饿殍遍地。幸存下来的人们南下来到今浙南山地的遂昌好川，江西丰城的荣塘乡，更远的来到广东曲江的石峡，海丰的三舵，封开的鹿尾村；西去陕西延安的芦山峁；北上山西襄汾的陶寺等地，友好的当地先民热情地接纳了这批惊魂未定的良渚难民，从而为我们留下了带有些许良渚痕迹的多个土著文化。

大水洗劫过后的太湖地区一片荒芜，人迹罕至。不久，一批来自豫、鲁、皖的先民（原因待考）南迁来到太湖地区，为我们留下了一种北方王油坊类型的文化遗存（考古界定名为"广富

---

① 浙江省文物考古研究所等：《好川墓地》，文物出版社 2001 年版。

② 严文明：《碰撞与征服——花厅墓地埋葬情况的思考》，《文物天地》1990 年第 6 期。

林文化")。多少年过后,中原地区凭其优越的地理位置和四方文化的积聚,逐渐发达,走向文明。为了摆脱有限的生存空间,开始寻觅开创新的天地。其中一支由今河南偃师二里头南下,来到了情况稍有改观的太湖地区,他们沿袭着他们原来的生活和生产方式,也采纳一些回归良渚后裔或当年逃难到中原的良渚人带去的先进文化,为我们留下了与良渚文化完全不同但稍显孑遗的、以中原文化为主流兼周邻肩头弄等文化因素的马桥文化。

良渚文化因洪水而消亡了,但它在推进中华文明进程和中华文明史上,留下了许多不可磨灭的辉煌,尤其是其精华中的精华——玉文化、琮璧文化,它由中国最早的经典之一——《周礼》等,以"以苍璧礼天,以黄琮礼地"的记载,作为皇家礼仪绵延不断,代有传承,成为了中国历史上罕见的、由原始时期延续4 000多年一直到清末的奇迹性文化现象。

八　珍宝璀璨意义非凡，呈现了"海派文化"的源头端倪

上海的良渚文化文物品类繁多，琳琅满目，在同一文化范围内独具一格的精致、美雅、意蕴，呈现了享有盛誉的"海派文化"的源头端倪。

石器中出现大量制作规整镜面状精磨的礼器大墓。玉器的品类更多、更精、更美。福泉山率先发现了中国最早的玉带钩，细刻人兽纹透光湖绿色玉镯，其纤若发丝的阴刻人兽纹工艺、光洁如镜的打磨技术，在中国新石器时代琢玉史上光芒四射，超凡脱尘。湖绿色透光玉戚，翠绿欲滴，全国仅见。由笔者率先规律性复原冒、镦、斧形器三位一体的豪华型良渚玉戚，是部族首领象征军政权力的标志物。在考古界独领风骚的长约 1 米的象牙权杖，对探讨良渚大墓墓主的首领身份，对良渚社会浓重的宗教形态、文明模式，都有特别重要的意义。良渚文化的陶器盛行快轮工艺，造型艺术更趋新奇、精美，轻薄如纸的杯、壶，器表还会阴刻纤细密集的云雷纹、禽鸟纹、蟠螭纹或者图符文字等。大墓出土陶器几乎都作为礼器使用。一件来自北方的彩陶背水壶，更加生动地反映了良渚文化与周邻文化的交流与交融。

刻有神秘图案的玉璧

璧的基本形状为扁平圆形,中穿一孔,很是简单。但它在文物界就够复杂的,学问十分艰深的。祖形源头就有三说,环形石斧、纺轮和仿天之圆形。也有奇葩说,有学者从四川特产"火边子"烤牛肉片上出现的菱形网纹认定,"(玉)璧,(其实是从)'大肉片(上得到启发而产生的)也'"[①]。璧的名称多得让人眼花缭乱。有以规格定名的"瑄"(通"瑄",大璧)、"尺璧";依色泽称"赤璧""白璧""白玉璧""玄璧"等;依质地称"金璧""铜璧""玉璧""石璧""木璧""陶璧"等;依用途称"宝璧""瑞璧""载璧"等;依纹样称"谷璧""蒲璧""出廓玉璧"等;依与不同器物的合制称"圭璧"等等。"和氏璧"更是因卞和惊天地,泣鬼神的故事而得名。

刻画并非文字,有的是职官符或王徽

上海的玉璧资料除了博物馆里的传世品,在福泉山考古发现之前长期是个空白,直至 20 世纪 80 年代初,民工在福泉山取土制砖,挖到半块良渚玉璧才有突破。1983 年,在福泉山小型的 1 号战国墓中,还出土了一件双尾龙纹青玉璧,精雕细刻、完整无缺,直径达 19.2 厘米(参见图 10)。这种玉璧,一般都见之战国汉代大墓,出现在一座只有几件红陶器的小墓中,十分罕见,值得探讨。1984 年 40 号良渚大墓出土了玉琮、璧、戚、镯和石钺、斧及陶器等一大批文物。其中两件玉璧尤为精彩。一件直径 21.9 厘米,青绿色,年久漫延的沁色特别丰富多彩,黄褐色、铁锈色、紫褐色,像云彩,像蟠龙,美不可言。另一件直径 23 厘米,器型特别规整,抛光润滑,淡绿色,器表满布网络状白斑,古朴雅致。特别之处是在玉璧一侧,刻画出一不规则图形,像一只纸折的飞鸟(图 107、108),表达了什么意思,很难推测。但就这一点也很了不

图 107　玉璧　良渚文化　上海福泉山遗址出土

---

① 臧振:《玉琮功能刍议》,《考古与文物》1993 年第 4 期。

起，因为这是良渚文化考古发掘出土玉璧上第一次出现刻有图徽的实例。墓中丰富贵重的随葬品，至少说明持有者当年是上海地区的一位位高权重的首领是毫无疑义的。

图 108　福泉山玉璧上的刻纹特写　　　　图 109　牒形刻符玉璧　良渚文化　浙江安溪出土

在玉璧上刻画图纹的现象，不久后在浙江安溪也有发现(图 109)。不过，良渚玉璧上最最精彩的刻画图案，要数早年流散美国弗利尔美术馆的几件(参见图 11)。几只伫立在几级台阶上的小鸟纹，把国内外学者们搞得晕头转向，又是"灵魂与日夜的星辰"，又是"飞翔的小鸟为太阳的象征"，又是"方框识作祭坛，框内的刻画识作'有翼太阳'"，又是"封"字、"岛"字、"炅"字等等，不一而足。有的学者在自己无解的情况下，直接否定了这一图案的真实性。

笔者有幸于 1989 年在弗利尔美术馆直接上手观察、测量、描绘下了这几个神秘的图案，更难得的是老馆长罗谭先生，将他们资料库中仅有的几张特别清晰的幻灯片(是早期的那种玻璃片)馈赠给我，令我激动不已。回国后，征得老馆长同意，在我撰写的《良渚古玉》一书中①，由我第一次对外公开发表了这些珍贵的彩版图案。我也在研究中因为意外发现了它们与埃及时代相当的王徽酷似，并依此为据，提出了它们非同一般的王徽的意义。鉴于持有如此精彩玉璧的墓主极其富有具有极高的地位，笔者认为他们应该就是良渚社会中的首领或王，从而给学术界在判定良渚社会性质上，增加了一枚沉甸甸的砝码。

早期玉璧多素面，偶见细刻阴线鸟纹或不明意义的刻画图符等细刻纹，以后出现了浅刻的乳丁纹、圆圈纹、谷纹、蒲纹、兽面纹、兽纹、龙纹，内外圈分隔的两层纹及透雕、廓外附纹饰的云龙、螭虎纹等。但也有伪托之说的宋龙大渊《古玉图》等一些书籍上的众多图式。清代增见了在古璧上加刻诗文的习俗，主要见之乾隆时代。工艺也有发展，隐起、浮雕、透雕、出廓、连体双璧等纷繁多姿。玉璧的体量，早期稍小，后来渐大，迄今所见最大的一件良渚玉璧，笔

---

①　张明华：《良渚古玉》，台北渡假出版社 1995 年版，图 203—205。

者测量于美国华盛顿弗利尔美术馆,直径达 45.7 厘米。国内现存最大的玉璧出自陕西北郊南岭汉墓,直径为 43.2 厘米。三星堆遗址有直径近一米的巨型厚重的大石璧。

玉璧用途复杂,但良渚玉璧仅有礼天和敛尸的功能

璧的用途有多种说法,且时代不同、用材不同,其用途也有变化。

1. 礼天。《周礼·春官·大宗伯》:"以苍璧礼天。"

《隋书·礼志》:"后齐制……圆丘则以苍璧束帛,正月上辛,祀昊天上帝于其上,以高祖神武皇帝配。"

《册府元龟·掌礼部·奏议》:"开成二年二月,太常博士丘濡奏祠祭圭玉,请依礼文诏令有司详定起等议曰:伏以邦国之礼祀为大事,圭璧之议经有前观,臣等谨案《周礼》:天地四方,以苍璧礼天,黄琮礼地。"

宋王应麟《玉海·器用》:"元丰三年八月辛卯,诏明堂改用苍璧礼天,五帝依大宗伯陈玉。"

《金史·礼志》:"太府监、少府监祀前一日未后二刻,帅其属升坛陈玉币。昊天上帝以苍璧、苍币……"

《元史·祭祀志·郊祀》:"器物之等,其目有八:一曰圭币,昊天上帝苍璧一……"

清谷应泰:《博物要览·志玉·玉器名目》:"璧以祀天帝(璧用苍玉)。"

2. 祭祀山川。《山海经·南山经》:"凡鹊山之首……其祠之礼:毛用一璋玉瘗,糈用稌米,一璧,稻米,白菅为席。""凡南次二山……其祠:毛用一璧瘗,糈用稌。"

3. 明堂享礼。《宋史·礼志》。庆历三年,礼官余靖言:"祈谷,祀感生帝同日:其礼当异,不可皆用四圭有邸,色尚赤。乃定祈谷、明堂苍璧尺二寸……"

4. 兆丰熟。唐段成式《酉阳杂俎》:"一曰玄黄,形如笏,长八寸有孔,辟人间兵疫。二曰玉鸡,毛白玉也,王者以孝理天下则见。三曰谷璧,白玉也,如粟粒,无雕镂之迹,王者得之,五谷丰熟……"

5. 瑞玉。《周礼·春官·大宗伯》:"子执谷璧,男执蒲璧。"

《通典·礼》:"王将射之时,公卿朝见,三公执璧,卿执羔。"

6. 誓言信物。《左传·僖公二十四年》:"传二十四年春,王正月,秦伯纳之,不书,不告入也。及河,子犯以璧授公子曰:'臣负羁绁从君,巡于天下,臣之罪甚多矣!臣犹知之,而况君乎? 请由此亡。'公子曰:'所不与舅氏同心者,有如白水。'投其璧于河。"

7. 作神祇,选择嗣君。《左传·昭公十三年》:"乃大有事于群望,而祈曰:'请神择于五人者,使之社稷。'乃遍以璧见于群望曰:'当璧而拜者,神所立也,谁敢违之?'既,乃与巴姬密埋璧于大室之庭,使五人齐,而长入拜。"

8. 问士。《荀子·大略篇》:"聘人以珪,问士以璧,召人以瑗,绝人以玦,反绝以环。"

9. 祈安平。唐段成式《酉阳杂俎》:"古者,安平用璧,与事用圭,成功用璋。"

10. 避凶。清陈性《玉纪》:杜文澜序:"余初识于陈东屏司马座间,翁放言高论,详玉不去

身之旨。忽探背出一拱璜,大如盎,云:'此太公璜也,曾游晴川阁,堕三层楼不死,以背有此璜能轻身故。自此常负之,不须臾离。'"

11. 礼品。《周礼·秋官·小行人》:"合六币:圭以马,璋以皮,璧以帛,琮以锦,琥以绣,璜以黼。此六物者,以和诸侯之好故。"

《仪礼·聘礼》:"受享束帛加璧,受夫人之聘璋,享玄纁,束帛加琮。"

《周礼·冬官·考工记》:"琢、圭、璋、璧、琮,缫皆二采一就,以覜聘。"

《通典·礼》:"东晋太子婚,纳征礼用玉璧一,虎皮二。"

《宋书·礼志》:"太康八年,有司奏'昏礼纳征,大昏用玄纁,束帛加珪,马二驷;王侯玄纁,束帛加璧,乘马。'"

12. 货币。唐杜佑《通典·食货》:"使玉人刻石为璧,尺万泉,八寸者八千,七寸者七千是也。""天下诸侯载黄金、珠玉、五谷、文采、布帛输齐,以收石璧。石璧流而之天下,财物流而之济。"

13. 服饰。汉桓宽《盐铁论·散不足》:"今富者皮衣朱貉,繁露环佩。中者长裾交袆,璧瑞簪珥。"

14. 建筑饰物。《汉书·司马相如传上》:"华榱璧珰,辇道绸属。"郭璞注引韦昭曰:"裁金为璧以当榱头也。"张铣注:"璧珰,以璧饰椽首也。"一说指瓦当。见《史记·司马相如列传》司马贞索隐引司马彪曰。

晋陆翙《邺中记》:"石虎太武殿,悬大绶于梁柱,缀玉璧于绶。"

15. 燔玉。《礼记·郊特牲》:"诸侯为宾,灌用郁鬯(祭祀用酒),灌用臭也,大飨,尚腵脩而已矣。"孔颖达疏:"天皇之神为尊,故有再降之礼,次则扫地而设正祭,置苍璧于神座以礼之,其在先燔者亦苍璧也。"

《宋史·志·卷五十四》:"帝谓前代礼有祭玉、燔玉,今独有燔玉。命择良玉为琮、璧。"

16. 敛尸。《周礼·大宗伯·典瑞》:"驵圭璋璧琮琥璜之渠眉,疏璧琮以敛尸。"郑玄笺:"以组穿联六玉沟瑑之中以敛尸。圭在左,璋在首,琥在右,璜在足,璧在背,琮在腹,盖取象方明神之也。疏璧琮者,通于天地。"贾公彦疏:"宗伯,璧礼天,琮礼地,今此璧在背在下,琮在腹在上,不类者以背为阳,腹为阴,随尸腹背而置之,故上琮下璧也。云疏璧琮者通于天地者,天地为阴阳之主,人之腹背象之,故云疏之通天地也。"

17. 明器。湖南长沙马王堆一号汉墓,发现木璧三十二件,素面十七件,涂金粉的谷纹璧四件,涂银粉的十一件,放置于边箱的竹笥内(图110)。同一墓出土竹笥(二九三)上有"木白璧、生璧一笥"文字。湖北省随县曾侯乙墓出土石璧四十八件,均置边室,其中二件出自殉狗棺,一件出自陪葬棺。考古发现证明太湖地区新石器时代先民的葬制中,璧的位置的确多在人体下面,琮在腰腹部,与"背阳腹阴"说甚合。鸟与天有关,弗利尔美术馆玉璧上的几组鸟纹应与持有者生前"通天",死后"升天"有关。

随着时代的变迁,风俗的演袭,璧的用途如前述,亦愈益复杂,广州南越王墓用了71件玉璧,还有大量的陶璧。如湖南长沙马王堆一号汉墓内棺盖上的帛画顶端,有一个系罗带的璧,是帛画上的挂饰。广州西汉南越王墓玉衣头顶心,用一谷纹小玉璧缀饰,有人说可以让死者的灵魂从玉璧的穿孔中有去处（图111）。值得注意的是，玉璧礼天功能从新石器时代一直持续至清代，考古发现也反映了这种现象。故宫藏许多玉璧，精巧美观，原置于皇室，是文房玩物。意大利画家郎世宁创作了一幅"弘历鉴古图"，生动地描绘了乾隆皇帝在养心殿静心鉴赏古玩的情景，右侧台子上就有玉璧。有趣的是，在养心殿门外对面墙壁前，露置一嵌玉璧木雕龙纹插屏，据说皇帝家眷怕出门"碰壁"不吉利，壁前置（通天功能的）璧，此璧非那壁，就逢凶化吉了。

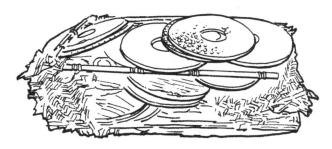

图110　木璧　西汉　湖南马王堆墓出土

图111　玉衣头套顶上的小玉璧　西汉　广州南越王墓出土

　　至于历史上玉璧是否曾经被当作货币使用。笔者认为可能性有，但至少是极其短暂或在相当有限的局部地区。因为作为日常反复使用的货币，其用材是有特殊要求的，如中国早期货币则利用天然的贝壳，它产自一般人不易获得的偏远的南海。以后因为商品交换的日渐扩大，天然海贝资源的不足，出现了用骨、铜、银、铅，也有用玉、石仿制成贝币流通。随着社会的进步，货币的使用和需求量越来越大，人们于是发明并采用了便于熔铸、反复使用的、以铜为主的金属货币。他们用稀贵的金银之类金属，制成生活中较少面市的大数额或以重量计价的元宝、锭形货币，用铜等普通金属制成频繁入市的小数额货币，如此状况几乎延续了中国的整个历史时期。

玉料的硬度一般较高,琢磨加工十分困难,质地也嫌生脆,若以数量庞大的货币形式流通于商界,恐有不妥。另外,我们从玉在人们意识中的地位分析,这种可能性也不大,因为考古发现证明,新石器时代诞生后,人们突然从磨制技术中,首次发现了滋润、瑰丽美玉的无穷魅力①,于是人们立刻将它们从顽石中区别开来,把它们琢磨成高贵的装饰品,加工成祭祀天地的神秘礼器。而且许多事实证明,玉材的来源从来就是十分稀少的。一个明显的现象是,每一个历史时期的使用者,几乎都是颇有地位的人物。我们甚至还发现,从崧泽等新石器时代的玉文化开始,就出现了不轻易丢弃残破玉器,加工修理后继续使用的情况。即使像西汉南越王那样拥有崇高地位、无数珍宝的人物,在墓葬中也发现了不少用金丝、金皮联缀包修过的断裂残缺玉器。回顾中国历史上用玉的盛衰史,不难发现,屈指可数的玉路,因为战乱或其他意外事件引起的阻塞,甚至可以殃及整整一个朝代。

有学者著文,引《管子·国蓄》:"以珠玉为上币",《吴越春秋·勾践伐吴外传》:"春秋奉币、玉帛、子女以贡献焉"等文献记载,结合一些考古发现,认为"玉与金、帛并称,其货币性质明确无异"。并进一步推定"越国的原始货币(是)玉璧","玉璧作为越国的货币可能源自良渚文化晚期"。②笔者认为文献所述之"玉"没有专指玉璧,而且当时玉的品种早已纷繁无数,我们很难断定此"玉"必为"玉璧",相反,既有出土实物,又有文献记载的玉质货币应该是"贝玉"。

另外,我们也应该注意对"币"字字义的完整认识。《说文》:"币,帛也,从巾。"古时以束帛为祭祀或赠送宾客的礼物,曰币。《周礼·天官·大宰》:"及祀之日,赞玉币爵之事。"后来称其他聘享的礼物,如车马玉帛等,亦曰:"币"。《辞源》中"币"有三释:1.本为缯帛;2.财物;3.钱、货币。前及学者将玉璧作为货币的证据"以珠玉为上币"一说,在《辞源》中恰恰是作为第二项"财物"一释之文献依据。如此,文献上似乎未曾发现有用玉璧作货币的直接记载。

加工上的困难,材料的稀贵,玉路的制约,使我们感到用玉作货币有相当大的局限性,因此在今推论中国历史上有以玉璧作货币一说,在没有直接的资料加以佐证的前提下,必须慎之又慎。

总之,玉璧的用途早期比较简单,根据文献记载玉璧功能虽然繁多,但礼天功能贯彻始终的史实,良渚玉璧是墓主生前礼天的礼器和表明身份的瑞器,死后入葬作敛尸用。近年,太湖地区的古文化遗址良渚文化大墓中屡有玉璧发现,反山遗址第23号墓一穴多达三十四枚,其中精致者一二件,应该是生前的礼器,粗糙者应该是直接作敛尸用的明器。

玉璧应该是崧泽文化玉环与环形石斧的结合

关于玉璧的起源,大致有三说:环形石斧、纺轮、与仿天之环圆形③。环形石斧说是日本滨

---

① 新石器时代之前,再好的玉材,仅凭原始的打制技术加工,人们只会把它们混同于普通石头。事实上,即使今天你当你面对一块稍作加工未经研磨的玉材,光从外貌上观察,也难辨其是玉是石。否则,玉器工艺发达的战国时代,怎么会发生给君主奉献上好玉璞的卞和,会被误解而剁去双脚的故事来呢?

② 唐俊杰:《玉璧——越国原始货币的考古学观察》,《杭州考古》总第12期,1997年12月。

③ 周南泉:《论古代中国的玉璧》,《故宫博物院院刊》1991年第1期。

田耕作 1940 年在《古玉概说》一文中提到的,后南京汪遵国先生也有相同观点①。纺轮说系指崧泽文化或先期古文化中扁平圆形的一种,它们确实如璧的缩小件。仿天之圆形,见之《周礼·春官·大宗伯》:"以苍璧礼天。"郑玄注:"礼神者必象其类,璧圆象天。"以上三说都有一定道理。笔者认为,崧泽文化直接发展演变为良渚文化,目前已得到考古界的认可,因此,良渚玉璧的源头可以直接从崧泽文化中寻找答案。良渚玉璧的基本形制为圆饼形,崧泽文化中与其近似的器物并不多,如红、灰陶饼形器,石、陶纺轮,玉环、玉璏、环形石斧等(图 112)②。从穿孔的特征考虑,纺轮、玉环、环形石斧更近。纺轮在先民心中的地位非同一般,它的出现一改树皮、兽皮遮蔽身体的蒙昧状态,人们从此有遮羞保暖的衣服可穿。不过,纺轮是女性的生产工具,与璧环象天相较,在相关切合度上尚欠火候。因此笔者认为玉璧的最终定形产生,应该是崧泽玉环与环形石斧结合的产物。

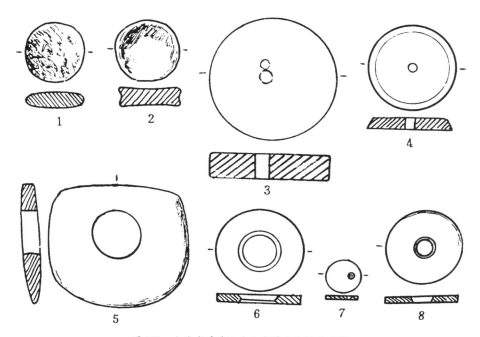

图 112 上海崧泽遗址出土崧泽文化圆饼形器
1. 红陶饼形器 2. 灰陶饼形器 3. 红陶纺轮 4. 石纺轮 5. 环形石斧 6. 玉环 7、8. 玉璏

玉环(崧 M65:10;图 112,6)是崧泽人的装饰品,造型极似,唯尺码上嫌小了一点,但玉的珍贵性、神秘性、不可测的特殊功能方面已经在崧泽人的意识形态中形成。它们除了装饰用,还放在墓主的嘴里以求尸体不腐或灵魂的不散。而不多见的崧泽环形石斧(崧 M13:1),用坚硬的斑岩琢制,中间穿孔,造型上几近圆形,有人甚至直接称其为璧形石斧。参考墓主的身份,是一位中年男性,随葬了 3 件崧泽时期较为珍贵的磨光石锛和石斧,还有象征财富的猪颚骨。如按汉许慎"玉,石之美者"标准衡量,此件钝锋、通体精磨的斧形器,已经不作生产工具

---

① 汪遵国:《良渚"玉敛葬"述略》,《文物》1984 年第 2 期。
② 张明华:《良渚玉璧研究》,《故宫博物院院刊》1995 年第 2 期。

使用了,不排除当时已经具有玉璧的礼器功能了。至良渚时代量产型玉矿的发现(1982 年,江苏省地质矿产局钟华邦工程师,在江苏溧阳小梅岭发现了良渚玉矿,2019 年梅岭玉矿遗址被入选江苏省文物保护单位),使良渚玉璧的基本玉质、造型,伴之而来的演绎功能就此奠定。

上海福泉山良渚文化刻纹玉璧,虽然没有弗利尔美术馆玉璧有类似埃及王徽那样的图案,但考虑到文献记载玉璧唯礼天功能贯彻始终的史实,上海福泉山玉璧主要就是首领或王用以通天的礼器。璧上没有王徽而是符号性线刻,是否代表了福泉山墓主要比浙江反山 12 号墓主的王者地位低一等级的地区领袖?

玉琮、合符与双子琮

    1984 年，在上海青浦福泉山遗址 40 号良渚大墓出土了两件大小相仿的玉琮。青灰色，有不规则灰白沁色，器表为小圆眼简化人面纹，整器呈直筒形（图 113），出土时一件在胸腹部，一件在脚下右侧，相距 2.5 米之多。在仓库整理时，不经意间发现，这两件玉琮可以上下纹丝密缝地合为一体，结合处器表有一圈槽型的磨痕，一组完整有序的纹饰被磨成了残缺（图 114）。这种不明原因刻意为之的一分为二，在当时还没有相关的报道。

图 113　双子琮的上琮　良渚文化　　　　　　图 114　上下琮吻合一体的双子琮　良渚文化
　　　　上海福泉山遗址出土　　　　　　　　　　　　上海福泉山遗址出土（上下各高 8.1 厘米）

    "玉琮"有大小不一的造型、奇幻多变的纹饰、混沌未明的年代、繁复神秘的功能，使其始终笼罩着一种面目难识的朦胧色彩。如对其简明扼要的描述：这是一种内圆外方中间穿孔的玉器，分长柱体和厚重矮方体两种；主纹有成对小圆眼（亦称简化人面纹）或者小圆眼与椭圆眼的上下组合形式（亦称人兽纹或巫师御虎蹻纹）。目前所见，最高的一件 49.5 厘米，现藏大英博物馆，最重的一件 6.5 公斤，是浙江反山出土的"琮王"，最小的高仅二三厘米的玉琮形器。玉琮，早年一般被识定为战汉时期的产物。1973 年，由江苏考古工作者首先在草鞋山良渚墓地中科学发掘获得后①，才被认识到它是始自四五千年前的文物；因随葬于良渚文化大墓而被推测其为当时的礼仪重器；先秦文献强调它是一种具有重大意义、众多用途、仔细分工的礼器和瑞器。其中最早由《周礼》说及的"黄琮礼地"之功能，一直为历朝的礼制所沿承，这种特殊的经久绵长的文化现象，在中国乃至全世界都十分罕见。

琮形玉器不全是玉琮

20世纪初以来，海内外多位著名学者研究"玉琮"的专论不下数十篇，他们把它分别识作烟囱、水井、玉主、神像、图腾柱、法器、神器、神柱、大勒子、釭头、天文仪、织机零件、生殖器套、女阴与男根、猪或猪头替代物等几十种器物的演变、象征或功能②。其中将玉琮的意义考论得最有创意、影响最大的当为哈佛大学张光直先生的观点。他在把中国新石器时代和三代文化发展划成一条直线的表达中，赫然将"玉琮"作为一个时代的标志嵌入其中：(1)石器时代；(2)玉琮时代；(3)青铜时代；(4)铁器时代③。总之，关于玉琮的研究，先后参与学者众多、引经据典、理直气壮的长篇大论，令人眼花缭乱、目不暇接，但得出的结论却根本无法统一，甚至是风马牛不相及，陷入了一种"瞎子摸象"的误区。笔者发现，主要问题是许多论者不分规格大小、质地优劣、出土位置、时代早晚，将数量庞大的、内圆外方的玉器一网打尽，笼统地称为玉琮。在文物市场上，在公私博物馆、展览馆等场所则更是乱作一团。可以想象，这种连讨论的对象都不一致，就贸然地去引申、去判断它们的意义和用途，怎么可能达到观点的统一呢？怎么可能保证结论的精准呢？

本来对一种器物的定名、称谓，不是什么了不起的大事，就像"玉琮"至今常常被错读成"yù zōng"一样，大家心里有数也无伤大雅。但是"玉琮"一词的意义却非同一般，就良渚文化而言，有的大墓，一穴就出好几件，件件都是重器？不可能！至于学术界为何没有或不能及时正名而放任自流？笔者认为主要原因是那种大包大揽的认识习惯，沿袭的时间实在太长了，而且大都是颇具权威学人的观点，稍一触动，波及面太大，恐有哗众取宠之嫌；另外，内圆外方概念下的琮形器太多，新石器时代以后的造型更加出奇繁复，缺乏统一的标准；文献上，不同时代明确为琮的图绘形式和文字描述也大相径庭。如汉代《柳敏碑》上凿刻的玉琮图形，竟是多角形的(图115)，因为没有表达透视关系，此图形究竟反映了玉琮的哪一面，谁也不敢肯定。宋代因玉路受阻，玉材缺乏，皇家不得已明令把应有的规格改小，甚或改变质地。如《册府元龟·掌礼部·奏议》："是月南郊礼仪使奏郊祀所用圭璧制度，准礼祀上帝以苍璧，祀地祇以黄琮……，或以玉难办，宁小其制度，以取其真。今郊庙所修圭璧量玉大小，不必皆从古制，伏请下所司修制从之。"到清朝《皇朝礼器图式》④中明确作礼地的黄琮，甚至连起码的内圆外方的基因也被颠覆，成了长方扁薄的斧形器(图116)。很显然，要在如此繁复的千头万绪之中梳理

---

① 南京博物院：《江苏吴县草鞋山遗址》，《文物资料丛刊3》。
② 张明华：《中国古玉——发现与研究100年》，上海书店出版社，2004年版，第299—304页。
③ 张光直：《谈"琮"及其在中国古史上的意义》，载《中国青铜时代》二集，三联书店出版社1990年版，第80—81页。
④ 《皇朝礼器图式·卷二·祭器》重印乾隆殿刻本。

出"玉琮"这个头绪来,谈何容易! 笔者为此作出过努力。

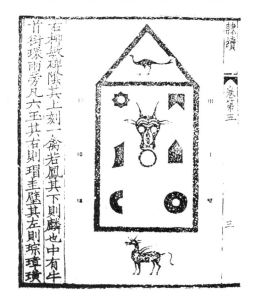

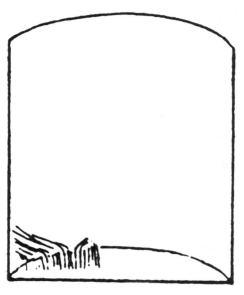

图 115　汉《柳敏碑》上的六玉图(左上角为六角形玉琮)　　　　图 116　清《皇朝礼器图》之黄琮

　　1992 年,在《良渚古玉综论》一文中,首次依据江苏花厅两串玉项链上出现所谓的"小玉琮",提出把这一类"小玉琮"从玉琮的队伍中清理出来,另名为"琮形管"①。1993 年,《良渚文化琮形镯》一文的发表,将一批至今尚有学者坚称为玉琮的内壁光滑,适宜手腕穿套的内圆外方玉器,另名为手腕套饰功能的"琮形玉镯"②。辽宁省考古研究所所长孙守道先生专门来信:"有琮为镯,考之精当;新年新作,更祝辉煌。"很多人对这种归属不以为然,被镯当圆形的常见印象所束缚。其实,在近现代最时髦的手镯中也能见这种样式,上海旅游景点田子坊饰品柜中的银镯,除了内圆外方的,还有三角、四角、八角形多种。江苏赵陵山③、浙江新地里遗址良渚墓的人骨架的手臂上直接发现了套有这型方镯(图 117)的现象。由于这两种数量不小的器型被从大包大揽为"玉琮"的队伍中清理出来,使"玉琮"的形式差不多一下浓缩到了简化人面纹多节型长琮和矮方体厚重大琮两种器型上,为全面廓清"玉琮"前进了一大步。此说也得到了学术界的很好反

图 117　琮形玉镯　良渚文化　浙江新地里遗址出土(可见墓主手臂骨穿过镯孔)

---

①　张明华:《良渚古玉综论》,《东南文化》1992 年第 2 期。

②　张明华:《良渚文化琮形镯》,《文物天地》1993 年第 3 期。

③　苏琼:《赵陵山出土的两件玉器》,《中国文物报》1992 年 8 月 2 日。

响。行文至此,福泉山这件一分为二的特殊玉琮,又会是什么新的未曾认识的琮形器? 文献能否找到相应的形制? 可信的用途?

《周礼·春官》有:"黄琮礼地","琥圭璋璧琮,缫皆二采一就,以聘。"《周礼·冬官·考工记·玉人》有:"驵琮五寸,宗后以为权。大琮十有二寸,射四寸,厚寸,是谓内镇,宗后守之。驵琮七寸,鼻寸有半寸,天子以为权。""璧、琮九寸,诸侯以享天子。""璧、琮八寸,以覜聘。""琥琮八寸,诸侯以享夫人。"《周礼·宗伯·典瑞》有:"驵圭、璋、璧、琮、琥、璜之渠眉,疏璧琮以敛尸。"《仪礼·聘礼》有:"受享束帛加璧,受夫人之聘璋,享玄纁束帛加琮。"根据周尺计算,除了《周礼·冬官·考工记·玉人》中"十有二寸"的"大琮"与先秦,特别是良渚传世、出土较多的棕褐色玉琢刻的简化人面纹长柱琮的形态很相像,《周礼·宗伯·典瑞》:"驵圭、璋、璧、琮、琥、璜之渠眉,疏琮璧以敛尸",与良渚大墓如江苏寺墩 M3 等有数件或十数件玉琮围在人骨架四周的埋葬习俗(敛尸)相吻合,浙江反山硕大厚重、精雕细刻、琢有"神徽"的"琮王"似与《周礼》所述具有礼地功能的、没有表明规格尺寸的"黄琮"有关联,其他的信息几乎都与福泉山"一分为二"的玉琮无关。

"一分为二"是困惑又是线索

福泉山这件,中孔颇大,整个器物成薄壁直筒形,如果勉强归类,似乎应该属镯类饰件。但经测量,就较大的一件(M40:110),高 8.2 厘米,孔径 5.2～5.5 厘米;另一件稍小(M40:26),高 8.1 厘米,孔径 4.7～4.9 厘米。如果光看两头的孔径,给小孩用差不多,其实不然,两件内孔趋中部都有内收的现象,而且器身太长,作镯使用明显行不通。令人费解的良渚人为什么要把好端端的一件玉琮一切为二? 甚至不惜破坏了神秘的人面纹的完整性? 有学者认为,玉琮之所以被一切为二,"其意图可能是通过切断一件玉琮来增加玉琮的数量"[①]。此说似乎缺乏说服力。从福泉山 M40 发掘平面图上发现这件玉琮一半在头部,一半在脚下,相距 2.5 米之多,这又是为什么?

二十四年后,转机终于来了。北京王仁湘研究员不厌其烦,一丝不苟,通过对大量良渚琮形器的观察研究,不但从类似的磨损痕迹中发现了不少良渚琮形器有被一分为二的现象,而且将这种原为一体,后被一分为二的玉琮取了个好名字——"双子琮",上半截称"上琮",下半截称"下琮"。他还发现:"单体琮常见的纹饰是一个大兽面(上面)配一个小兽面(笔者认为应该是'人面',下同)[②],如果一件琮上的纹饰并没有完整的组配形式,那它可能就是失落的双子琮之一。再细化一点看,如果其上端只有大兽面而没有小兽面,这件琮就是双子琮中的下琮;如果其下端只见小兽面而没有大兽面,这件琮就可能是双子琮中的上琮。"这对于已经出土或传世琮形器辨别双子琮与否,提供了精确的标尺,对墓主人的身份及相关的社会形态的探讨亦具意义。先生还规律性地发现浙江反山、瑶山、余墩,江苏寺墩,广东鹿尾的许多墓中都只

---

① 中村慎一:《良渚文化的遗址群》,《古代文明》第 2 卷,文物出版社 2003 年版。

② 张明华:《良渚玉器虎纹及其源流》,杨伯达主编:《出土玉器鉴定与研究》紫禁城出版社 2001 年版,第 319—336 页。

见"上琮"或"下琮",无法合二而一复合完整的现象。王先生认为,双子琮打单的原因很多,可能是使用过程中出现失落现象,也有"合符"的功用①。"合符"?虽然这只是王先生的一种未经深入考证的假设,但很有见地,对我的启发极大。

《史记·黄帝本纪》:"诸侯咸尊轩辕为天子……北逐荤粥,合符釜山,而邑于涿鹿之阿。"说的是黄帝征调了诸侯的军队,擒获并杀死了发动叛乱的蚩尤,诸侯因此都尊奉轩辕为天子,取代了神农氏。从此他就一路劈山开道,征讨叛逆,往北驱逐了荤粥部族,来到釜山,与诸侯合验了符契,在涿鹿山下建起了都邑。显然,其中的合符,就是指一种公认的君臣、合盟之间军事、行政、庆典活动时各执一半,届时能分而相合相互印证的信物,也是"合符"的最早记录之一。符,有以竹木、兽皮、玉石、骨牙、铜等制作。考究的如楚怀王发给儿子鄂君启的青铜符节,有错金一百多字。战国杜虎符,是1975年冬天,西安市南郊北沈家桥村的一个少年名叫杨东锋在帮大人劳动发现的。铜虎满身错金字,对合而成(图118)。只是黄帝时代太早了,此说一直没有实物证据予以佐证,如果双子琮的合符说能够成立,那么,其意义就非同一般了。

图118　杜虎符　战国　陕西西安沈家桥村出土

图119　上下琮吻合的双子琮　良渚文化
浙江横山遗址出土(上下各高7.2厘米)

经重新检索,就目前的发现,仅见福泉山 M40 和浙江余杭横山(图119)两座墓中的双子琮是上下琮能配对齐全的。它们分别随葬 120、284 件玉石陶器精品,墓主生前都属地位高贵的人物。从平面图上又发现一个规律,上琮几乎都在人骨架的胸腹部,下琮都在脚下。福泉山双子琮的上下琮相距 2.5 米之多,横山相距不下 2 米(平面图缺比例尺)。这会不会是一个提示?上琮所在胸腹手肘部,一般是墓中随葬品相对多且贵重的区域,也是墓主直接执握权杖礼器的身位;下琮远在脚下(横山下琮周围空无一物,孤零零地偏于一角)。难道上下琮会

①　王仁湘:《史前玉器中的"双子琮"——兼说良渚文化玉器上的神面纹》,《文物》2008 年第 6 期。

有尊卑之分？

　　著名的战国新郪虎符有错金银铭文："甲兵之符，右在王，左在新郪……"说明虎符右半符高贵，由王掌握，左半符则让交由新郪军事首领在外行使兵权；"无出其右"指古人有以右为尊的思想。我在研究良渚玉戚的过程中曾有发现，寺墩M3、草鞋山M198的玉戚都见于左手，福泉山多见于右手，反山多见于左手（M12、M14、M16、M20），也有右手（M17），瑶山在右手（M7）。《周礼·夏官大司马》："左执律，右秉戉。"《尚书·牧誓》："王左杖黄钺，右秉白旄以麾。"汉孔安国传："钺以黄金饰斧，左手杖钺示无事于诛。"唐孔颖达疏："太公六韬云，大柯斧重八斤……钺以杀戮，杀戮用右手，用左手杖钺，示无事于诛。"可见这些记载肯定了左右手两个执钺形式的存在，且"左手杖钺，无事于诛"，因戚、钺同为斧柯器，那么良渚时代左右手执戚的意义及反映当时的形态不会相去太远。同样道理，我们对双子琮上、下琮的随葬位置、缺失情况等也不能忽视。一上一下，人们习惯以上为尊，"人上人"，"下人"，足见社会上是有上贵下贱之分。双子琮如浙江反山、瑶山、佘墩，江苏寺墩，广东鹿尾等许多大墓中能见的上琮，几乎都在人骨架的胸腹部。这似乎说明执上琮者，正是良渚社会各个时段、各个部族区域的王或首领，而不见的地位低于上琮的下琮，正在临时出征或驻守在外的军事首长手上。福泉山M40和横山良渚墓双子琮上下齐全，是否反映了沪浙两地当时没有战事，正处在和平环境当中？

　　如果此说成立，那么，1984年在福泉山出土的双子琮，应该是我国科学发掘获得的最早合符之一；双子琮"合符"的出现，也可以为形式繁多功能难识的良渚琮形玉器，归纳区分出了又一新的形式，为中国的合符系列增添一种新的早期形式。

上可通天小玉鸟

上海出土的良渚文化玉器中,小玉鸟仅此福泉山一件,弥足珍贵。它长 2.6 厘米,乳白色,尖喙上扬,其下穿有一小孔,似一灵动有神的小眼睛,浅显的若有若无的几道刻画,勾勒出翅羽,微翘的尾巴,活灵活现,煞是可爱(图 120)。很可惜,玉鸟脚下有断痕,说明它不是一件完整器。脚下是什么? 可能是什么器物? 有什么功能……

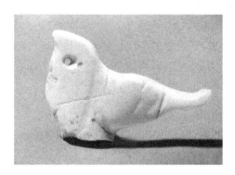

图 120　小玉鸟　良渚文化　上海福泉山遗址出土

人们一般都将先秦时期的玉制动物鸟、鱼、蝉、蚕、青蛙、鹿、龙、凤等归入饰件或玩具类认识,现在看来不甚妥当。包括福泉山玉鸟在内,它们理应具有超乎玩具的原始宗教色彩,杨伯达先生称之为"玉神器"。[1]出土动物形玉器较多的红山文化分布范围,恰恰是东北亚古老的萨满教盛行的地区,其中的蛛丝马迹为我们提供了线索。

萨满教具有原始宗教的基本特征,行神事时萨满必须穿神服、敲神鼓、佩神偶等,奉"万物有灵"为基本教义,借助玉石骨角等各种材料制成的神灵助手,克服事神道路上的大大小小各种阻碍,与天、地、神、祖取得联络,上承下达,去完成凡人无法完成的任务。玉龙的功能比较大,呼风唤雨、上天入地无所不能。[2]另如鹰、鸟,可能会帮萨满排除事神天路上的障碍;鱼可能会帮助萨满排除水路上的阻拦等;龟的长寿和预示晴、雨天象等的本领,使龟很早就成为了先民占卜未知和记录大事的载体;丑陋的蟾蜍后来成为了月亮的象征或月宫里的神物;鸣蝉似乎有生生不息、死而复生的巨大神力。虽然笔者是无神论者,但当我在农村插队时,发现青蛙竟能像

＊　本文原载自张明华:《上海历史之源——福泉山》,上海古籍出版社 2019 年版,第 43—47 页。
①　杨伯达:《玉神器说》,《中国文物报》2004 年 4 月 28 日。
②　张明华:《从中国新石器时代玉龙看龙的起源》,《故宫文物月刊》2000 年第 2 期。

时钟一样准确地报时，一下理解了动物能成为先民心目中神物的缘由。

"文革"后期，我到农村接受"再教育"。日复一日的筋疲力尽和腰酸背疼，让我每每在庄稼地里巴望着太阳快点儿下山。一位经验丰富的老农民看透了我的郁闷，除了手把手地教会我一些能干出事半功倍农活的诀窍之外，还悄悄告诉我一个秘密，青蛙是不花钱的土钟表，它可以告诉人们收工的时间。我将信将疑。

当天下午，奇迹发生了，田间忽闻几声零星的蛙鸣（似乎是领头蛙），很低沉，但十分洪亮，余音未消之际，四周每个角落里的青蛙就像接到口令一般，突然齐声鼓噪起来，持续不断。其间，我仔细观察了一下，青蛙们不管大小，不分肤色和品种，一律引吭高歌，腮旁的两个气囊都鼓得圆圆的，呈半透明状。平时你稍稍靠近它，它早已不知逃窜到哪里去了，现在似乎重任在身，忠于职守，虽然双眼仍然紧盯着你怕有不测，但只要不碰它，它就没有走的意思。大概有几分钟时间，也不知道它们又接到了什么信息，蛙鸣戛然而止。1小时不到，果然听到了收工的钟声。我目瞪口呆！①

据日本学者近年的研究，公鸡的大小脑之间有一种松果状的内分泌器官，晚上会分泌出"黑色紧张素"。它对光会产生化学反应，成为一种奇特的"生命钟"。②青蛙有没有这种生理特征不清楚，不过，上海地区都将青蛙俗称"田鸡"，应该与打鸣的鸡同样有时间概念而得名。可以想见，在原始时期，人们在小青蛙上发现了这等神奇的本事，不对它顶礼膜拜才怪哩！后来，人们用珍贵的美玉雕琢出它们的生动形象，在一些宗教场合祭出它们，似乎顺理成章。

行文至此，笔者意外发现福泉山这只残缺的良渚玉鸟似乎另有特别之处，它可能与万里之外的埃及王徽有着妙不可言的关系。在传世的美国弗利尔美术馆玉璧，巴黎吉美博物馆、北京首都博物馆玉琮上都有一个顶立一小鸟的凸顶框形刻画图案侧身的鸟形，与福泉山玉鸟几无二致。经上海自然博物馆鸟类专家周满章先生鉴定，分别是鸦、雀、鹁鸪三种鸟。文献记载，中国远古时代的少暤氏有以鸟命官的制度，因此持不同鸟纹的玉琮、玉璧者，有可能代表着不同职能、地位的职官。一个十分偶然的机会，笔者又在一本大型画册中，发现埃及早期王朝的第一、二王朝的王徽，与良渚琮璧上的图案十分相像。显然，良渚文化重要礼器玉璧、玉琮上的这个图案，具有良渚王徽的可能性，这也为良渚文化已经进入文明社会的推论提供了重要的依据。

由于福泉山小玉鸟姿态酷似埃及王徽上部的小鸟，笔者曾认为其应该是良渚文化可能存在的立体玉雕王徽的残器，并依王徽下部的内容绘图复原出完整器。③当时这仅仅是个推测，但不久便在浙江遂昌好川遗址良渚文化遗存中，山东莒县陵阳河遗址大汶口文化遗存中，都出现了与良渚式王徽下部形体一模一样，且规格匹配的玉器。让我们对完整器的出土更有所期待。

---

① 张明华：《陌生的青蛙》，《新民晚报》2006年1月22日。

② 《公鸡为何报晓》，《良友周报》2005年5月7日。

③ 张明华：《良渚玉符试探》，《文物》1990年第12期。

小玉鸟神器

福泉山 126 号良渚大墓中有一件扁薄的小玉鸟,高 1.88 厘米,长 2.6 厘米。乳白色,尖喙上扬,鸟身浑圆,长尾端部上翘。整器寥寥数刀,就刻画出小鸟栖息时的生动状态。近眼的位置穿一小孔,既作鸟眼,又可系绳佩挂。可惜的是腿部以下已经残缺(参见图 120)。这件拿在手上只有一块小橡皮那样的小玉器,在琳琅满目数不胜数的出土玉器中肯定算不上是精品绝品,还有必要撰文专书一番?放在过去,确实会被视作小题大做,太过夸张。因为传统习惯上那些玉鱼、蚕、蝉、蛙、龟、鳖、蜥蜴、雀、鸦、凤、鹰,包括狮、虎、熊、龙等动物,人像,过去都被人们归入饰件类或玩具类,现在看来很不妥当,至少早期的用途不是那么简单。

首先,新石器时期美玉的获得是比较困难的,人们用稀贵的玉料请地位很高的玉工(有部族首领本人直接制作一说)[1]。花很大的精力去做一件饰件或玩具的可能性很小很小。不是饰件不是玩具,那么它们会有什么用途呢?

为了作出科学的判断,我们对相关的考古资料进行了检索和分析。发现新石器时代内蒙古、辽西的红山文化,安徽的凌家滩文化,湖北、湖南的石家河文化,太湖地区的良渚文化,甚至以后商代的河南安阳的妇好墓等出土玉器中存在大量的小动物和人像造型。它们同样质优工精,且如妇好墓中的人、虎能合二而一,成为原始宗教中巫师御虎蹻的重大题材[2]。因此仅仅用饰件或玩具的功能去考量,让人感到很不踏实,总有一种功能被低估或层次不到位的忐忑。

玉的使用初期因工艺欠火候,打制技术使石、玉在外貌上难以区别,成品粗糙,毫无美感,一度被用来制作生产工具,这个阶段应该在旧石器时代。稍后由于磨制技术的发明,凸现了玉石滋润、美雅的特点,人们开始用它制作玉玦等装饰品,这个阶段应当在新石器时代早期。后来,玉以它变幻莫测的色彩,坚硬恒久不易破损的神秘姿态,越来越得到人们的重视。在人们的知识水平有限,对天灾人祸无法作出解释无力予以抗衡的残酷现实面前,一下成了人们寄予厚望,极具特异功能的宗教尤物。

在已有的考古报道中发现,最早的意识形态用玉至少是距今 6 000 多年的上海崧泽遗址马家浜文化人骨架口中的玉琀(图 121)。人们把它放在死者口中没有生产功能,没有装饰效应,可能期望神力使尸体不腐,灵魂升天。这也许是中国"七窍玉"最早的祖形。以后,随着人

---

* 本文原载自张明华:《考古上海》,上海文化出版社 2010 年版,第 195—200 页。

① 刘斌:《良渚治玉的社会性问题初探》,《东南文化》1993 年第 3 期。

② 张明华:《良渚玉器虎纹及其源流》,《出土玉器鉴定与研究论文集》,紫禁城出版社 2001 年版,第 319—336 页。

图121　管形玉珧　马家浜文化　上海崧泽遗址出土

图122　挂满各种法器的阿尔泰地区萨满像

们在这方面意识的不断加强,以求得与天地相通,与鬼神相通,与先祖相通,美玉又成了制作用途繁多分工明确的各种礼器的首选物。虽然随着历史发展步伐的加快,人们可以开发利用的青铜等新的贵重材料不断出现,特别是在汉代以后,玉器的功能多有变化,但对其特殊的神秘功能认识观始终没有改变。如果判断无误,前及这些处于新石器时代晚期的小动物、人像造型的玉器理应具有原始宗教色彩,只是缺少相关的资料加以证明。值得庆幸的是,出土遗存比较丰富的红山文化分布范围恰恰是东北亚古老的萨满教盛行的地区,其中的蛛丝马迹为我们的探索带来了希望。

红山文化的分布地区是东北亚古老的萨满教盛行地区,直至近世,这里的少数民族仍保留着萨满教信仰或萨满教遗迹和遗物,甚至还举行萨满教的族祭活动。萨满教具有原始宗教的基本特征,行神事时萨满必须穿神服、戴神帽、敲神鼓、佩神偶和钟、铃、彩带等,依靠前任萨满教授的方术,奉“万物有灵”为基本教义,借鹰、鸟、蛙、龟、蜥蜴、蟾蜍、蚕、蝉等动物这些助手神灵,帮助萨满克服事神道路上的大大小小各种阻碍,与天、地、神、祖取得联络,上承下达,去完成凡人无法完成的任务(图122)。如果不是巧合,萨满的这些动物助手都是用骨、木等材料刻凿而成,系挂或缝缀于萨满的法衣上使用。红山文化等新石器时代的那些玉人、龙、鹰、鸟、龟、蛙、蚕、勾云形器、双勾形勾云大珮、圆璧、双联璧等的玉器上都有可供缝缀的牛鼻穿或小穿孔,作为巫师通神助手的可能性极大。

关于玉立人的功能,笔者有过专论,双手弯肘抚胸,双目微闭仰首,屏息凝神的姿势,应该是一位已故的德高望重的大萨满(这里泛指巫觋或神职人员的意思,下同)行神事时,处于最高境界的生动形象,也应该是一种气功状态(传气功是中国古代得以通神的诸多方法之一)①。把它挂在萨满的身上,会给萨满带来通神的功力,使神事获得圆满成果。今天从科学的角度考虑,玉神偶的行气得气状态可以给萨满起到有效的暗示作用②。

龙的功能比较大,也都得到认可,它能呼风唤雨上天入地无所不能。对龙,笔者有过翔实的研究,特别是在龙的起源方面,认为龙起源于不同地域,影响力巨大,并受到当地先民尊崇敬畏的动物或人物。③至于其他小动物可能在不同的路径上起到特殊的导引功能。有学者感慨于此:"当汹涌的洪水狂啸着吞没人类的希望时,却奈何不了天空中翱翔盘桓的飞鸟,波浪起伏,鱼儿亦尽显搏击弄潮的英雄本色,人们把对这种生命形式的羡慕深深地刻写在他们认为具有神力的玉石之上,然后系佩之,以与玉神同在的无限期冀,赋予自身顽强生息的无穷力量。"④因此,有些如鹰、鸟可能会帮萨满排除事神天路上的障碍;鱼可能会帮助萨满排除水路上阻拦等;龟的长寿和预示晴、雨天象等的本领,使龟很早就成了先民占卜未知和记录大事的甲骨。今人对动物的许多神秘的习性有所掌握,并予以充分的开发利用。如军犬中的白俄罗斯扫雷犬能分辨出上万种不同物质气味,美军的工程犬能够对有事故隐患的飞机马达声发出警报……甚至还出现了伞兵犬、搜查犬、攻击犬等多种⑤。美国马萨诸塞州布兰德斯大学实验室一只31岁的非洲灰鹦鹉,智商与5岁儿童相当,情商与2岁儿童相似,被称为"世界上最聪明的鹦鹉"。闯祸打翻了杯子,会道歉说:"对不起",且"好为人师",经常去纠正其他鹦鹉们的语音错误,提示它们"讲话利索一点","你说错了"。自觉无趣时,会向主人提出"我想回笼子里去"等许多不可思议的举动。但也有不少动物一时想不出它们是什么角色,有什么特殊的功能来。不过,先民让这些形象出现不会是无目的无关紧要的,只是我们还没有明白而已。至少像丑陋的蟾蜍后来成了月亮的象征或月宫里的神物,小小的鸣蝉似乎有生生不息死而复生的巨大神力。尤其是当我在农村发现青蛙竟能像时钟一样准确地报时,让我更加不敢小觑其他小动物的存在,并充分理解、肯定先民们当时那种能力上的局限和精神上寄托的历史事实。

据日本学者近年的研究,在公鸡的大小脑之间有一种松果状的内分泌器官,晚上会分泌出"黑色紧张素"。公鸡对光特别敏感,当光的波长越过公鸡的头盖骨时会产生化学反应,成为一种奇特的"生命钟"。随着地球的自转规律,在光的作用下,公鸡也就及时报晓了⑥。青蛙有没有这种生理特征是科学家的事情,不过,上海地区都将青蛙俗称"田鸡",无论从形象上体量上都相差甚远。明明是蛙,却称"鸡",是否与打鸣的鸡同样有时间概念而得名?完全有这种可能。当年我因为没有手表,也没有条件日夜观察和论证。但可以想象,在原始时期,人们在小青蛙上发现了这等神奇的大本事,不对它顶礼膜拜才怪哩!

毋庸置疑,在这些动物和人物的身上先民都发现了各种不能替代的无比重大无比神秘的

① 倪润安:《秦汉之际仙人思想的整合与定位》,《中原文物》2003年第6期。
② 张明华:《凌家滩、牛河梁抚胸玉立人说明了什么》,《中国文物报》2005年3月18日。
③ 张明华:《从中国新石器时代玉龙看龙的起源》,《故宫文物月刊》(台湾)2002年第2期。
④ 闻惠芳:《夏代礼玉制度探源》,《东南文化》2001年第5期。
⑤ 方一粟:《战地军犬大集结》,《中国国防报》2009年10月27日。
⑥ 思凡:《公鸡为何报晓》,《家庭生活报》2005年4月20日。

功能，因此，它们都是他们心目中的重要角色。用稀贵的美玉雕琢出它们的生动形象，在一些宗教场合祭出它们通天地、祖神，可以达到丰收、富足、避邪、克敌并护佑人们一生平安①。

上海福泉山小玉鸟如何认识？它能有什么特别之处？说出来很难令人相信，它竟与万里之外的埃及王徽有着妙不可言的关系。

笔者曾撰文认为此玉鸟应该是良渚文化可能存在的立体玉雕王徽的残器，并依埃及第一、二王朝的王徽和弗利尔美术馆玉璧上的小鸟图案（参见图11、14）的内容绘图复原出完整器②（参见图13）。此图虽然作于1990年，且仅仅是个推测，但不久便在浙江遂昌好川遗址良渚文化遗存中③，在出现诸多良渚文化因素的山东莒县陵阳河遗址大汶口文化遗存中，出现了与良渚式王徽下部形体一模一样，且规格匹配的玉器。当然，目前尚未见有上下一体的完整器出土，让我们有所期待，但玉雕小鸟及其他玉雕动物们的重要、神秘的用途及功能可见一斑。

著名学者杨伯达先生最近认为巫教盛行时，巫以事神的玉器分别被定为祭器或礼器，现在看来似乎不够确切，应以"玉神器"一以概之④。祭器和礼器在文献上对它们的器种和用途确有严格的界定。笔者认为这是学术问题，需要看是在什么场合什么角度提出。不过，就这些玉雕的小动物和人像而言，称它们为"玉神器"是十分贴切的。

---

① 张明华：《陌生的青蛙》，《新民晚报》2006年1月22日。
② 张明华：《良渚玉符试探》，《文物》1990年第12期。
③ 王海明等：《遂昌好川发现良渚文化大型墓地》，《中国文物报》1997年10月19日。
④ 杨伯达：《玉神器说》，《中国文物报》2004年4月28日。

奇特组合玉项链

谁都知道,项链是颈项间的挂饰,除了质地上有玉石、珍珠、珊瑚、骨牙、金银等材料上和形制上的区别,还有什么玄秘可言呢?

项链,在几十万年前的旧石器时代已经开始使用,主要是以猎获的猛兽牙齿和一些被先民们感觉比较漂亮的小石子、螺贝穿缀而成,除了美化装束自己,也有显示先民勇敢、能干甚或辟凶邪的用途。福泉山有一件由玉珠、玉锥、玉环组合而成的项链(图123)。出土时有一件玉冠形器靠近项链,大家开始以为这也是项链上的零件,后来被浙江周家坟出土的完整象牙梳证明是玉梳背。可那些顶部尖锐、长长短短、大大小小的玉锥形器为什么也在项链上呢?会刺痛人吗? 局外人不理解,考古专家们同样众说纷纭。

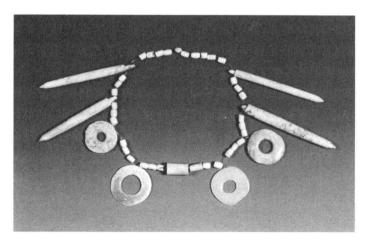

图123 珠、锥、环组合玉项链 良渚文化 上海福泉山遗址出土

它在上海历史文物陈列馆(上海市历史博物馆前身)最早展出时,被定名为玉锥,说是穿刺工具。不久后,常州市博物馆陈丽华定其名为玉笄,有压发兼发饰的功能。1984年,上海博物馆黄宣佩认为它是原始社会祭祖的礼器。1992年,南京车广锦称它为"巫镞","是男根的象征……也是祖先的象征物……小的巫镞也可悬挂,用以避邪"①。1996年,日本林巳奈夫在观察研究了反山琮王上的羽冠神人纹之后,认为神人头上的羽冠不是羽毛,而是排列插置的玉

---

* 本文原载自张明华:《上海历史之源——福泉山》,上海古籍出版社2019年版,第48—52页。
① 车广锦:《中国传统文化论》,《东南文化》1992年第5期。

锥形器。而"锥形器就应该是日、月神散发的'气',象征着其光芒,同时,它也代表着日月的神鸟的羽毛……佩带着锥形器的人是具有日、月神的光和'气'的人。当他(她)将锥形器佩带在头上时,他(她)也就是一副貌似日月的姿态了"①。1997年,浙江蒋卫东认为玉锥形器应该是崧泽文化骨镞的礼器化,"是良渚时期的玉礼兵。至于那些佩挂在身上短而粗的像锥形器的'玉坠',除装饰功用外,恐怕还有祈福禳灾的作用"②。1999年,上海王正书认为良渚文化玉锥形器与甲骨文、金文中的"祖"字一脉相承,因此它"就是人类历史上生殖崇拜所表现的男性生殖器偶像"③。不过,笔者倾向于上海市历史博物馆薛理勇的观点,他认为:"它(玉锥形器)是先于金属针灸技术的一种压刺人体'穴位'治病的医具,即古代医书中所说的'砭石'。"④薛理勇认为,中国以金属针穿刺人体穴位治病的经针技术始于战国。他发现金文中"殷"字的左边似为人体,右边为手持物刺人体。因此,殷字的字形和字义说明,至少殷商时期存在过以尖状物压刺人体某部位以疗疾(除邪)的方法。《说文》也有"砭,以石刺病也"的说法,说明"砭石"是东方特有的医具。当然以今人所见之针比较,玉锥形器显得太过粗笨了,但要知道,石头虽然坚硬,但质地很脆,磨得太细极易断裂。恰恰是先民发明的这种顶头磨尖的有些奇怪的圆锥体型,不但结实牢靠易于把握,而且尖头点刺病穴基本就可达到治疗效果(图124)。不过,笔者发现,良渚的玉锥形器不能就此笼统归纳,应该区分出两大类。体量稍大的玉方锥形器(大者可长达几十厘米长),不可能是实用的医具,有些特别精致者器表还施以人兽纹,它们应该属于意识形态用玉。鉴于后来的玉圭都呈扁化的玉方锥形,可见它们有明显的演变轨迹。

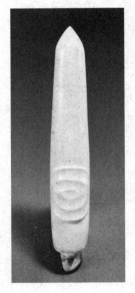

图 124　兽面纹锥形器　良渚文化
上海福泉山遗址出土

图 125　水滴形绿玉坠　良渚文化
上海福泉山遗址出土

① 林巳奈夫:《良渚文化的锥形玉器》,《文明的曙光——良渚文化》,浙江人民出版社1996年版,第206页。
② 蒋卫东:《试论良渚文化的锥形器》,《文物》1997年第7期。
③ 王正书:《良渚文化玉锥形器研究》,《南方文物》1999年第4期。
④ 薛理勇:《良渚文化"玉锥形器"的用途、名称考》,《复旦学报·社会科学版》1985年第2期。

《周礼》中玉圭有朝聘、祭祀、丧葬等礼器功能，还有显示身份的瑞器功能。考虑到两者之间可能的传承演绎关系，这类玉方锥形器应该具有玉圭的部分功能。作为砭石治病的应该都是圆锥形小器，在项链上兼有装饰功能。因为戴在项间，就像随身背了个保健箱。史前社会，医术与巫术同样神秘，有些看不好的毛病就用巫师的杀手锏——作法解决，因此他们属于特权阶层，参考民族学资料，医生、巫师一般就由良渚的首领或王兼任。

项链上还有许多造型奇特的小零件，如猪形、球形、铃形、管形、轮形、环形、滴水形小坠等，有的还琢磨出兽面纹，极大丰富、增强了良渚玉项链的艺术性。小玉环有没有刮痧治病的功能还不能完全确定。1983 年 74 号墓出土的垂胆形玉挂坠，颜色浓翠，碧绿，光润柔和，高仅 1.3 厘米（图 125）。上海文物商店的老专家薛贵笙看到之后，脱口而出："翡翠！""漂亮！"但当我们说这是四千多年前良渚文化的文物时，他沉默了，因为一般经验，翡翠要到明代才从外国引入。几年前，新华社发布消息说曹操墓出土了翡翠珠子。如果报道属实，中国使用翡翠的历史可以提前一千多年。我感觉不踏实，立即向原中国社会科学院考古研究所所长刘庆柱先生求证，结果证实是玛瑙。1982 年福泉山 9 号墓出土了一串玉项链，因受了几千年沁，那些光润的圆球珠、管形珠、铃形坠，使玉色变成钙白、灰黄、红褐、橄榄绿，色彩斑斓美丽至极（图 126）。可惜的是，此墓头部被汉代的墓葬打破，玉项链出土时呈散乱状。参考江苏两件玉项链上有琮形玉管的组合（图127），福泉山 9 号墓的这对漂亮的人兽纹琮形玉管（图128）也应该是项链上的部件。

图 126　玉珠、管、绿松石珠组合项链
良渚文化　上海福泉山遗址出土

图 127　珠、管、兽面饰组合玉项链
良渚文化　江苏新沂花厅遗址出土

图 128　琮形玉管　良渚文化
上海福泉山遗址出土

祭祀先贤玉纺轮

　　福泉山遗址出土过几件圆饼形的玉器,乳白色略带黄斑,光素无纹,中间穿有一孔。直径3.2厘米,厚1.2厘米(图129)。经辨认,它们应该是纺轮,但没有发现中间的轴杆,是因为其有机的骨木质地已经腐朽,还是有其他原因尚不清楚。不过,让人不解的是,作为日常的生产工具,福泉山良渚先民为什么要用珍贵脆弱的美玉来制造纺轮呢?

图129　玉纺轮　良渚文化　上海福泉山遗址出土

　　纺轮,是我国新石器时代就已广泛使用的纺纱捻线工具。纺轮又称"纺专""塼""瓦"。商代时甲骨文中已出现纺轮的象形文字"叀"(图130),右上部是一枚绕满纱线中间鼓起的纺杆,底下是象形的纺轮"叀",左下角还有一只捻转纺轮的手。后来,"专"字意义又倚纺轮稳定的旋转特点扩展成了"集中于一":专心、专注、专门。《诗经》中有弄璋弄瓦意为生儿生女一说,璋为玉质,瓦为陶制,璋为礼器,瓦在这里应该是纺轮的意思,其本意其实与后人理解的所谓重男轻女观念并没有什么关系。纺轮一般用石、陶、木、骨、角等材料雕琢磨制,有圆饼形、圆珠形、馒头形等多种形式,有些陶纺轮上还彩绘了各种图案,有些木纺轮的器表雕刻有花纹,中间穿插轴杆,上部尖锥形,一般长半尺许,结构十分简单,但很实用。浙江跨湖桥遗址出土过距今八千多年的陶纺轮,河姆渡、罗家角遗址出土有距今约七千年的陶、木质纺轮。湖北天门县石家河遗址出土了大批距今约四千年的彩陶纺轮,其上有直线、弧线、圆点和三角形等多

---

　　*　本文原载自张明华:《上海历史之源——福泉山》,上海古籍出版社2019年版,第53—57页。

种纹样。1987 年,浙江瑶山良渚文化遗址出土的一件是目前仅见的纺轮与轴杆全部用玉料磨制的精品(图 131)。考虑到脆弱的轴杆极易碎断和美玉的稀有贵重,它不应该是实用器,而是良渚先民对发明纺轮给他们带来福祉的先祖的纪念和奉祀。因此,福泉山玉纺轮也应该是具有同样功能的礼器。出土资料证明,原始先民主要以毛、麻作为原材料纺线,用已经成型的织机织编衣物(图 132)。这一点很重要啊!记得在许多博物馆,甚至教科书上新石器时代先民的形象几乎都是衣不蔽体的野蛮相,在今看来专家们明显低估了先民们当年衣饰方面的发达程度(那些四五千年前的丝麻出土实物完全可以佐证了这一点)。可是,有谁会想到,就是这样一件十分原始的、距今已有几千年的小物件,直至今天的上海还有人在使用它。

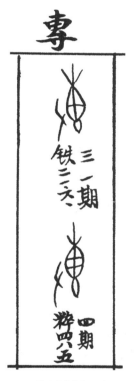

图 130　甲骨文"専"字。左下为手,
右上为下有纺轮上有绕满细线的轴杆

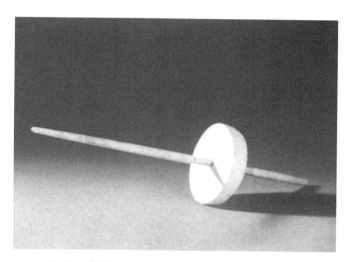

图 131　带轴杆玉纺轮　良渚文化　浙江瑶山遗址出土

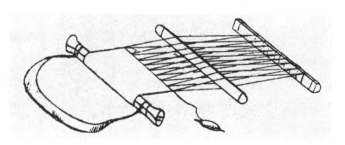

图 132　赵丰先生根据反山织机玉饰件复原的良渚文化织机

1981 年盛夏的一天下午,烈日当空,市区的柏油马路已晒得滚烫,软扑扑的,升腾起一股股热浪。我因搬家,急于办理粮油户口手续,只得冒暑外出。我赶至中山北路友好菜场附近时,遇见一老妪坐在弄堂口的阴凉里纺线,一枚纺轮在她的身边旋上旋下,使我十分惊诧。考古职业的本能与围绕着纺轮使用方法等一些悬而未决的问题,促使我想上前看个究竟,但又因半天事假时间有限,终于让我匆匆而过,事后竟始终找不到是在哪个弄口,哪户人家,更不知道纺轮的形式和质地,终于成了我心头一桩一搁数年的憾事。1985 年,《民族画报》上有一幅兰州姑娘使用纺轮纺线的水粉画,以后又见一部纪录片,其中有使用纺轮的镜头,但前者是静止的一页,后者是快速的一瞥,根本无法加以探究。随着时日的推延,这种探求的愿望愈加强烈。苍天不负有心人!1987年12月,上海西郊要开挖一条贯通苏州河与黄浦江的大运河,因施工区域毗邻崧泽古文化遗址的保护范围,为了防止殃及文物,笔者奉命率员前去探掘。也就在这项工作行将结束之际,居然发现当地人还在使用纺轮。

这是一枚木质纺轮,算珠形,中穿一孔,上插一竹筷削成的轴杆,顶端有一固定线头用的小横槽。一位熟谙此术的中年妇女自告奋勇地当场表演(图133)。只见她利索地从棉条上捻出线头,绕上轴杆,提起右腿将纺轮轴杆贴住大腿外侧,由后向前推压甩出,提起左手上的棉条线头,任纺轮荡空旋转,依靠纺轮本身的重量,使线头向下旋拉、延伸,一矣纺轮的惯性消失,棉线亦已纺出了二三尺,右手捏住纺轮,再将成线绕上轴杆,在留下不满一尺处扣住轴头凹槽,然后重复以上的动作。古朴、奇趣的操作技巧,简直像节奏简单却难于言表的美妙土著舞蹈,骤然发现,犹如佳酿入口,醉人心扉。忙不迭取出照相机,一环不漏地摄下了整个操作过程。我想,既然青浦的崧泽、福泉山等遗址也出土过不少的玉、石、陶纺轮,也有得天独厚的技术传承,他们完全有资格、有条件申请一个用原始纺轮纺线技术的非遗项目。

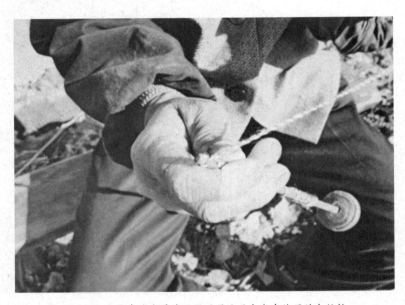

图133　上海青浦崧泽遗址附近居民至今尚在使用的木纺轮

20世纪70年代末,上海要出版《上海古代历史文物图录》一书,编者特邀我为之画插图,其中有一幅古代纺轮使用示意图,让我着实伤透了脑筋。现在亲自发现了、记录了,又学到了,真好比一块毫无生命的化石,有一天突然复活过来一般,令人振奋,意义深远。同时,我们完全可以利用已经发现的资料,通过模拟试验,用丝、麻、棉、毛或其他材料搞实验考古。一个熟练的人一天能纺多少线?这些线可以织多少布?一个人能解决多少人的穿衣问题?探究、厘清当时人们的穿着以兽皮还是以纺织物为主等问题。

小巧的、不起眼的、经济实用的纺轮能绵延七八千年至电子时代的今天,足见其生命力的顽强。

迷雾重重玉梳背

　　1999 年前，这种形制独特的玉器，因用途不明，人们皆称其为玉冠形器。扁薄倒梯形，顶端有一弧拱的尖角，素面或线刻、浅浮雕、镂孔人或兽纹多种，下底出榫，榫部对穿 2 至 5 孔不等（图 134）。显然，出榫结构表明这是残器，下面应该插有另外一个材质、器形不明的部件，让人一头雾水。

图 134　玉梳背　良渚文化　上海福泉山遗址出土

图 135　玉背象牙梳　良渚文化
浙江海盐周家浜出土

　　上海最早出自福泉山随葬 95 件玉石陶器的 101 号良渚大墓。墓中出土有权杖性质的玉戚，漂亮的玉珠、玉管、玉环、玉锥组合项链，以及罕见的良渚文化鸟形黑衣陶盉、高柄黑衣陶盖罐等。不要小看这一并不起眼的小物件，考古界却对它有一种难以释怀的尴尬。因为，这种造型、结构的器物大家从未见过，下面残缺部分是什么，都是个谜，因此，从它露面的第一天起，就把大家的目光都吸引住了。在一种强烈的释疑解问的急迫心态驱使下，包括笔者在内

　　＊　　本文原载自张明华：《上海历史之源——福泉山》，上海古籍出版社 2019 年版，第 58—62 页。

的国内外一大批学者,忙不迭地给它起名,探究它的用途,轰轰烈烈地"闹腾"了十多个年头,然而最后的结果竟出乎所有人的意料,所有人的长篇大论,所有人的引经据典全部泡汤、脱靶,这可是学术界罕见的"全军覆没"!因为1999年浙江海盐周家浜良渚文化遗址出土的一件完整器(图135),从而彻底颠覆了大家所有的设想和推测。不可否认,在这些全错的论文里,不乏主观臆断的谬论,不乏判断失误的观点,也有推测不成功的案例。在此,我们暂且摈弃猎奇、揭丑的心态,也不去追究谁的不是,而是将其作为汲取经验教训的另类的学习方式,回顾一下这些内容,看看他们究竟说了些什么,怎样说的。

　　1988年,牟永抗先生称它为神人像(反山羽冠神人像)之冠冕。牟先生依反山17号墓出土的一件玉梳背上的刻纹,觉得"虽有兽面及神人的下肢,却无戴在神人头部的羽冠,若配以此器,恰恰能组合成完整的神人兽面像(参见图70)。这一发现,使冠状器物的定名及其功能得到了充分的证实"。又因冠状饰附近"常有串饰或与玉管贯穿的玉璜。但是这些串饰的圈径明显小于正常人的头径……因而冠状器很可能就是这种已朽实体(神人像)的冠冕"。[①]1989年,林巳奈夫认为这种倒梯形玉器与河姆渡文化蝶形器有关,"是河姆渡蝶形器以来的传统","是由河姆渡(象牙雕上)背负日月的双鸟变化而来的,双鸟变成具有似人的面相的日月神"。[②]1990年,张明华根据浙江瑶山出土的一件玉冠形器在出土时有绿松石嵌贴片,下部有一串直径近手腕的珠饰的资料,并参考红山文化兽首长柄丫形器(图136)和贵州毕摩手执的银皮虎纹法器的形状(图137),将其复原成一件顶插玉冠形饰,下用象牙或优质木材制作的镶嵌有绿松石片,把端穿一可套入手腕的珠串的柄形法器[③]。1991年,黄宣佩"推测这是插于木质神座上的神像"[④]。1994年,江松结合凌家滩戴冠玉人、龙山文化玉器和三星堆商代青铜面具上的近似刻画与造型的比照,认为良渚文化"冠形器是一种鸟形的冠"[⑤]。1994年,杜金鹏推测冠形饰"应是嵌在冠顶上的饰件,更确切地说,应是冠上的徽识。它们取形于良渚文化'神徽'中神人头上的大羽冠"[⑥]。1997年,刘斌认为:"冠状饰应是作为神灵的象征物和降神巫术必须的一种法器,应当是每个具有巫师身份的人的必备之物。"刘斌从台北故宫收藏的一件附冠形饰玉质耘田器上获得启发,刘氏认为冠形饰"在使用功能上,也不应该仅局限于神冠。从饰有神徽图案的冠状饰分析,如果镶嵌于神像头顶,显然有重复之感。所以我认为冠状饰下面的镶嵌物,未必一定要做成神像样子,而很可能只是一个简单的木座"[⑦]。1999年,朱建民发现诸天文星座中,主宰疫病的星宿平面成不规则的"亚"字形,与良渚文化反山一件镂孔冠形器构图相似,朱氏认为"这件冠形器平面图形态或许来源于天秤座,即古籍记载中主宰瘟疫的'氐宿'"[⑧]。

---

　　① 牟永抗:《良渚文化玉器》前言,文物出版社等,1989年。
　　② 林巳奈夫:《中国古代遗物上所表示的"气"之图像性表现》,《中国古玉研究》,台北艺术图书公司1997年版,第187页。
　　③ 张明华:《良渚玉符试探》,《文物》1990年第12期;《良渚古玉》,台湾渡假出版社,1995年。
　　④ 黄宣佩:《良渚玉器用途之研究》,《良渚文化论坛》特刊,浙江省余杭市良渚文化博物馆,1999年。
　　⑤ 江松:《良渚文化的冠形器》,《考古》1994年第4期。
　　⑥ 杜金鹏:《说皇》,《文物》1994年第7期。
　　⑦ 刘斌:《良渚文化的冠状饰与耘田器》,《文物》1997年第7期。
　　⑧ 朱建民:《从逐疫文化现象谈良渚文化的衰落》,《南方文物》1999年第4期。

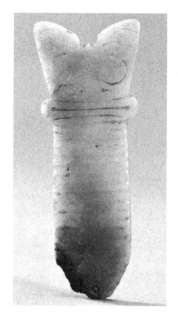 

图136　兽面纹柄形玉器　红山文化　　　　图137　银皮虎纹法器　近现代
　　　　辽宁省博物院藏　　　　　　　　　　　　　　贵州毕摩做法事用

　　观点还在出新，文章还在发表，1999年浙江海盐县横港乡周家浜遗址的一件用冠状饰镶饰的六齿象牙梳的完整出土，让这一切的一切戛然而止。神秘莫测的"冠形器"不过就是象牙梳上的一个玉质梳背。经检索相关资料，发现玉梳背的出土位置几乎都在墓主的头部。当然，这种十分贵重、精巧的梳子应该不仅仅作梳妆使用，可能还有像今天仍能见到的那种精美小巧梳子的头饰作用。有些良渚玉梳背上往往有诡谲、威严、神秘的虎面、飞鸟、神人等图案，不排除有通神的意义。笔者虽然同样没能在玉梳背完整出土前有所突破，但意外的收获还是不小的。因为考古界对反山琮王上所谓的"神徽"争议很多很大，尤其是下部的大眼兽究竟是什么动物，猪、龙、虎、鹰等有不同的意见。也就是在对玉梳背的研究中，我在反山的标本浅浮雕图案与虎图的相应器官对比中得到了可信的答案，这个大眼兽就是老虎（参见图70、71）。从而确立了"神徽"应该是上人下虎的关系。而这恰恰与晋葛洪《抱朴子》所述龙、虎、鹿三蹻说中的巫师御虎蹻相印证。

　　象牙梳有更早的出土资料，在浙江嘉兴吴家浜遗址、江苏昆山绰墩遗址的马家浜文化中都有发现（此件出土时紧贴墓主头顶），但饰有玉梳背的良渚文化象牙梳则是一种创新的形式，自此以后如晚商妇好墓的鸟纹、兽面纹玉梳、象牙梳，唐代盛行的金梳背玉梳等新形式、新质地、新工艺的引入，产生了中国特色的丰富多彩的美梳文化。

善自约束的玉带钩

　　1984 年 1 月，发掘工作已接近尾声。那天，风和日丽，但温度还是很低，干活时手脚有点僵硬。上博组织馆内各部门的专业人员来福泉山遗址参观。来的人不少，在场的考古队员要给他们介绍工作进程与一些重要发现，也要随时回答他们感兴趣的问题。我主持的 60 号良渚大墓是福泉山良渚文化仅见的双人合葬墓，随葬文物也极其精彩，出土玉石陶器多达 72 件，但因文物已清起入库，坑中空空如也，大家自然对我这里兴趣不高，寒暄几句，随便问几个问题就移步他处。既然没我的事，正好利用一点暇隙，用小铁铲和竹签仔细地将 60 号墓底的土层再翻一遍，做最后一次的检查工作。海关组的小温看到我一个人在忙碌，主动跳下坑来帮我。差不多二十分钟左右，在东侧一穴的中部，小温发觉手中的小铲碰到了硬物，我连忙赶过去改用竹签探挖。不一会儿硬物的真容显露，是一件浅黄色夹灰白点的长方体小玉器，长约 3 厘米，形状很怪，侧面像一个阿拉伯数字"6"（图 138），我们从没见过。小温高兴地差一点跳起来，自己难得来一次就发现了宝贝，急吼吼地想赶紧把它挖出来。我急忙制止，告诉她，不能动，我还要拍照，画图，测量记录下相关数据后，再要补入先前测绘的墓葬图中。小温有点纳闷，这么复杂？是的，这就是专业考古区别于民间挖宝的关键所在。

图 138　玉带钩　良渚文化　上海福泉山遗址出土

　　许多人不明白为什么同样一件文物在年代、材质、精美程度几乎一致的情况下，在专业人员眼里，其价值可以有天壤之别，有些甚至是破破烂烂的东西，反而让考古学家乐不可支。说

　　＊　本文原载自张明华：《上海历史之源——福泉山》，上海古籍出版社 2019 年版，第 63—68 页。

穿了,这是因为老百姓从地下挖到的文物是孤立的一件器物,缺乏文物所在墓葬、地层等的环境资料,而这些恰恰是研究、判断器物工艺水平、关联组合、功能性质及当时社会形态等诸多方面的重要信息。

试想,如果良渚玉戚不是靠科学发掘,没有第一手的测绘资料,怎么可能在柄体完全销蚀的情况下,将冒、镦、戚三者联系在一起得以完整复原呢?台北故宫博物院等的那些造型奇特的传世玉冒、镦,则将永远是身份不明、毫无价值的小玉器。如果没有江苏花厅遗址两串穿有琮形玉管的项链的出土,我们怎么可能果断地将其排除在玉琮之外,认定它们只是玉项链上的部件?如果考古队员没有发现江苏赵陵山遗址那件内径与人的手腕径长吻合的玉琮形器居然有套穿在手腕上的迹象,那么,这类为数不少的琮形器将一直被误认为是玉琮,并对玉琮的定名、器物学的研究带来很大困扰。拓展一下,如果秦兵马俑在秦俑坑未全面发掘之前,有人拿一具秦俑给你研究,最多在艺术、工艺方面稍有见解,但对秦俑坑呈现的秦代的兵种组合、兵阵形式、大小规模,秦兵的各种装束、手上的兵器、战车战马……几乎毫无概念。其他类似的情况还有许许多多,不胜枚举。

回过头来,我们再来看看福泉山60号墓的这件小物件究竟有何蹊跷?此器造型朴实、素面,侧面观察呈"6"字形,长3厘米,似一只宽扁的钩子,"6"字的小圆孔可以穿系绳子。用珍贵的玉材做钩子,其用途肯定非同一般,它不可能是普通的生产工具或一般的生活用具。那么墓中的位置会不会告诉我们一些有用的信息呢?我翻出已经绘就的60号墓平面图,将小玉器补入了图中,发现它恰好位于人骨架的腰部。突然,我一个激灵,腰部!钩形!它会不会是墓主生前的玉带钩呢?随葬品丰富的良渚大墓墓主在生前本来地位就很高,其带钩用玉雕琢的可能性很大。在中国带钩史上,一些有地位、身份的人,历来喜欢用金银铜玉等珍贵材料,并施以错金银、镶嵌宝石等复杂工艺制作的带钩(以后亦见僧人钩连袈裟)。我急速地思忖了一下,在我的印象里,中国最早的带钩是战国时期的,如果良渚时期出现了它的身影,会把中国的带钩史提前几千年!我有些激动,当我正准备将这一可能会产生轰动效应的消息告诉小温时,她早已带着满足感、幸福感坐在了回家的车上。三四年后,浙江反山、瑶山遗址良渚大墓出土了好几件玉带钩,虽形式上稍有变化,体形略大,但都呈宽扁的弓背长条形,背部有平有凹,有的刻琢兽面纹,从根本上坐实了福泉山的这一突破性发现。

福泉山遗址良渚大墓率先发现玉带钩,提供了中国最早的玉带钩形式,并将中国带钩史提前约2 000年,意义非凡。试想,如果没有那些考古现场资料作依托,面对这件你从未见过的"怪东西",谁敢断言它距今四千多年,并定名它是玉带钩?当你陶醉于历代形形色色、古色古香、美不胜收的带钩时,当你被当今那些功能优良、造型奇葩的现代带扣搅得眼花缭乱时,应该知道,它们都是福泉山玉带钩的子子孙孙。

虽然带钩在文物当中属于小器,但其问题还是蛮多的。江苏无锡钱裕墓出土有一件元代玉带钩,钩体扁薄弯条形,钩尖刻一莲花,钩面有一高浮雕镂空微卷的荷叶花茎,十分精美。以前人们对它的认识仅此而已。然而细心的仓库管理员徐琳(现为北京故宫博物院研究员)意外发现,同墓出土的另一件雕有鹘攫天鹅椭圆形玉花饰,无论从纹饰主题、玉材质色,到受沁程度,都与玉带钩一致,它们之间有没有什么关联呢?徐琳把两件玉器翻来覆去地仔细琢磨,终于发现椭圆形玉花饰一端有一个扁孔,孔内壁有经常摩擦出现的痕迹,她试着将带钩套入,居然一举成功。文博界类似的椭圆形玉雕花饰它处多有发现、收藏,大家一直不知道它是玉带扣的组合件,这次发现还原了它的原本身份,徐琳功不可没。可惜的是,许多人因为没有读到徐琳的论文(可悲的是有些人读到了,却熟视无睹,心不在焉),始终未在文论中、展览里予以正名。

关于带钩的使用方法,在中国古代的一些陶、木、石、铜等质地的俑身上和人物画上都有

图 139　秦俑腰际的钩带

图 140　秦俑腰间勇士形带钩插入革带的特写

体现(图139)。如著名的秦俑上仅带钩就有鱼尾形、蝌蚪形、飞鸟形、乐器形等。有一形特别罕见,系一勇士双手握一长矛,呈拼力刺杀状,矛头就是钩头,钩头外向直接插入革带的穿孔中(图140)。关于带钩的研究,目前所见,以北京的王仁湘先生最为全面深入,他的研究以出土文物为依据颇有说服力①。

中国的文人士大夫很喜欢并善于把日常比较新奇的事物予以美好的比喻和期许,甚至将其哲理性的提高。他们可以从谐音、外形诸角度,把蝙蝠喻"福",瓶喻"平安",葫芦喻"福禄"等;《礼记》甚至把玉完全人格化:"夫昔者,君子比德于玉焉……"一丝不苟地罗列了仁、知、礼、义、乐、忠、新、天、地、德、道十一项。作为人们日常用来约束衣物的服饰用具,他们同样没有疏漏。王逸注:《楚辞·离骚》:"索胡绳之纚纚"曰:"纫索胡绳,令之泽好,以善自约束,终无懈倦也。"把它引申为束而约之、约而束之、约束自己,方得自在的处世智慧。作为束带上的珍贵玉钩,当然是其中不可或缺的主角。

---

①　王仁湘:《善自约束:古代带钩与带扣》,上海古籍出版社,2012年。

从上海良渚玉器形制考察予后续文化之影响

良渚文化是长江下游地区距今四五千年的古文化遗存。由于近些年发现发掘了多处大型遗址，丰富发达的文化内涵，脱颖而出的先进性，使国内外自上世纪 80 年代中晚期开始形成了一股研究良渚文化的热流。从此，有关良渚文化的精彩文论在海内外各种刊物多有发表，良渚文化的各种学术会议连续不断，良渚文化的展览出现在海峡两岸、欧美殿堂（1989 年，上海良渚文化小型展览亦在美国大都会博物馆展出）；装帧精美、研究全面、切入准确的《良渚文化玉器》《良渚古玉》《良渚文化研究》等专著相继问世。

笔者在 1996 年《中国文物世界》良渚文化发现 60 周年纪念专论《良渚文化 60 周年纪念》一文中，曾冒昧地试将良渚文化研究与声名显赫的"敦煌学""甲骨文学"等相媲美，并预告一个"良渚学"迅将掀起[①]。想不到，2001 年 6 月浙江的有识之士终于率先扯起了大旗，我们热情地支持，并祝"浙江省国际良渚学中心"办好，为中国古代文明的研究作出举足轻重的贡献。

图 141　简化人面纹长柱形玉琮
良渚文化　上海亭林遗址出土

作者参与以"良渚学"中心的名义召开的国际学术会议，拟从良渚文化予中华文明影响力方面进行探讨。其中有些内容我在过去的文论中已有过零零星星的涉及，这次主要以典型且有特色的上海出土及相关良渚玉器的造型和纹饰的角度展开，配以图示，续源问流。当然，由于缺少文献依托，不敢妄下结论，许多只是凭形象上的直觉，试探性的归纳。其中不准确，不确定的内容肯定不少，敬请方家参考指正。

玉　琮

上海出土可称玉琮的唯金山亭林的人面纹长柱形玉琮（图 141），另一件系同型的传世品。

玉琮主要是一种内圆外方，中穿一孔，器表或

---

① 张明华：《良渚文化 60 周年纪念》，《中国文物世界》1996 年第 9 期。

有浅浮雕、线刻纹的方柱形器，也有将圆柱体、环形体、筒形体、管形体的列入其中。事实上，作为先秦文献《周礼·春官·大宗伯》上"黄琮礼地"一说的意义，琮早期是属于礼器性质的，因此，如果严格定义的玉琮，应该类似反山"琮王"的硕大厚重扁方体形和多节长柱形。其他大量地是镯、管等的饰件或粗劣的明器。泛义上的玉琮宜称琮形器。

玉琮内圆外方的形制十分怪诞，难识其祖型；用途上除"黄琮礼地"贯彻始终外，其他则极其繁复。商周时期琮还保持着一定数量，以后随着青铜等其他质地或形式礼器的崛起和盛行逐渐稀少，汉代以后罕见出土实物，传世品亦面目不清。清《皇朝礼器图式》中黄琮的造型竟变成了扁铲形。另故宫藏一件"兔耳纹玉琮"，器表有乾隆落款，形似反山"琮王"，被许多学者认定为良渚文化的遗物。但经笔者仔细辨认，无论从规格质地、纹饰组合、工艺特征上观察，它是一件人工做旧的仿古品，时代恐怕早不过宋代。据历代文献统计，"黄琮礼地"的功能代有记载。除清《皇朝礼器图式》中的扁铲形造型莫名其妙得到图样肯定外，余几乎没有改变内圆外方的基本形制。江苏涟水汉墓中的素面玉琮，形制上观察是商周遗物，但下附精致的鹰形足银器座，孔内有烟炱，上置镂孔盖，显然已作香熏之用途（图142，1—10）。

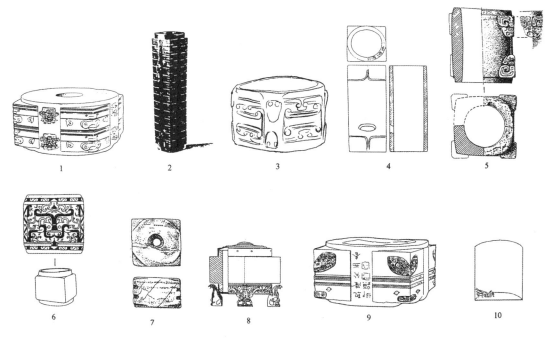

图142　1.浙江反山"琮王"（良渚文化，下同）　2.上海博物馆藏玉琮　3、4.河南妇好墓玉琮（商）
5.河南侯家庄大墓玉琮（商）　6、7.湖北曾侯乙墓玉石琮（战国）　8.江苏涟水银座玉琮（汉）
9.故宫博物院藏玉琮（清？）　10.《皇朝礼器图式》黄琮（清）

也有部分学者研究发现，玉琮在汉代时出现了衍变形式。马承源先生就认为汉代方柱形刚卯可能导源于良渚的小玉琮[1]。在器表刻上辟邪、驱病之类的文字，直接替代良渚用人兽与

① 马承源：《从刚卯到玉琮的探索》，《辽海文物学刊》1989年第1期。

天地、神、先人沟通的功能,表达了它新的使用方法。

笔者认为过去长期无人破译的司南珮、工字牌同样是玉琮的演绎的形式①。双节形的主体是源自玉琮的形义,司南珮顶部的勺体是司南与琮的形义结合,具有上通天,下通地的综合功能(图143)。

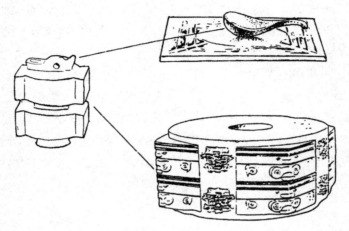

图143　司南珮由玉琮、司南勺合体演化而来示意图

玉　璧

上海的良渚玉璧出土过多件(图144),只有一件刻有徽记(参见图107、108)。

图144　玉璧　良渚文化　上海福泉山遗址

---

①　张明华:《司南珮考》,《故宫博物院院刊》2000 年第 1 期。

玉璧,扁平圆形,中穿一孔,它的祖形有三说,环形石斧,纺轮和仿天之圆形。良渚玉璧大多素面,偶见小鸟,鱼等细刻纹,以后则隐起、浮雕、透雕、出廓、连体双璧等纷繁多姿,材料上除玉质,增见了琉璃、滑石、陶、木、漆、铜等;《周礼·春官·大宗伯》:"苍璧礼天。"早期的玉璧应该是礼器,以后这一功能一直持续至清代,但究竟哪一件是苍璧,谁也拿不准。用途上由开始的单一逐渐扩大。

《山海经》有"其祠:毛用一璧瘗,糈用稌。"掘地掩埋以祭祀山川的情况多有发现。山东芝罘岛、成山出土过秦、汉代玉璧与圭等成组玉器瘗藏。历史上轰动一时的"和氏璧",在众多的记载中仅知是用宝玉刻成,"价值连(十五座)城",与以往用作礼器,任何代价不得交换的身份已有所不同。《左传》有密埋于大室之庭,使五子入拜,近璧者为王的记载。《史记》有"华榱璧珰",以璧作建筑装饰或摆饰。在汉代的玉璧上直接镂刻"宜子孙"等吉祥语,也见南越王墓被缝缀于玉衣头顶部位,徐州北洞山汉墓玉璧和用铜做成的鎏金璧被铜铆钉固定在棺椁上的现象。唐段成式:《酉阳杂俎》有"古者安平用璧","楚州刺史崔侁表献焉:……三曰谷璧,白玉也,如粟粒,无雕镂之迹,王者得之,(兆)五谷丰熟。"宋《玉海》:"祭方泽雨,圭与黄琮并用。"故宫藏清代活页式龙凤纹连环玉璧,精巧美观,摆置于皇室,明显是文房玩物。《清稗类抄》中的琮璧仍有礼天的功能。所谓"天坛之苍璧,地坛之黄琮。"今有玉璧作货币一说①,恐难服人。《管

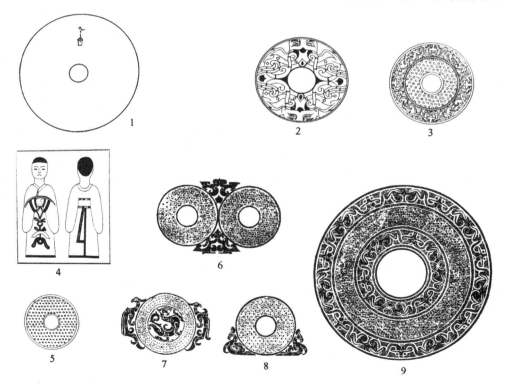

图145 1.美国弗利尔美术馆藏玉璧(良渚文化) 2.湖北荆门楚墓玉璧(战国,下同) 3.山东临淄商王村1号墓玉璧 4.河南信阳楚墓彩绘漆木俑上的玉璧 5.山东成山秦始皇祭日玉璧(秦) 6—9.广州南越王墓玉璧(西汉)

① 周世荣:《浅谈良渚文化玉璧的功能及其对中国货币文化的影响》,见南宋钱币博物馆:《良渚文化玉璧研究论文集》,1999年版,第61页。

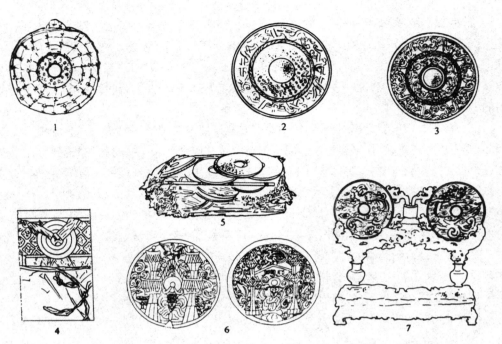

图146 1.南越王墓玉衣头顶的玉璧(西汉,下同) 2.江苏徐州北洞山墓有青铜铆钉的棺饰玉璧
3.北洞山墓装饰于棺椁上的鎏金铜璧 4.马王堆帛画上的玭瑘璧
5.马王堆墓笥中的木璧 6.四川巫山出土铜璧 7.故宫博物院藏龙凤纹连环玉璧(清)

子·国蓄》"以珠玉为上币,以黄金为中币"中的币并非今天的代物货币,而是当时礼物的泛
指。另,《玉海》记载一度因玉路的堵塞,改变原来的制度,用缩小规格,用石头(珉)、木头制造
并代替玉璧。用木头作璧,在汉代也有发现,马王堆汉墓中即有木璧、玭瑘璧出土。粗糙的一
批木璧,上有彩绘,放在竹笥中;玭瑘璧被系挂在帛画下。奇怪的是汉代是中国历史上用玉的
高峰,如此富有和地位的人不用玉璧,可能是受矿源或某种制度所限制(图145,图146)。

玉　戚

上海出土良渚玉戚多件(参见图3),与各地发现一样,都只是一件无柄无任何其他附着物
的长梯形弧刃斧。完整的玉戚,玉质艳润,精磨细琢,轻薄屠弱;柲体用玉冒、玉镦上下装饰,
有的还用米粒般大小的玉片贴出花纹。它的完整发现十分偶然。

先是1986年反山遗址发掘时,承蒙浙江同行向我展示了14号墓出土玉戚按1比1比例
放置在衬有米厘格纸画板上的戚体和米粒状玉饰片及向下延伸发现的玉镦实物,从而科学、
形象地让我们第一次领略了玉戚柲尾有玉镦及柲面有小玉片装饰的豪华形式。

上海的福泉山遗址是20世纪70年代末80年代初年发掘的,我参加了其中的几次田野工
作,也有几件玉戚发现,但由于墓中几十、几百件陶、石、玉器堆在一起,玉戚的有机质柲体早
已腐朽得无影无踪,当时没有发现什么特殊的情况。反山14号墓玉镦的发现,能否证明上海
玉戚也有玉镦?返沪后我立即将相关资料整理了一遍,发现类似的小玉件造型多有变化,从

相近的卯孔结构及出土位置分析,上海玉戚确有玉镦,而且意外地发现,在戚体上方约10厘米的位置上还规律性地有玉冒存在。经过对良渚文化考古资料的全面检索,江苏寺墩三号墓的平面图上同样发现了三为一体的现象,用虚线一连,天衣无缝!良渚玉戚豪华型冒墩完整组合就此水落石出。正当我写《良渚玉戚研究》①一文的初稿时,浙江同行来访,我和盘托出,他们回去后包括"戚王"在内竟复原了5整套(这是他们事后的告知)。

巧合的是,与良渚玉戚同时的江苏澄湖遗址古井出土了一件鱼篓形黑陶罐,其腹壁上四个陶文中有一个与甲骨文一致的、同豪华型良渚玉戚形象逼真的阴线刻画,为我们复原良渚玉戚、认识中国文字的起源提供了重要依据。

现在许多学者将其称为玉钺,我当年的论文初稿同样称玉钺,后经马承源先生提示改成玉戚。《礼记·乐记》:"干戚羽旄,谓之乐。"《礼记·祭统》:"朱干玉戚,以舞大武。"许慎《五经通义》:"以文得之,先文乐,持羽毛而舞;以武得之,先武乐,持朱干玉戚而舞。"这些文献,证明此器称玉戚妥当。有学者引夏鼐先生"先秦古书中又有钺和戚(字)"意为称钺亦有古文字依据,但先秦文献始终没有冠以玉做的钺——"玉钺"一词。结合这些文献阐述的内容和玉戚的独特组合,它应该是一种兼有权力象征的礼器。

良渚玉戚基本素面,目前仅见反山"戚王"有御虎蹻巫师和飞鸟的图案,它们代表着通天地的神灵,因此,执此玉戚的首领或王行使的是天地神灵的任务和职责。这种有冒镦组合的带柄玉戚,在以后很少发现完整器。商代山东滕县前掌大出土一件高仅7.5厘米的玉钺模型,冒镦样式稍有变异,在柄前部雕一虎纹,晚商妇好墓玉斧上琢有虎面和代表飞鸟的鸮牙(后有涉及);妇好墓青铜钺上有代表飞鸟的扉棱,噬人的双虎,山东益都苏埠屯1号墓青铜钺上是与虎相近的兽面,上海博物馆藏青铜戚上有兽面和龙纹,飞龙有代替飞鸟通天的意义(图147)。

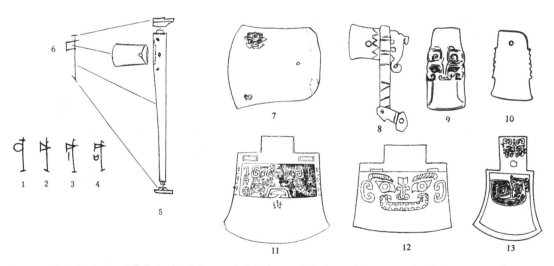

图147　1—4. 甲骨文钺、成、咸字　5. 上海福泉山玉戚冒、镦、柲分解　6. 江苏澄湖良渚水井陶罐上的玉戚形陶文　7. 反山"戚王"(良渚文化)　8. 山东前掌大玉钺(商,下同)　9—11. 妇好墓玉斧、玉戚、青铜钺　12. 山东益都苏埠屯1号墓青铜钺　13. 上海博物馆藏青铜戚

①　张明华:《良渚玉戚研究》,《考古》1989年第7期。

玉 梳 背

图148　玉梳背　良渚文化　上海福泉山遗址出土

玉梳背，原称玉冠形饰、玉冠形器等。扁薄倒梯形，素面或线刻、浅刻、镂孔兽面纹几种，下底出榫，穿2—5孔不等。上海出土多件，但都是素面形式（图148）。包括笔者在内的一大批学者，都对其进行过研究，推测它是发冠、偶像冠饰、法器等。1999年，浙江海盐周家浜良渚文化遗址出土了一件上方饰有此器的象牙梳之后，终于真相大白，它是玉质的梳背（参见图135）。不过，这种十分贵重、精巧的梳子似乎不仅仅供梳妆使用，至少像今天仍见的梳完头发之后，仍将其插发髻上当发饰用。而精致的良渚玉梳背上往往有诡谲、威严、神秘的虎面纹、飞鸟、神人等图案，不排除良渚人插头上有通神的意义。有学者认为安插的形式当如三星堆铜面具上的介字纹头饰。

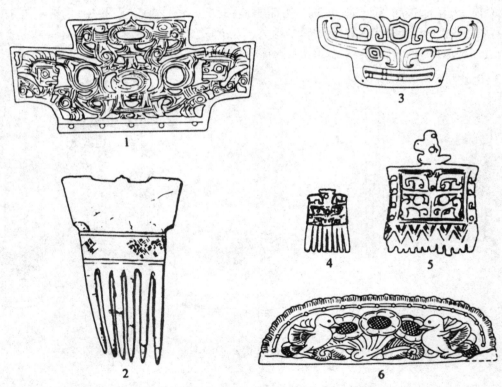

图149　1. 反山玉梳背（良渚文化）　2. 海盐周家浜象牙梳（良渚文化）
3. 三星堆铜面具（商，下同）　4. 妇好墓玉梳　5. 妇好墓象牙梳　6. 内蒙古王逆修墓玉梳背（唐）

作为梳背，良渚玉梳背是中国历史上最早的形式，以后虽不多见，但至少如晚商妇好墓的玉梳、象牙梳上的鸟纹、兽面纹演绎着良渚梳背纹饰意义。至于唐代一度盛行的梳背，造型成了弧背形，纹饰也由神秘、象征性改为鸳鸯戏水之类的喜庆吉祥性图案。两者之间有否渊源关系，不敢妄断。但至少一般功能及在梳子上的位置还是吻合的(图149)。不过有一个迹象值得重视，从商周玉器及青铜器上屡见不鲜的、意义难识的钮牙和扉轮似与良渚梳背的尖凸形有关，为我们探明其本义提供了一条线索。

锥 形 器

良渚文化锥形器的形制有大小、长短、方圆不等，器表素面或琢刻人面纹、兽面纹多种。上海出土数量不少，大多属于良渚文化中的精品(图150)。用途方面的推论很多，有发笄、巫镞、神棒、法器、砭针、祖形器等诸多说法。其中方锥形玉器与埃及方尖塔外形酷似，只是体量上悬殊，它们都缺乏祖型依据。值得注意的是，埃及方尖塔一般都成对安置于敬奉太阳神的大型神殿门前，有象征太阳神和月亮神的意义，而良渚方锥形玉器的扁化形式圭璧与太阳、月亮也有关联的记录。"圭璧五寸，以祀日月星辰"(《周礼·冬官·玉人》)。

图150　方锥形玉器　良渚文化　上海福泉山遗址出土

从形式上考量，二里头文化和商周时期一种多节形方柱体玉柄形器，与良渚方柱形锥形器接近，而且器表都分节，饰兽面纹、蝉纹、花瓣纹等。显然，二里头、妇好墓饰兽面纹的柄形器可能与良渚兽面纹方锥形器在神格上还保持一致，蝉纹花托纹则有所变化了。另，如果单从尖顶长方形观察，西周虢国墓出土的戈、圭形佩件，战国——明清玉圭等，恐怕是良渚玉方锥形器的扁化，或者更合理的解释，它们由良渚玉方锥形器虚幻、神秘功能与良渚出现并盛行的石镰的锋利实用功能的结合体(图151)。

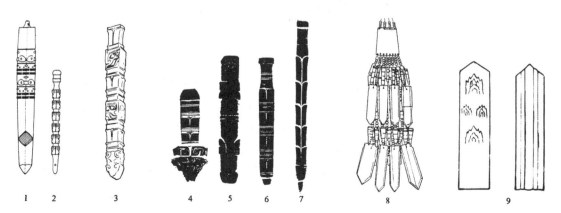

图151　1.上海福泉山人兽纹玉锥形器(良渚文化)　2.上海福泉山多节型器(良渚文化)　3.二里头遗址玉柄形器(二里头文化)　4—7.妇好墓柄形器(商)　8.虢国墓玉组珮(西周)　9.北京定陵描金山纹玉圭(明)

良渚"神徽"所演绎的人兽母题

　　良渚玉琮上的大、小眼睛,囿于其抽象无解的纹样,人们虽早已发现,但几乎无法深入研究,笔者亦觉心有余而力不足。直到1982年上海福泉山琮形玉镯的惊艳出现,引起了我的重视。发丝一样纤细的阴刻线条,神秘莫测的构图,让我摩挲于手,这是什么动物的眼睛? 是人? 是兽? 什么人? 什么兽……(参见图64、65;图152)稍后的1986年,浙江反山遗址"琮王"(M12:98)的发现,一下打开了思路。通过一系列的研究,首先确定了下面的大眼睛是虎纹。认定其为神人与虎的组合,这是从反山一件玉梳脊的单独大眼纹上找到了依据,把它与老虎五官腿爪等的直接对照下,得以确认(参见图70、71)。以后在青铜器、象牙器、玉器,特别如凸显于商周重器——青铜器上的兽面纹多有变化,添加了角等其他动物的不少元素,产生了所谓形无定势的诸兽形的综合体,一种威慑、吓唬老百姓,维护统治阶级政治利益的臆造物。但笔者认为万变不离其宗,其祖型还是老虎。这一点我们从新干大墓青铜鼎虎形耳的正视和侧视图上便能得到认同。当然,后来在铺首上、手镯上、瓦当上的种种兽面,包括近现代农村小孩鞋上的虎头,则应以辟邪为主要目的了(图153)。

图152　琮形玉镯纹饰拓片　良渚文化　上海福泉山遗址

　　自"琮王"上羽冠抚胸人像清晰表达后,把小眼睛确认为人已经无人置疑,但当我把"神徽"上的虎认作神人与天地沟通的虎"蹻",把"神徽"识作良渚巫师御虎蹻纹时,有些学者就因为上面的人不见双脚而将两者作为人首兽身的复合体理解。当时我作过解释,认为是先民在构图上突出、夸张了老虎头,使神人的双脚淹没在毛绒绒的老虎头后面。以后当我在成功地将三星堆出土跪坐铜人和虎形铜器座合二而一,复原出中国第一件神人御虎的铜器之后,才大白于天下(图154)①。原来神人在老虎身上不似后人双腿分叉倚坐的,而是双膝并拢双手

――――――――――――

　　①　张明华:《良渚兽面为虎纹的又一重要例证》,《中国文物报》1998年9月9日。

图153 1.浙江反山玉梳背上的虎纹(良渚文化) 2.江西新干大墓青铜鼎上的兽面纹(商,下同)
3.河南妇好墓兽面纹玉器 4.山东前掌大兽面纹玉器 5.广州南越王墓外椁铜铺首(西汉,下同)
6.陕西茂陵兽面纹玉器 7.陕西何家村兽面纹金铰链玉镯(唐) 8.江西新干大墓虎耳铜器(商)

图154 1.浙江反山遗址"琮王"上的"神徽"(良渚文化)
2.四川三星堆跪坐铜人、虎形器合二而一复原示意图(商)

图155 1、2.妇好墓玉人、虎复原示意图(商,下同) 3.四川三星堆上人下虎组合纹铜面具
4.茹家庄神人御虎铜饰件(西周) 5、6.河南小屯村一号墓神人御虎玉器(战国)
7.湖南砂子塘木椁上的漆绘羽人御虎图(汉代) 8.台湾民居上的风师爷陶塑(清)

抚膝跪坐在老虎背上的。这样的坐姿怎么能够看到双脚呢？当然，至今有人坚持己见，甚至仍有新说出现，我们也就不必勉强人家，学术观点本来就容许百家争鸣，求同存异的。事实上，我们只要看看绵延不断的人虎母题的纹饰与造型艺术，便会感到这一推测不会是空穴来风，而是有着绵延几千年的历史依据的。在质地上除玉、铜之外，还有漆画、陶塑等多种，表现手法上一般为具像的形式。难得一见如三星堆的铜面具采用的是高度概括的方式，用羽冠神人的面孔代表整个神人，神人面孔的下面纯粹的两只大眼睛，居然代表了一整只大老虎（图155）。不过，令人惊奇的是这种眼睛在同一祭祀坑中还出土过特大型的。一件残器的眼球竟长达 33.5 厘米，它的完整器至少要 1 米吧！一对眼睛 2 米多，这只老虎太大了。它是什么东西上的附件，上面还有没有很大的人面？四川同行能不能找出一点蛛丝马迹？我们期待着。

玉鸟及鸟纹

　　良渚文化鸟的表现形式除附饰于器物上的阴刻纹外，还有单独琢刻成器的；姿态上又分双翅平展状及侧身状两种。有趣的是以后出现的用各种材料做成的鸟的形式亦基本如此。天空是十分神秘的，旭日东升，星月闪烁，风雨雷电，晴空万里。当时的先民不了解在自己周围还有看不见摸不着的空气这一物质的存在，只看到小鸟能悬在空中飞翔，十分惊奇，便把它认作通天的使者，从此鸟在先民心中占有了特殊重要的地位，也在各种场合表达他们的敬重。在显贵、首领或王的衣冠上，在重大典庆使用的琮、璧、权杖、祭器上都能见到它们的身影，而

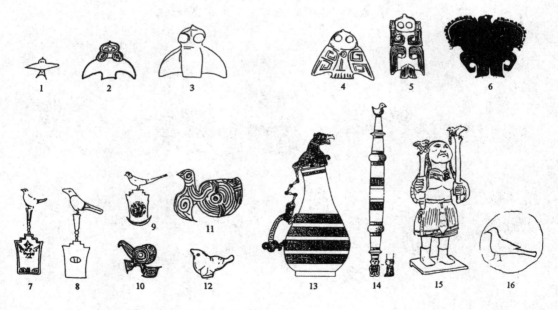

图156　1、7—9.美国弗利尔美术馆玉璧刻小鸟纹（良渚文化，下同）　2、3.浙江反山小玉鸟　4.故宫博物院玉鸟（商，下同）　5.山西灵石县小玉鸟　6.河南妇好墓小玉鸟　10.浙江瑶山玉梳背小玉鸟（良渚文化，下同）11、12.上海福泉山小玉鸟　13.山西金胜村赵卿墓鸟钮盖铜匏壶（春秋，下同）　14.江苏丹徒铜权杖小鸟冒和人形镦玉镯小鸟纹　15.美国波士顿博物馆玉鸟铜人（战国）　16.湖南马王堆帛画鸟纹（西汉）

且用材优良,做工精细,位置显著(图156)。上海福泉山玉鸟,头尾高翘,扁薄形是良渚文化中的罕见的侧身造型(参见图120)。因为埃及王徽的图形与首都博物馆玉琮(图157)、美国弗利尔美术馆玉璧上的细刻纹图符形似,鸟下的堞形又与浙江好川出土堞形玉器(图158)、安溪玉璧上的刻画(参考图109)形似,福泉山玉鸟与这些堞形组合(参见图13),可以使良渚文化研究获得了三个重要信息:一、良渚文化已经出现了王徽;二、良渚文化有立体玉质王徽的可能;三、掌握王徽玉璧、玉琮的人,应该具有良渚王的身份。

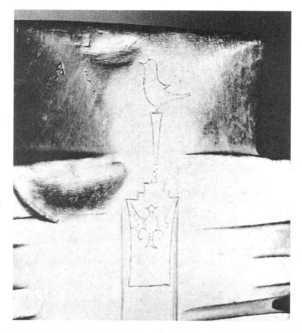

图157 1.玉琮上的鸟纹图徽 良渚文化 北京首都博物馆藏

图158 堞形玉器 良渚文化 浙江遂昌好川遗址出土

光可鉴人的圆石镜

《广雅》曰:"鉴谓之镜。"说明鉴与镜是一个意思。《说文》有:"鉴,水盆也。"甲骨文中的"鉴"字,就是一个人跪在地上对着水盆照脸的象形文字。因此,很有可能是水能照出人、物影子的原理,引发了以后形形色色的镜子。它们用铜、铁、石、陶等材料制成,铜镜盛行时,有用错金银、金银平脱、镶嵌和漆绘等特种工艺制作,近现代多用玻璃,也有塑料、有机玻璃等涂银而成。

图159　石镜　良渚文化　上海金山亭林遗址出土

上海同样出土过不少精美的古镜,其中数四五千年前的金山亭林遗址的石镜(图159)别有意义,它是上海先民使用镜子的最早物证,而且与笔者有着特殊的缘分。

1973年初,我刚由知青的身份上调到上海博物馆几个月,单位领导为了提高我们的业务水平,去金山区亭林遗址学习考古发掘。有一天,在我所在的探坑中,发现了一件用片状黑色板岩制作而成的扁平圆形石器,正面经精磨,光可鉴人,背面及周边轮廓留有原始打击遗痕;直径约20厘米。当时我并没有发现它有什么特别之处,更不会想到它会是一面镜子,只是在对出土文物作必要的清洗过程中,无意间自己的脸庞竟被清晰地映现在这片石器上时,才发现它还有照面的镜子功能。但自己毕竟初出茅庐,对这块石镜的时空概念、文物价值、历史地位一无所知。后经老同志指点,才知道出土这件石镜的地层,属于太湖地区新石器时代的良渚文化层。而良渚文化距今5200年至4000年前后,历时一千多年。出土石镜的亭林遗址良渚文化层炭化木经碳-14测定及树轮校正数据,距今4 800±130年至4 320±70年。

石镜与陶镜有专家认为都是明器,是不实用的、仅供死人随葬的东西。现在从亭林石镜实际使用的情况看就不一定了,因为只要在磨光的一面抹上清水,效果很好。陶镜怎么回事,笔者没有看到,不敢多说,但如果将良渚文化细洁光滑的黑衣陶做成光滑的镜面状,再在上面抹上清水,相信效果也不会差到哪里去。这种效果颇似乘地铁,当列车离开车站钻入黑暗的

＊　本文原载于上海市历史博物馆:《上海往事探寻》,上海书画出版社2010年版,第6—8页。

隧道的时候,可以从车窗玻璃上所看到的影像。在金属尚未发明的时候,石镜和陶镜应该是人们的日常生活用品,至于以后若汉代滑石镜等,因确无照面的功能,应该是明器。

良渚文化是我国新石器时代最发达的文化之一,从一些贵族首领或王的大墓中曾经出土过大量的玉、石、骨、牙雕饰品,结合亭林石镜的发现,说明良渚人已经十分在意仪表方面问题。由于良渚贵族首领或王多兼职巫师,他们负有频繁的通天地神祖的事务,除了头上的挂饰,面孔上还要彩色纹面,镜子的使用也是一种时尚。北方萨满教的萨满(等同巫师的职能)作法时,挂在身上的众多法器中也有托里(指铜镜),因此,不排除良渚巫师把石镜作为照妖、驱鬼的法器来使用。

在我国以后的古代墓中,除了与梳妆用具放一起的镜子,如纪年镜、记名号戳记镜、十二生肖镜、吉语神仙人物镜、花卉镜、仿古镜、神兽葡萄镜、双鱼镜、双凤镜、双龙镜、凸旋纹镜、素面镜等,生前是她们实用的器具,死后意在继续发挥镜子原始的美容功能。而放在死者胸前的镜子和悬挂在木棺前后挡板上、棺盖内侧的镜子,都取其驱鬼辟邪的功能。学者何继英在她主编的《上海明墓》[①]中对此进行过研究。她从汉代铜镜的"……刻博局,去不祥""尚方御竟大毋伤,巧工刻之成文章,左龙右虎辟不详,朱雀玄武顺阴阳"等的铭记上发现,那些博局镜、龙虎雀龟四神镜至迟在汉代已被用作驱鬼避邪的法器。上海明墓棺板上挂的相当多的就是四神镜、博局镜。对此,文献上亦不乏记载。《龙江录》:"汉宣帝有宝镜如五铢钱,能见妖魅,常见佩之。"东汉方士郭宪在《洞冥记》中说:"望蟾阁上有金镜,广四尺,元光中,波斯国献此,照见魑魅,百鬼不敢隐形。"晋葛洪《抱朴子》有载:天下万物变老后,时间一久,就会灵性和神通,它们的精魂会化成人形,祟人、迷惑人,但它们唯独不能在镜中改变真形。鬼魅都是阴暗物,见不得光,墓葬中把光亮的铜镜悬挂在棺内,让它们逃之夭夭。南宋周密《癸辛杂识》也说:"今世有大殓而用镜悬之棺盖,以照尸者,往往谓取光明破暗之意。"上海静安陕西北路清代墓葬还出土八卦玉镜(图160),器形虽小,但它的驱鬼避邪的功能不容小觑。因为玉石本来就是吉祥物,镜背的八卦纹又有强大的所谓的超自然的功能,与镜子三为一体结合,其功能之大之强,在当时人们的心眼里可想而知。另河南发现的唐代八卦纹玻璃镜[②],因玻璃在唐代被视作与玉同样珍贵的稀有品,所以其神奇程度与八卦玉镜旗鼓相当。不过国外也有魔镜夺命的传说。

1997年,法国古玩协会曾经召集巴黎各大媒体开记者会,向记者发布一

图160　八卦纹白玉镜　清代
上海静安陕西北路清墓出土

①　上海市文物管理委员会:《上海明墓》,文物出版社,2009年。
②　王辛余等:《中国古代八卦纹玻璃镜》,载《中国文物报》2003年3月3日。

个匪夷所思的警告,请古董收藏家们千万不要买一面会杀人的"魔镜"。发言人表示,在这面"魔镜"的边框上写着"路易斯·阿尔泼1743"的字样。任何人如果向这面镜子中观看,就会因脑部大出血而死。250年来它已经杀死了38个人。很多科学家相信,镜子犹如一块磁铁,具有强大的吸附能力,它能吸附有毒的蒸发物,并在其镜面日益积累。专家推测,镜子不仅能吸附有形的化学物,还能吸无形的能量。不管清洗多少次,这些"信息"是洗不掉的,镜子具有一定的记忆能力。如果条件适合,镜子可能会将以前保存下来的信息再次辐射出来,这些能量就会对人类造成严重的影响①。这个信息来源一时难以考证,镜子的质地没有交代,其可怕的杀人功能读来有些玄乎,不过也不是绝对可以否定的。如果镜面上涂的是水银,那么它就有一定的毒性,如果镜子在熔铸时使用到或接触了放射性的物质,那么让使用者、据有者受到毒害就顺理成章了。

据说固体物化的镜子,就世界文明史上出现甚早的事实证明,它应该起源于石镜。在土耳其恰塔尔休的古文化遗址的女性古墓中,出土了一些打磨平整光洁的黑曜石镜,这是迄今发现最早的真正意义上的镜子,距今8 000多年,它们的主人是远古时代的女祭司。另在埃及、伊朗、巴基斯坦等地,也有早于公元前2 000年的镜子。中国出现镜子的最早纪录过去一直认为大约距今4 000年,是黄河上游青海省贵南县尕马台和甘肃省广河县齐家坪齐家文化古墓葬中的七角星填斜线纹铜镜②。上海亭林距今4 000多年的良渚文化的石镜因为未作报道,一直不为人所知。2005年,在我给上海《新民晚报》撰稿时,本想取题《中国第一镜》,但考古工作者特有的谨慎,让我在发稿前特意在网上检索了一下,结果发现云南丽江地区竟然出土过更早的石镜,把我吓了一大跳,后怕不已。无奈之下我就写下了《上海第一镜》的文章。不过,事后我感觉丽江的发现在考古界并没有什么印象,我检索过云南相关的考古资料以后仍然一无所获。为了证实这个信息,我专门打电话请教我的老朋友——云南省博物馆馆长马文斗,结果他没听说过,我心不甘,直接打电话到丽江地区的考古部门询问。当地的一位专业工作人员肯定地说他们没有发现过那么早的石镜。我把网上查到的报道念给他听,他说发现报道中的石"镜",其实应该是石"锛",是一个错字!天晓得,一字之差,差一点把我们上海出土的"中国第一镜"降为第二镜。这是题外话,不过,在考古界,这种在学术上踏踏实实、一丝不苟的作风是必须具备的。

---

① 《魔镜250年来夺38命》,《良友》2009年10月23日引自《中国新闻网》。
② 李虎侯:《齐家文化铜镜的非破坏鉴定——快中子放射化分析法》,载《考古》1980年第4期。

香烟袅袅的陶熏炉

香熏,亦称香炉、熏炉、香筒。起源于史前,盛行于秦汉,灿烂于唐宋,绵延于明清。用石、玉、陶、瓷、铜、竹等材料制作。器形繁复,有匣形、盒形、钵形、鼎形、球形、筒形、笼形;莲花形、桃形、灵芝形;鸭形、鹤形、狮形;博山形等。香熏所用香料产于广东、广西、云南、贵州、海南、台湾等区域,不少产于境外,有枫香、白胶香、麝香、甲香、豆蔻香、詹糖香、沉香、郁金香等。香熏的使用功能分为两大块:生活中的驱除蚊蝇、芳香空气、提神醒脑,熏衣留香和意识形态的礼仪上的"熏香"、宗教上的"焚香"、坐课哲思的"香席"。由于香熏的使用者大都是皇家贵族或有地位的文人雅士,因此,呈现在人们面前的几乎件件都是精品。李贺的"深帏金鸭冷"(《兰香神女庙》),李商隐的"睡鸭香炉换夕熏"(《促漏》),温庭筠的"绣屏银鸭香蓊濛"(《生祺屏风歌》)等诗文佳句,无不透晰出人们对香熏文化的热衷与沉湎。

中国的香熏文化是十分系统、十分神奇、十分瑰丽的。然而出人意料的是,1983年在青浦福泉山上的发现,证明4 000多年前的上海人已经使用了熏炉(图161)。

图 161 竹节纹带盖灰陶熏炉 良渚文化 上海福泉山遗址出土

有报道称辽西牛河梁女神庙遗址红山文化堆积中也出土过与其时代相当的陶熏炉(图162),可惜这是一只残破的盖子(?),主体已经缺失,无法证实是否,无法相提并论。

---

* 本文原载于《中国文物报》,2009 年 9 月 2 日。

近日,上海的钱汉东先生著文,介绍了在山东城子崖遗址博物馆发现的一件直唇敛口折肩弧腹黑陶熏炉(图163),经其求证于徐苹芳、朱伯谦先生,还有山东大学的刘凤君教授等,都得到了正面的反馈意见。钱先生认为"良渚文化与龙山文化是同时期的,都是大中华的主流文化,这就更有趣了,南北呼应,相得益彰"。

图162　陶熏炉(?)　红山文化　辽西牛河梁遗址出土　　图163　陶熏炉(?)　龙山文化　山东城子崖遗址出土

考古界一般认为山东龙山文化与良渚文化时代相当,距今四五千年。然,近年的研究报道,两者的距今年代多有变化,且分期越来越细,很难判断其准确性。不过,在有些遗址中的发现,让我们足以区分出龙山文化的山东城子崖陶熏炉与良渚文化的上海福泉山陶熏炉的早晚关系。

江苏新沂花厅遗址罕见地出现了大汶口文化和良渚文化墓葬共存一址的情况,大汶口文化器物与良渚文化器物共存一墓的重要迹象①。在上海福泉山遗址良渚五期(最晚一期)的67号大墓中,也出土了典型的大汶口文化的背水壶。众所周知,大汶口文化距今公元前4 300~公元前2 500年,龙山文化是上承大汶口文化的"晚辈",良渚文化晚期尚且与龙山文化"前辈"的大汶口文化为伍,那么,可以认为上海福泉山良渚文化四期的74号墓陶熏炉肯定要早于龙山文化的山东城子崖的陶熏炉,而良渚文化的距今年代可能会适当前推。

上海青浦福泉山竹节纹带盖陶熏炉,口径9.9厘米,高11厘米。泥质灰陶,造型朴实,大口,斜直腹,矮圈足,腹部饰六周竹节纹;笠形盖上有三孔为一单元的六组十八个小圆孔。出土陶熏炉的福泉山74号大墓,一墓出土玉、石、陶器竟达171件文物,颇为惊人。其中有代表

①　南京博物院:《1987年江苏新沂花厅遗址的发掘》,《文物》1990年第2期。

当时最高权威和巫术功能的由冒、镦组合的豪华型玉戚，有珠、锥组合的十分精美珍贵的玉项链，有良渚文化中刻画最繁复、精细、保存最完好的薄壳胎黑衣陶双鼻壶(此器放在手上，轻薄如纸，上面的禽鸟、蟠螭纹抽象、神秘、线条纤若游丝，真不知良渚人是如何思想、如何刻画出来的)。考虑到其特别孱弱的质地，其最可能的用途是专门用于礼仪的置酒祭器。其他还有玉锥、玉璜、玉梳背、环及陶鼎、豆、匜、罐等一大批随葬品。当然，在规格如此高的大墓中出现陶熏炉，也是门当户对、恰如其分的。可以设想，这位生前在福泉山一带的良渚首领或王，在某一个大型、隆重的礼仪场合，在摆满猪、牛、麋鹿等牺牲，玉琮、璧等各种礼器的祭坛上，亲手点燃陶熏炉，在一片香烟缭绕之中，口中念念有词，祭祀日月星辰神仙祖宗，为上海的先民行巫祈福，该是一个多么神圣、多么生动的场面啊！可惜，炉中的香料在地下历经 4 000 多年早已朽蚀殆尽，当时人们究竟使用了什么品种的香料，今人实在难以检验查考了。

中国最早的香熏发现在上海，中间福泉山还出土过汉代的釉陶熏炉，嘉定法华塔地宫出土的元代铜熏炉等，但其间无甚特别的发现，直至明代宝山朱守城墓才以小巧玲珑、精雕细刻、纹饰高雅、文人气息浓烈的"刘阮入天台"图竹刻香熏而独树一帜(图 164)。

关于中国香熏文化的产生，刘良佑先生研究认为可能是亚洲人种的体味普遍比较清淡，而欧洲人种的体味相对比较浓烈，因而使得东、西方世界在用香的历史进程上，指向了两个不同的方向 。东方在于改善空间气味有关的香油、香饼、香丸、盘香、卧香方面取得的成果比较多；而西方世界则在于改善人体气味有关的香水、香精、精油等方面取得的成果比较多。[1]此说很有道理，不过，这恐怕是比较晚近的理解了，笔者以为香文化的起源首先应该与生产活动中的驱虫叮咬和原始宗教有关。

图 164 "刘阮入天台"竹刻香熏
明代 上海宝山顾村朱守城墓出土

人类最早的觅食活动是采集与狩猎，野外的露营、洞穴生活及十分简单的衣着，使他们被无所不在、避之不及的蚊叮虫咬搅得寝食不宁苦不堪言。也许是偶尔雷击引起的丛林大火或炊烤的烟幔，能有效驱阻蚊蝇害虫启发了他们，先民们开始有意识地在自己的栖息地堆起树枝蒿草焚烧。以后又逐渐发现一些松柏等芳香型植物，不但有更佳的驱虫效果，而且有提神醒脑的作用。在此基础上，随着时间的推延，经验的积累，用材更加细化和明确。与此同时，中国先民历来对天地十分敬重、敬畏，但当时毕竟上天无路，入地无门，不知道有何途径可以与天地沟通。他们直观地发现高山离天最近，就爬上山顶去接近上天；发现飞鸟能凭空直冲蓝天，就用木、象牙、美玉刻成鹰鸟，作为他们的助手，象征性地与上天取得联络。终于有一天，他们发现青烟轻扬，也能升上高高的天空而去，于是对烟火寄予了厚望。他们甚至在山丘

① 刘良佑：《唐代香文化概述 》，《上海文博》2005 年第 2 期。

上或平地上堆筑高坛作为祭坛,把玉帛、牺牲放在柴堆上焚烧祭天,让上升的烟火帮子民捎去敬呈上天享用的珍贵礼物,以期上天降福于人间。这种习俗演绎发展到后来,为了让先人在另一个世界中享用,直接衍生出了焚烧衣物的形式,另外还深入、细化出各种香熏文化形式。由简单的切割和研磨原材料的熏、烤,又制成为香丸、香饼,或悬吊燃用的盘香、插置点燃的粗长型棒香和细小的线香。人们在书房中、卧室内、宫殿间、祭坛前、供桌上、墓地里,选择不同的香型,提神醒脑、驱除蚊蝇、礼仪宾客,或香烟直上捎去信息、捎去供品予先人和天界。从最近的一份资料上发现,人们仅用于闻香的器具就有取火罐、香炭盒、香盒、香匙、香夹、押灰扇、探针、顶花、灰铲、香帚等多种。而所用的熏料也由开始时的一般的茅草、树枝,一般的芳香型植物,到有选择地寻觅、培植效果更佳的香料。闻香的过程则对坐姿、捧炉、鼻嗅、体会、传位等有更严格的程式要求,甚至需要即时在香笺上笔录,依灵敏的感官和丰富的想象力,用借景、赋诗诸形式,留下对香道气息的感触和心得。

很感慨,以上所有这些,似乎都源自我亲自参与清理到的上海福泉山遗址良渚大墓所出的这件貌不惊人的陶熏炉。

轻薄若纸的黑衣陶壶

　　如果蒙上你的眼睛，让你捧起这件陶壶，而事先又不告诉是用什么材料制作的，那么，我相信你一定以为这是一只漆壶或竹木等其他轻质材料制作的器皿，而决不会把它和泥土烧造的陶器联系在一起。

　　人们常常喜欢用"细如发丝"去描写某种线条的轻柔和细巧，那么这件陶壶上的刻纹只能用"细若纤丝"比较贴切，人们也喜欢用"密如蛛网"去描写某种织物和纹饰的繁密状态，那么这件陶壶上的细刻纹，必须用"密不透风"来形容；当人们传统地认为只有龙山文化的蛋壳陶才是中国古代陶艺之顶峰，那么我相信，在你目睹了这件轻薄如纸、乌黑漆亮、刻满神秘图纹的陶壶之后，也许从此而改变自己的看法(图 165)。显然，以福泉山细刻纹阔把黑衣陶壶为代表的良渚制陶工艺，是中国新石器时代当之无愧的又一杰出代表，它与早已蜚声中外的、精美绝伦的良渚古玉一起是盛开在中国原始文化百花园中的一支异常绮丽、无比耀眼的并蒂莲。

图 165　细刻纹阔把黑陶壶　良渚文化　上海福泉山遗址出土

　　福泉山细刻纹阔把黑衣陶壶，高 15 厘米，腹径 9.5 厘米，壁薄处不过 0.1 厘米。凹弧形宽

　　＊　　本文原载于《中国文物世界》总 137 期，1997 年，第 43—45 页。

流,粗颈、腹微鼓,器型饱满,矮圈足,壶背置一扁薄的阔把,壶把顶端凿两小穿孔,用于穿绳系盖(很可惜,发掘中未见器盖)。乌黑漆亮的器身上刻满精细的花纹,在繁密的曲折纹锦地中间,疏落有致地刻画了几只抽象的变体禽鸟。为增强空间感、立体感,又在每只鸟纹的周围用线条框出一个轮廓。顺着口沿和流部的边缘,再用直线勾勒装饰。流下正中还有一个所谓鸟形的图徽。

我已经记不起是哪张报纸、哪份杂志上的消息了,加拿大的一位科学家经过一番考察研究,认为古代的陶器是先民无意中留下的"录音机",人们通过特殊的技术,可以让它重新发出当年制作陶器过程中,附近发出的人声、机器声和其他的各种声音,而且说有一些人确实做过试验。在制陶工场里,分别制作两组用料、造型、工艺完全一样的陶器,一组在制作时让工人保持安静,也不让周围传入杂音,另一组则有意让人喧哗谈笑,结果,制成的陶器用电脑、激光探测,后一组的陶器上果然多了一些"蛛丝马迹"。专家们认为,这是谈笑的声波引起陶工的手指、制棒与陶器微小的振动造成的。他们乐观地认为,不久的将来,人类将能运用超微电子技术,把这些"唱片"上的声音放出来,从而津津有味地聆听古埃及陶器放出当时工匠们谈论艳后克娄巴特拉神秘的宫廷生活,有关古代尼罗河恐怖的大水灾等等的"热门话题"。那时,人们将仿佛通过神奇的"时间隧道",来到古埃及制陶作坊的隔壁,听到他们肆无忌惮的聊天……当然,依中国目前文物工作的现状,马上想听到良渚陶工的声音来,那是奢望,但精美的福泉山黑衣陶壶上由良渚人当年着意刻画下来的纹饰,图徽以及陶器的造型、制作痕迹,像无声的话语,已经向我们昭示了距今四千年左右中华大地上一个先进的良渚社会的、或明或暗、或充满诱惑力的大量信息。

这件陶壶派什么用场?一般看来,它当然是一件饮器,其流的形状也许就是以后青铜爵槽形流的祖型。此器做工精美,总不可能是平民百姓用它喝白开水的吧,它只能是重要场合使用的酒器。事实上良渚时期出现过不少酒器,如三袋足夹沙陶鬶、三支足夹沙陶盉(温酒器)、泥质陶尊、壶(斟酒器)以及小容量的直筒腹高足小陶杯(饮酒器)等等。良渚的酿酒技术和产量于此足见一斑,而且社会上饮酒成风。此壶容量一市斤左右,当时也只有米酒、果子酒之类低度酒,因此,用它喝酒不会嫌大,用它为酒量小的人斟酒入杯,因有流、有阔把也十分方便。不过将频繁使用、随时有磕碰危险的饮酒器,不惜花去大量精力,制成如此精美又十分脆弱的薄胎陶器,似又不可思议(因竹木器制作简便实用得多),这里仅仅以持有者地位高贵,挥霍无度解释欠缺说服力。结合良渚大墓中出现不少夹沙陶鼎大都外施泥质陶衣,又使用还原焰渗碳成乌黑发亮的器表细刻繁密纹,足部镂孔的现象分析,这类精雕细刻的陶器似与良渚并不实用的琮、璧等精美玉器一样,都是良渚人配套使用于重大典庆场合的礼器,否则,良渚人明明知道夹沙陶鼎是在火中使用的炊器,再在上面施以光润细洁的泥衣和渗入乌黑漆亮的碳素、刻上繁密纹(而泥衣渗碳和刻纹在火中都将毁之一炬),岂不多此一举?

陶壶的制作工艺,由于坯胎薄得出奇,肯定采用了有别于一般的技术。常识告诉我们,潮湿柔软的泥坯若一下子压延得太薄,立即会坍成一堆,不可收拾。但具体区别在什么地方,没有根据,由于器表如此光洁溜滑,制作过程中必然有一道在干胎上打磨的工序。如果这样,那么,在稍厚的器表(以不致坍塌为度),有意地增加研磨的次数和程度,对减小器壁的厚度,会有一定的作用。整个形制的完成,笔者从陶壶出土尚残破时能见的痕迹中发现,它是由流、腹、底、圈足、阔把几部分分别制作后黏合而成的,这种工序在一般制陶作坊中都被采用,没有什么特殊,然而陶壶阔把的制作工艺让人出乎意料。

一般情况下陶把的制作,剖面圆形的,均先将泥条搓成圆柱形后,弯成所需拱形,再将两头粘在陶器外壁即可;椭圆形的、扁方形的形式变化,无非是将泥条压压扁、敲敲方而已;再复杂一些的如绹纹、绞辫纹之类,也只是多搓几根泥条,乘湿时编成辫形,两头粘上便是。像这件壶上的密集、竖向的凸弦纹,按过去习惯认为,它是用篦状竹木器划成的,然而谁也想象不到,这竟是良渚陶工的绝技(图166)。

图166 细条纹阔把黑陶壶阔把特写

出土这件陶壶的大墓,正好是由笔者负责发掘的,因为在此之前,刚刚由我第一次发现、并经黄宣佩副馆长兼领队首肯了福泉山良渚大墓的墓坑痕迹,又意外地清理到了良渚文化与周邻文化交流的重大物证——唯一的一件大汶口文化背水壶,因此,此墓的发掘过程令我格外地细心,从而使现代玻璃直接叠压在随葬陶盘上的严重扰乱现象以及闻所未闻的良渚刀形墓坑,也被一一清理了出来。墓中出土了良渚文化中质地最好的器表独显玻璃光的人兽纹琮形玉镯和一批以这一细刻纹黑陶壶为代表的精美文物,让人心情振奋,但是,令人纳闷的是在这座大墓中,我们还时不时地发现了一些似铅笔芯一样又细(直径只有一毫米)又黑又规整的小泥条,十分脆弱,一碰就断,不知所以,当时忙于清理,只能用纸包了几根拿回去再说。一个偶然的机会,当我在试着拼拢这件黑陶壶的时候(出土时已成碎块),突然发现了一个奇怪的现象,阔把上的"凸弦纹"正在掉落下来,而且和墓中发现的细泥条一模一样。于是,小泥条之谜终于迎刃而解了。

陶壶器表的细刻纹分布得如此繁密,其组成线条纤细到如此浅显,这也许在中国陶器史上是空前绝后的。以其线条的宽度看,没有小号缝衣针那样的工具,不见金属工具发明的良渚人施展了什么魔法,这些神秘的图纹又喻示了什么? 这也许是我们得以探明良渚文化一些宗教形态的最直接的资料了。

陶壶上的主题纹饰很清楚是几个鸟纹,从上至下分二、三排不规则队形,都向右上方飞翔状。个体形状比较一致,上部为展开的翅膀,下部为躯体,整个鸟形简洁明了,略呈变体的抽象形式。壶体的地纹都由曲折的短直线组合而成,垂帘状,似随风摇曳的柳条,似淅淅沥沥的雨丝。这是否良渚人为凸现小鸟在空中飞翔,巧妙地以柳条、雨丝寓天空的刻意创作? 因为这恰恰是以后中国画中屡见不鲜的艺术手段。鸟喻天,陶壶既作礼器,上面刻鸟,似与通天有关。这大概和良渚玉礼器戚、琮、璧、符上刻琢通天的鸟、通地的虎并无二致。最难明白的也许是陶壶颈下的那个展翼形图案了。与大汶口陶器上的图符相比，这个图符中的"○"似乎沉到了⌒的下面，它可能是和青铜器上铭刻的那种非文字性质一样的图符或徽记。

西藏至今能见"图符"记号，锡兰1165年的石刻上也有此形，它们都示日、月；庙底沟彩陶的图案下部有三竖，有人依《山海经·大荒东经》："一日方至，一日方出，皆载于乌"，乌者"踆乌"，即三足乌，而图符恰为太阳与正面展翅鸟复合形，是载日之鸟形。因此，虽然目前有关这类刻画的说法很多，尚不统一，但原始先民崇日、月，把这类图符或徽记镌刻、绘制于玉、石、陶制的礼器上，祈求安宁的虔诚心态是十分明确的。

精彩别致的陶礼器

　　多少年来，说到古代的陶器，人们首先想到的往往是山东龙山文化的黑陶或河南仰韶文化的彩陶器，尤其以表里透黑、壁薄规整的龙山文化"蛋壳陶"著称。如果我说福泉山良渚文化黑衣陶器要比龙山文化黑陶器更轻薄、更漂亮、更有亮点，你信么？

　　1936年施昕更在浙江良渚镇发现了黑衣陶，不过因为没有今天这样的影像条件，黑到什么程度，好到什么程度，外人根本无法领略。笔者从事考古工作之初，在仓库里看到一些良渚黑陶器，主要是上海马桥遗址下层出土的资料，但黑衣陶仅见个别残件，上面有一些变体鸟纹或细网格纹。这种黑陶上的黑色有一定厚度，它是在坯胎成型后薄施一层浆水，窑烧时用还原焰渗碳而成，与龙山的表里通黑不一样，显得更加油亮瓷实。这层黑衣也给在器表上刻画精致繁复的纹样、图符、原始文字提供了有利条件。当然，真正让我见识良渚黑衣陶之精美并为之震撼的，还是福泉山遗址的发现。

　　高仅5.9厘米的歪脖带把微型三足盉，像一只回首张望的顽皮小鸭，更像传说中的太阳鸟三足乌（图167）。另一翘流扁核形绳索形环把黑衣陶三足盉，高挑垂腹，挺胸凸肚，活似一只

图167　矮足黑衣陶盉　良渚文化　上海福泉山遗址出土

图168　鸟形黑衣陶盉　良渚文化　上海福泉山遗址出土

　　＊　本文原载自张明华：《上海历史之源——福泉山》，上海古籍出版社2019年版，第79—84页。

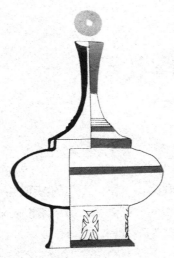

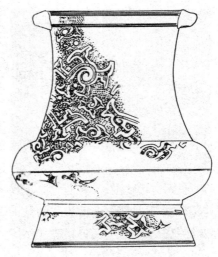

图 169 扁腹高圈足红彩黑衣陶罐
良渚文化 上海福泉山遗址出土

图 170 禽鸟纹双鼻黑衣陶壶
良渚文化 上海福泉山遗址出土

憨态可掬的小企鹅(图 168)。朱砂红绘高柄盖钮扁鼓腹圆筒高圈足罐,红黑相间端庄古朴,出奇细长的高柄盖,让人联想起古代绘画或戏曲舞台上那些宦官头上的高冠(图 169)。其中满饰细刻繁密禽鸟、蟠螭纹的扁鼓腹高颈圈足壶(图 170)、阔把矮圈足壶,以及带盖扁鼓腹扁方"T"字形足鼎等,更加精绝无比出类拔萃。

　　阔把矮圈足黑衣陶壶,器表打磨光洁,器壁轻薄如纸,黑衣铮光油亮,细刻纹密不透风,箕形翘流下刻一符号性的正视鸟纹(图 171)。放在手上,谁都不会相信这是陶器,因为实在太轻太轻了,真所谓"掂之飘忽若无"。那些几乎细过发丝的阴刻线条,我们直到现在还没搞明白良渚人是用什么样的尖利器刻画上去的。另外阔把上那些看似平常简单的细条纹,一般判断都认为先民使用了最简单的箅形工具,在阔把未干前乘湿软时压刮出来的,其实不然,原来,

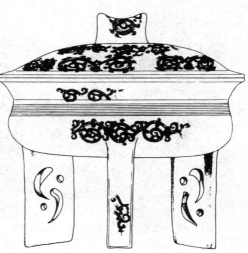

图 171 细刻纹阔把黑陶衣壶 良渚文化
上海福泉山遗址出土

图 172 细刻蟠螭纹黑衣陶鼎 良渚文化
上海福泉山遗址出土

良渚工匠在制作陶把时,先用泥坯做好阔把轻薄的底版,再将预先搓好的特细泥条整整齐齐地码在上面,乘湿时将阔把的两端粘贴在壶的腹部。唉! 没有这次发现,谁都猜想不到良渚工匠居然还有这一妙不可言的工艺怪招。

蟠螭纹镂孔足带盖陶鼎虽然修复后仍然显得支离破碎,器表原本油亮的黑衣也已大部剥落,但它是一件令人不可思议的陶器,其过于轻薄的器壁,明显有悖于夹砂炊器普遍厚重的实用特性。鼎是先民享用熟食的必备炊器,是要在高温的火焰中煨烧的。但在这件陶鼎的外表,居然与那些精美的陶器一样,也有一层黑衣,而且用细刻的蟠螭纹满满地施饰于器表,就连三个镂孔花足的足背上也不放过(图172)。要知道,这些纹饰与黑衣是碰不得火的,一经火烧便前功尽弃全部脱落。为什么? 是良渚人不懂么? 肯定不是! 一定有其特殊的用途。联系前文提到的良渚玉器中豪华型玉戚、玉璧、玉琮、玉纺轮等都不是一般的生活用品,而是祭祀天地祖先或象征权力的意识形态的礼器、瑞器,那么福泉山那些同样不是日用却精美无比的黑衣陶器,也应该是意识形态专用器皿,是良渚文化陶器中的礼器。这对认识、认定良渚文化不同质地的礼器组合、制度,判定良渚文化的社会形态提供了重要资料。

当然,良渚文化的陶器除了高超工艺外,其文化魅力也难以估量。20 世纪 60 年代初,考古工作者在上海马桥遗址出土的良渚文化黑陶杯底上率先发现了刻画文字,并在由郭沫若主编的《中国史稿》上以附图的形式予以披露①,不久后,又在各地的良渚文化陶器上陆续发现了 20 多个原始文字。上海亭林遗址黑陶罐底部的“井”字,江苏吴县澄湖良渚古井出土鱼篓形陶罐上出现的四字横排呈铭文状态的细刻原始文字(图173),给中国文字的产生提供了极为重要的实物依据②。我相信,良渚陶器,尤其是黑衣陶器,极有可能承载着甲骨文源头载体——骨、角、龟甲同样的光荣使命。

图 173　鱼篓形刻文黑衣陶罐
良渚文化　江苏澄湖水井出土

① 郭沫若主编:《中国史稿》,人民出版社,1976 年,第 107 页。
② 张明华:《良渚社会文明论》,《中国民间文化》第 14 辑,学林出版社,1994 年,第 133—154 页。

从上海良渚陶器形制考察予后续文化之影响

　　良渚文化是距今四千年左右、太湖地区的新石器时代文化。近年因江苏寺墩、上海福泉山、浙江反山、瑶山高土台大墓中一大批精美绝伦的玉器的出土，引起了世人瞩目，学术界更是围绕着良渚玉器论述、鉴赏，硕果累累。有部分学者甚至从理论高度上推出了新石器时代和青铜时代之间有一个"玉器时代"的观点。[①]

　　也许是被原始美玉炫目的晕彩所掩盖，也许是有关报告的滞后、欠缺，也许是陶器本来就难以保存，珍贵的稀少或过于集中在个别遗址而难得一窥……与良渚玉器相比，人们对良渚陶器的研究，远未达到其应有的深度和广度。

　　其实，陶器的发明曾经作为一种划时代的重器、标志物，它在良渚文化中同样有其相当精彩重要的内涵。可以毫不夸张地说，良渚陶器是中国古代陶艺巅峰的代表之一，是华夏文明诞生与否的良渚文化中的又一辉煌。对它进行全面深入的研究，意义重大。

　　"良渚文化陶器研究"早已列入笔者的选题之内，但囿于一些客观原因，目前尚欠火候。本文拟另择视角，主要以上海出土良渚陶器为主，从良渚陶器可能的后续形式中，寻觅良渚文化曾予中国历史的影响。当然，引用的良渚陶器，不可能、也不应该包含了全部类型，而只是其中的一部份典型器。它们主要是良渚人所独创的、突现性的形式，如三足盉、贯耳壶、鱼篓形陶罐、鸟形盉、尊、管流壶、熏炉等。有的源自土著的前期文化，个别或由域外文化传入，后经良渚人的改进，成了个性更加强烈的特殊形式。如侧足鼎、长流匜等。由于自己的知识面及研究水平有限，历史沧桑使良渚后续形式也不可能一脉相承、连绵不断地保存至今，空缺、跳跃也在所难免。在此，笔者只是尝试一种比较直白的研究思路。根据掌握资料的多少，实事求是、依物而言地作一番分析，不当之处敬请专家、读者指正。

　　三足盉　良渚文化中发现较多，特征强烈，夹砂质；束颈、舌形流，带盖（大多遗缺），扁球形腹，带

图174　高足灰陶盉　良渚文化
上海亭林遗址出土

---

①　牟永抗、吴汝祚：《试谈中国玉器时代——中华文明起源的探索》，《中国文物报》，1990年4月2日。

鋬,下支三足。稍有变化可分两式:一式腹略呈蛋圆形。口在前腹,鋬在背上,三足细高(图174;图175,1)。另一式口居中,鋬在腹侧,三足扁薄且矮小(图175,2)。显然,它们应该是良渚先民的温酒器。三足的高低之分,是良渚人按支烧程度不同而特意区别设计的。高足腹下空间大,薪火较旺;矮足只宜搁置炭火余烬上烘烧。

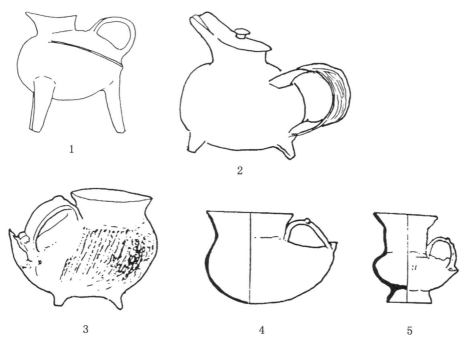

图175 1.高足灰陶盉 良渚文化 上海亭林遗址出土 2.彩绘带盖矮足黑衣陶盉
良渚文化 上海福泉山遗址出土 3、4.单柄印纹陶壶 马桥文化 上海马桥遗址出土

三足盉在以后可能的后续形式中,以分布较广的夏商的印纹陶较多,且以扁薄矮足的形式为主(图175,3)。另外还出现了一批没有三足,或下底附矮圈足的形式(图175,4、5)。令人惊讶的是同时代的青铜器中几乎不见其踪影。以后很长一段时期也无甚线索。至于唐代出现的,如陕西西安出土唐三彩象首陶杯、甘肃宁县出土的唐三彩鸭形陶角杯(细颈作鋬),以及陕西西安出土兽首玛瑙杯(双角流鋬)等,是否源于良渚三足盉,因时代相隔太久,形制差异较大,中间缺少连贯性,只能作为参考资料。

侧足鼎 侧足鼎由崧泽文化晚期出现,至良渚演变成鱼鳍形而盛极一时(图176;图177,1—3)。稍后足背渐宽,横断面成"T"字形,成为良渚文化标志物。鼎足扁薄,与底部垂直侧置,既是良渚制陶中的一种艺术

图176 扁侧足夹砂红陶鼎 良渚文化 上海博物馆藏

创造,同时也增大的鼎底空间,有利于支烧时氧气补充。这种鼎出土时器底一般都有黑色的烟炱,三足经火烧大多已呈灰红色,说明它们都是实用的炊器。稍后足背宽成"T"字形的,大多仍为实用器,但少数几件(基本上都在首领式的大墓中发现)制作工艺特别繁复精细,足部镂孔,器表全施一层细泥陶衣,用还原焰闷烧,渗碳,在乌黑锃亮的器表阴刻有纤细密布的禽鸟纹、蟠螭纹,它们应该具有与天地相通的某种巫术内容,与良渚玉器一起,同是良渚人敬神祭祖的礼器。这也许是良渚以后的商文化盛行青铜鼎作重要礼器的源头。

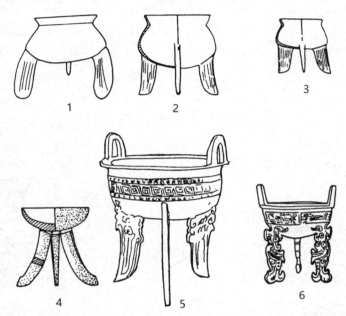

图 177　1.鱼鳍足陶鼎　良渚文化　浙江钱山漾遗址出土　2、3.扁侧足陶鼎
良渚文化　上海福泉山遗址出土　4.釉陶鼎　商　上海寺前村遗址出土
5.雷纹扁侧足青铜鼎　商　河南郑州出土　6.兽面纹扁侧足青铜鼎　商　载《商周彝器通考》

　　侧足鼎形制在商代早期遗存中有所发现,如上海亭林遗址一件釉陶鼎,它与戈形石镰、耘田器、圜凹底篮纹罐和方格纹罐、方格纹圜凹底盆、夹沙绳纹釜一起出土。足高,盘小,素面,容量极小(图177,4),应该是一般的食器。河南郑州出土雷纹扁足青铜鼎,《商周彝器通考》中兽面纹凤鸟形扁足鼎(图177,5、6)、酗亚父丁凤鸟形扁足方鼎、陕西扶风法门寺齐家村陂塘出土四鸟鳞龙纹扁侧足方鼎,都是商周时期精雕细刻的青铜礼器。《周礼·天官·亨人》:"掌共鼎镬"郑玄注:"镬所以煮肉及鱼腊之器,既熟,乃胥于鼎。"马承源先生等据此认为,"在这个意义上,商周时代的青铜鼎,多数不是直接的烹煮器。"[1]扁侧足鼎有些形制最高可达八十多厘米[2],但也有不少高仅十多厘米的[3]无法直接烧煮的小器。扁侧足鼎和圆柱、圆锥等足形的鼎,在用途上有甚区别? 扁足上分饰凤鸟、夔龙形纹饰,与拥有者的身份有无关联? 这需要大家认真探讨。

---

　　①　马承源主编:《中国青铜器》,上海古籍出版社,1988 年。
　　②③　国家文物局主编:《中国文物精华大辞典·青铜卷》,上海辞书出版社、商务印书馆(香港),1995 年,第 11、
10、28、29 页。

鼎的形制比较复杂,随着人类科学水平的不断提高,烹饪器、锅灶结构的改进,鼎在人们的日常生活中逐渐消失,其形制仅见于三足香炉之类的青铜、漆木、陶瓷器上,而良渚扁侧足的形式,除在战国铜敦上尚有遗风外,以后基本绝迹。

鸟形盉　鸟形盉是良渚文化中罕见的造型,器身若垂囊形,束颈方流,有盖,腹下有三个扁矮足,器背有一辫状环形鋬。整个造型似一立鸟,反映良渚先民是受了自然界鸟雀形象启发(图178,1;参见图168)。其用途一般认为是盛酒器,但从陶盉为夹砂胎(下底砂质尤重)考虑,它应该供烘烧用。又从器表施有泥衣并渗碳的情况看,与火相处似有矛盾,因为火会将黑衣烧落、变红。依笔者探察,下支特别低矮的三扁足,呈示了不可能放柴火旺烧,应该是置于炭火或余烬上的温酒器。这种温酒器良渚时期还有前及带鋬三足盉等。如果此说成立,那么可以认为良渚鸟形盉等,是中国历史上最早的一批温酒器了。又按今人的习惯,喝暖酒的品种一般是用粮食或水果发酵而成的水酒。白酒(烧酒)是不应当加热后饮用的。白酒的生产工艺蒸馏技术更加复杂,良渚时期制白酒的依据不足,因此,良渚时期应该盛行水酒。

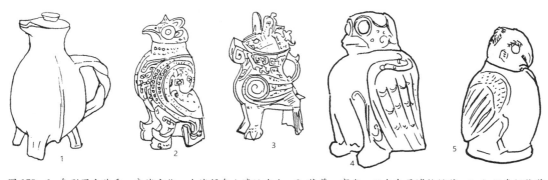

图178　1.鸟形黑衣陶盉　良渚文化　上海福泉山遗址出土　2.鸱尊　商代　日本泉屋博物馆藏　3.妇好青铜鸱尊　商　河南妇好墓出土　4.黑漆朱绘木鸱壶　战国　四川郝家坪出土　5.鸱鸮釉陶壶　西汉　河南济源出土

青铜鸱尊是酒器,全器铸成一凶猛鸟形。日本泉屋博古馆所藏的一件头似鹰,体形健壮,双翼饰龙纹,胸饰兽面纹;整个鸟头为盖(图178,2)。河南安阳殷墟妇好墓的一件,头大颈粗,兽形角,喙宽勾弯,双翼饰蟠螭旋蛇纹,前胸兽面纹,双足粗壮,垂尾支地,与双足呈鼎立状;背有鋬,整器怪奥伟奇(图178,3)。两件鸱尊都是商代晚期器。以青铜鸱尊与福泉山鸟形陶盉两相对照,轮廓上十分接近,造型上同样取材于飞鸟,但良渚陶盉是纯粹的抽象艺术,除了整体近似鸟形外,每一个部位无一写实。这也许是良渚陶器的最大特征。商代鸱尊的造型则是具象的鸟形,但细节描绘却是用陈式化、图案化、神秘化的纹饰单元填刻的。这又是商代造型艺术的时代特征。

古人对鸟有阳鸟喻天的认识,以鸟作酒器,其祭祀礼仪上的用途不应忽视。良渚鸟形盉下支三足,和商代青铜鸱尊双足与尾呈三足鼎立,笔者认为这不是一种巧合,青铜鸱尊也有温酒的用途。湖南醴陵狮形山出土之象尊、湘潭船形山出土之豕尊、衡阳出土之牛尊、陕西洋县张村出土之夔纹牺尊等四足器[①],都有温酒的功能。另外,大量的三袋足铜鬲、三足爵、三足

① 国家文物局主编:《中国文物精华大辞典·青铜卷》,上海辞书出版社、商务印书馆(香港),1995年,第11、10、28、29页。

角、四足斝,容量稍小,可能是边饮、边温功能的沿袭。以后,类似的三足温酒器逐渐消失。良渚鸟形三足盉至商代青铜鸮尊,其后续形式即基本结束,偶见如山东诸城出土战国鹰首壶、四川郝家坪一号墓出土战国黑漆朱绘木胎鸮壶、河南济源出土西汉釉陶鸥鸮壶(图178,4、5),

鸟形相似,却失去了三足留空的特征,是否因为白酒的发明和盛行而不需要加温的缘故,尚待考证。

杯 主要有方流高腹筒形杯和喇叭形足直腹杯,前者都有盖,带阔把,容量稍大,个别器壁轻薄如蛋壳;细刻繁密纤细的双体禽鸟、曲折纹和神秘符号,它们大都呈精工细作的礼器状态,而以上海果园村遗址出土的喇叭足直腹小杯为典型。造型简练,重心稳定(图179;图180,1),曾被后人以铜、金、银、漆木、玉等各种材料制作而一直沿用至今(图180,2、3)。广西博物馆藏西汉玉杯,腹稍高,器表刻勾连纹,精美无比;广东南越王墓一件青铜镶玉杯,顶上又置一盖;河南洛阳出土三个玉杯,洁白无瑕,形制与福泉山良渚陶杯如出一辙。珍稀的材质和精致的工艺,作为帝王诸侯们的酒具,正是一种身份地位的表示。

图179 灰陶小杯 良渚文化
上海果园村遗址出土

图180 1.灰陶小杯 良渚文化 上海果园村遗址出土 2.云纹高足玉杯 秦
西安市文物管理委员会藏阿房宫遗址出土 3.白玉杯 三国 洛阳曹魏墓出土(魏正始八年)

双鼻壶 亦称贯耳壶。带盖(大多遗缺),高颈、鼓腹、圈足,晚期出现假圈足。口沿两侧的竖双鼻是它的最大特点。中晚期的大墓中出土了一批器形轻薄,细刻蟠螭、禽鸟纹,并用还原焰渗碳烧制的精品,它们是良渚文化陶器中最具代表性的形制之一(图181、182)。在太湖地区古遗址中,只要出现双鼻壶,人们简直可以不加思索地判定其为良渚文化的遗存。

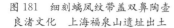

图181　细刻蟠凤纹带盖双鼻陶壶
良渚文化　上海福泉山遗址出土

图182　双鼻壶　良渚文化　上海福泉山遗址出土

　　从器形学及文化源流角度探索,双鼻壶显然是从崧泽文化的高颈鼓腹壶演变而来的。但崧泽壶的口沿两侧均未见附贯耳。福泉山遗址崧泽墓葬中(也有专家认为属良渚早期墓),曾出土过一件外形酷似良渚双鼻壶的、口沿两侧附有盲鼻耳的小陶壶,在盲鼻状附耳底下有两个横向穿透壶壁的小孔,呈现了良渚贯耳壶的祖型状态。

　　近年随着出土资料的增多,一些学者根据墓葬出土叠压的关系、文化属资料以及热释光、碳十四数据,分别排列出了双鼻壶形制由早到晚,颈部由矮而高的主要演变规律①,使双鼻壶在断代学上成为一件比较可靠的标准器。

　　双鼻壶的器形大都较小,容量十分有限,是饮酒器。及至福泉山、张陵山、草鞋山等良渚大墓中薄若蛋壳、纤纹繁密、器表黑亮的一批双鼻壶精品出土之后,使人们进一步意识到,这种费时耗工、极易破损的陶艺精品,同时是使用于敬神祭祖、重大庆典活动的礼器。良渚双鼻壶的大量出现,使我们至少获得两个信息:一、良渚时代酿酒业、饮酒风盛行,当时的粮食收获必然丰厚;二、与闻名于世的良渚玉礼器相配,良渚时代是中国首先出现陶质礼器的古文化之一。

　　《战国策·魏策一》:"昔者,帝女令仪狄作酒而美,进之禹,禹饮而甘之,遂疏仪狄,绝旨酒。曰:'后世必有酒亡其国者。'"良渚社会鼎盛期突然于太湖地区销声匿迹的千古之谜,究其原因,众说纷纭。有洪水说,有瘟疫或战争说等等②。良渚饮酒成风,是否应了夏禹的"以酒亡其国"的说法?

　　双鼻壶是良渚文化的典型器,它的造型特征曾强烈、长期地被沿用。随着用途、材料领域

　　①　黄宣佩:《论良渚文化的分期》,《上海博物馆集刊》,第6期。
　　②　俞伟超:《龙山文化与良渚文化里变的奥秘——致"纪念发掘城子崖遗址六十周年国际学术讨论会"的贺信》,《文物天地》,1992年第3期;叶文宪:《良渚文化去向蠡测》,沈德祥:《谈良渚文化的渊源和去向》,余杭县政协文史资料委员会编《良渚文化》,1987年。

的拓展，也出现了铜、漆、木、瓷等材料的产品，工艺上的改进，出现了大、小、扁、圆、细高等的器形上的种种变化，但它们双鼻、高颈、鼓腹、圈足的基本特征，仍与原始的良渚双鼻壶相似。这种悠久、惊人的延续实属罕见。

良渚的双鼻壶，一般地说，它的早晚变化除了个别外，主要在颈腹部。颈由矮而高，腹由圆弧而扁鼓。以后各历史时期的这一类壶形器，除了青铜时代有较多的数量和变化可作早晚区分外，晚近的数量较少，质地庞杂。在用途上，精美的青铜壶可能相去良渚时代稍近，与晚期的细刻纹双鼻陶壶一样，兼有酒器、礼器之用途，其他用途已见异化。有的作为文房用具，有的干脆只作摆饰把玩之物。为了便于形象，感性地观察，略举几例，以作说明。

良渚双鼻壶的典型器，我们从福泉山的几件即可大致了解其演变过程，其中细刻纹一件，是良渚双鼻壶中的最精致品之一。从器盖至圈足，全器表面密集地镌刻了蟠螭纹与变体禽鸟纹，它们是与天地有关（相通）的灵物，显然有替人与天地联系的作用，礼器的功能显而易见。

商周的青铜壶中有许多酷似良渚双鼻壶，不过器体有呈扁腹、筒腹等种，双鼻大多由良渚与口沿齐平而略有下移。有的变成盲鼻，有的盖上有耳，与壶口双耳对应（图183，1—5）。洛阳西周墓出土的一件，圆筒形，圈足内有铃，外附四蹲人作支足状，形态怪异（图183，6）。

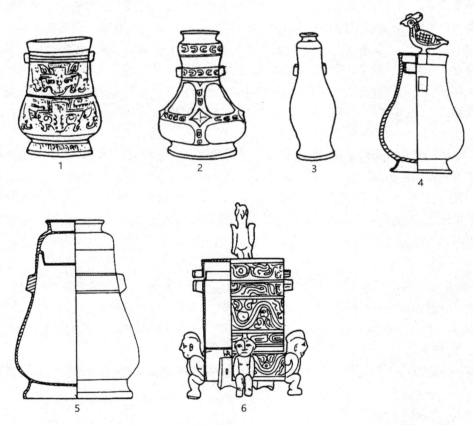

图183　1.兽面纹青铜壶　商代　上海博物馆藏　2.白鱼父青铜壶　西周　美国明尼阿波利斯博物馆藏
3.青铜壶　西周陕西西安普渡村出土　4.青铜壶　西周　山西晋侯墓出土
5.青铜壶　西周　河南洛阳出土　6.方座筒形贯耳青铜器　西周　山西晋侯墓出土

《周礼·秋官·掌客》:"壶四十。"郑玄注:"壶,酒器也。"《诗·大雅·韩奕》:"清酒百壶。"
殳季良父壶上直接有铭:"用盛旨酒。"可见壶作酒器在此时是毫无疑义的。据说当时因为酒
的品种已经很多,因此,在器形上也各有不同(当然也不排除人们在造型艺术上的刻意追求)。
由于青铜器在当时属珍贵品(矿源、冶铸、设计、雕模等,受科学、文化,人力诸多方面的约束),
因此,它们基本上是王室贵族享用的器皿,是地位的标志。古代"国之大事在祀与戎。"因而,
除方国的征伐需多量的青铜兵器外,青铜器,特别是制作精美、置酒的青铜贯耳壶也兼作礼
器。这种置酒兼礼器的双重用途,笔者以为直接导源于良渚的贯耳壶。

宋元迤后的双鼻型贯耳瓷瓶,它们的共同特点是颈细成管形。上海两件宋瓶的贯耳均在
口沿两侧(图184,1、2)。香港张宗宪先生赠苏州博物馆一件铁斑龙泉青瓷瓶,双耳别出心裁
地置于细颈两侧上下不对称的位置上(图184,3)。如上海元代水利学家,大画家任仁发家族
墓的宋官窑开片贯耳瓶,小巧的器形,在墓中与一批精致的文房小工艺品伴出,似乎证明这类
贯耳小瓷瓶已经失去了良渚、商周时作置酒容器与祭祀礼器的原来用途。它们已经衍化成为
文人雅士的文房摆设。

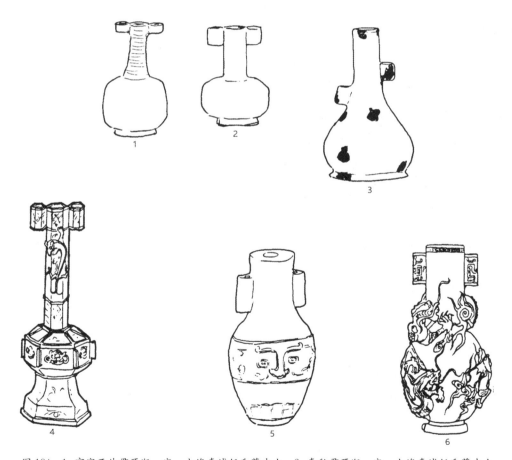

图184 1.官窑开片贯耳瓶 宋 上海青浦任氏墓出土 2.青釉贯耳瓶 宋 上海青浦任氏墓出土
3.铁斑龙泉青瓷瓶 宋 香港张宗宪藏 4.铜铸贯耳壶 明 上海博物馆藏
5.兽面纹贯耳玉瓶 清 北京故宫博物院藏 6.兽面夔龙纹贯耳玉瓶 清 北京故宫博物院藏

上海博物馆藏明代铜铸贯耳壶,形制独特,全器瘦高呈六面体,满刻缠枝花卉纹,颈凸螭龙,腹饰六面神兽,高圈足,通高48.5厘米。有说此器是作游戏的投壶(图184,4)。《礼记》郑玄注:"投壶,射之细也,射,谓燕射。"《后汉书·祭遵列传》:"对酒设乐,必雅歌投壶。"口小,要投入矢或轻纤的签条,是件不容易的事情,以投中多少决胜负。这里很有一点神秘色彩。我想,投壶的外形具有良渚古老的、曾作原始时期礼器的贯耳壶的造型并非偶然。

玉质的贯耳瓶清代制作较多。故宫博物院有藏。一件白玉瓶,腹部阳纹浅刻兽面纹,凹足,近足处有一周莲瓣。高9.7厘米(图184,5)。另一件蟠龙戏珠贯耳青玉瓶,雕刻特别繁缛,口沿下有云雷纹,贯耳上有浮雕变形兽面及双夔龙。瓶颈及腹部高浮雕踩云蟠龙三尾,戏火焰珠。高29.5厘米(图184,6)。玉器是稀有珍品,矿源难觅,制作繁难,是历代少数显贵鉴赏把玩的文物。人们特意沿习模仿良渚贯耳壶的造型,除了出于古朴好玩的猎奇心态外,也不完全排除对其原始用途中祭祀重器一面的隐约感知。

图185 鱼篓形黑衣陶罐 良渚文化 上海西漾淀古井出土

鱼篓形陶罐 基本特征为黑衣灰陶,直颈、窄肩、鼓腹、平底,肩附两个粗大的管状贯耳,多见于良渚文化的水井中。

上海一件乌黑铮亮完好无损(图185;图186,1),江苏澄湖遗址水井中一件(图186,2),因上面细刻四个小字,成为中国最早铭文而著名[1]。作为容器,有可供提吊的双系构造,当属水器无疑。不过从它们都为精烧的黑衣陶、且有意义深蕴的原始文字镌刻其上,仅仅以日常生活用汲水器认识定有欠缺。笔者不排除良渚人与水井之间存在着某种未知的巫术关系。

根据各水井中伴出陶器的类型排比,鱼篓形陶罐在良渚文化中出现的年代偏晚。浙江嘉兴雀幕桥木壁水井出土过一件。[2]与它伴出的其他陶器大都属良渚文化中黑衣漆亮,造型刻纹俱精的黑衣灰陶器。有方流筒腹阔把壶、双鼻壶、袋足鬶等七、八件之多。高颈扁腹细刻禽鸟纹双鼻壶和带鋬袋足鬶的出现,反映了这一遗存偏向良渚文化晚期。发掘报告报道,水井中的木料经北京考古所实验室测定为距今3 995±95年。值得注意的是良渚鱼篓形陶罐在山东大汶口文化中也有类似器形(图186,3—5)。曾有专家研究认为大汶口文化早期要比良渚文化早许多,良渚文化二期才与大汶口文化后期阶段晚期相当。[3]但笔者发现这两个文化出土同

① 张明华,王惠菊:《太湖地区新石器时代的陶文》,《考古》,1990年第10期。南京博物院等:《江苏吴县澄湖古井群的发掘》,《文物资料丛刊》,第9期。

② 浙江省嘉兴县博物馆展览馆:《浙江嘉兴雀幕桥发现一批黑陶》,《考古》,1974年第4期。

③ 吴汝祚:《论良渚文化和大汶口龙山文化的关系》,《东南文化》,1989年,第6期。

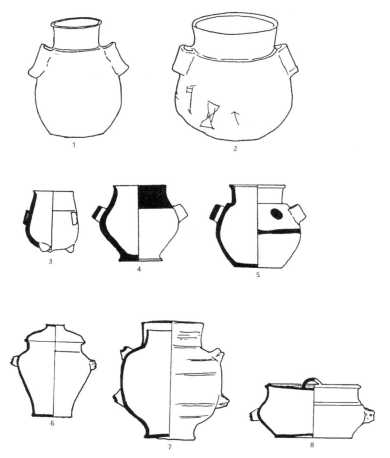

图186 1.鱼篓形黑衣陶罐 良渚文化 上海西漾淀古井出土 2.鱼篓形刻文黑衣陶罐 良渚文化 江苏澄湖水井出土 3—5.鱼篓形陶罐 大汶口文化 山东大汶口遗址出土 6—7.陶罐 龙山文化 山东临朐出土

类器不在个别:袋足鬹、贯耳壶、有段锛、玉锥形器等。结合墓葬资料观察,良渚与大汶口之间的早晚关系并非如此,特别是在时代上属于良渚最晚一期——第五期的上海福泉山遗址良渚大墓中出土了一件大汶口文化的典型器——红陶彩绘背水壶,更反映了它们之间的客观的早晚关系。当然,大汶口文化中鱼篓形陶罐发现的数量相对较多,形制变化也复杂,这也是事实,是需要认真思考的,但不管怎样,这种鱼篓形陶罐的造型,在龙山文化、二里头文化、商代文化,甚至更加晚近的文化也能见到其踪影。它们有泥质陶、印纹陶、铜、玉甚或漆木铜复合材料等制作,容积相差悬殊,用途上亦已大不相同。用稀贵的玉材精磨雕琢而成的、小巧的玉壶之类,肯定已成为人们欣赏把玩的工艺品,而纹饰繁密的青铜罍之类,当然是王室贵族享用的酒器和祭祀礼器。

山东临朐朱封龙山文化晚期墓中发现的陶罐,发掘报告称它们为黑陶罍或罐①。从大到小和容积上比较,它们似乎与良渚文化鱼篓形陶罐接近。良渚的管形双鼻,在这里变短,且大

① 中国社会科学院考古研究所山东工作队:《山东临朐朱封龙山文化墓葬》,《考古》,1990年,第7期。

多饰上简单的凹凸纹,但器身变化较大,有的口、颈大且矮,器腹最大径处于颈下的肩部,小平底,有的带钵盖,圆球腹,假圈足,腹部有四系,肩及腹下各二,有的带盖,扁腹、凹底,双系置腹最大径处(图186,6—8)。

　　河南偃师二里头遗址同样出土过鱼篓形陶罐①,高弧腹、管形双贯耳的形制与良渚几无二致,一望便知它是良渚的"后裔"。惟颈略矮,底附矮圈足,腹上增设两组弦纹(图187,1)。如果这仅仅是一种表象的,感性的推测尚不足为据,那么二里头遗址同时有良渚型多节残玉琮形器出土②,则使它与良渚鱼篓形陶罐的亲缘关系更显得可靠了。

图187　1.陶罐　二里头文化　河南偃师二里头出土　2、3.印纹陶罐　西周　江西赣鄱地区出土
4.铜镶漆木壶　西周　山西洪洞永凝堡出土　5.蟠龙纹青铜罍　春秋　河南省博物馆藏　6、8.印纹陶罐
西汉　广州华侨新村出土　7.黑陶罐□□战国　上海戚家墩遗址出土　9.四系壶　唐　扬江苏州出土

　　一九九二年,江西大洋洲新干商代大墓精品展览来沪上展出时,笔者见一灰陶双耳尊,形制、大小亦有良渚鱼篓形罐之遗风,只是敞口、折肩、圈足及几组圆圈纹使它披上了时代的外衣。相当于商代后期的江西赣鄱区第四期的印纹陶贯耳深腹罐、第六期的、相当于西周早中期的印纹陶高颈罐(图187,2、3),两者除造型稍有变异外,在焙烧火候上的窑温明显升高,质地坚硬,而且器表拍印或划有各种几何纹饰。

---

①②　中国科学院考古研究所洛阳发掘队:《河南偃师二里头遗址发掘简报》,《考古》,1965年,第5期。

　　山西洪洞永凝堡发现的包铜木质漆壶,是西周时期的一件用多种材料加工而成的杰作。管形贯耳与容器部分特征同良渚鱼篓形罐一模一样,只是木质而已,口颈部与腹径最大处又镶包以铜皮,除了装饰,显然有恰到好处的加固作用。平底下附铜质圈足,口覆子母口钵形高盖,使盛液不易挥发,保持原味。这件高仅十三厘米的精巧容器应当用于盛放美酒贵重的滋补药液(图187,4),其与良渚鱼篓形罐汲水的原始用途已有区别。

　　河南省博物馆蟠龙纹青铜罍,是春秋时期的一件珍品,虽然唇沿外翻,广肩,腹径最大处上升,但两管形贯耳仍能清晰地见到良渚鱼篓形罐的影子。《说文·缶部》:"罍,瓦器也。"《玉篇》:"罍,瓦器。"不但说明罍有陶质者,而且同时为我们推测贯耳铜罍受良渚鱼篓形陶罐影响提供了一定依据。繁华的铸纹,贵重的铜器,应是当时的酒器和礼器(图187,5)。

　　上海博物馆一件黑陶罐出土自上海金山戚家墩遗址的战国墓,矮鼓腹,贯耳略呈桥形(图187,7)。广州华侨新村西汉早期墓带盖印纹双系陶罐,出现水波纹、篦点斜线纹、弦纹。一件敛口、高颈、平底呈葫芦形,一件敛口无颈,底附圈足(图187,6、8)。虽然形制上似与良渚鱼篓形陶罐有些距离,但笔者以为两略矮的双系仍应是良渚鱼篓形陶罐管形系的衍变形式。

　　一九八○年,江苏扬州出土一件唐代长沙窑阿拉伯文四系壶,高十七厘米;正面釉下书有阿拉伯文词组,义为"真主最伟大",背有云气纹。是中国与伊斯兰文化交流的实物例证(图187,9)。直颈、平底、肩附对称的贯耳,显然有良渚鱼篓形陶罐的特征,下部另有一对贯耳,使整器有两对贯耳的形式,这在龙山文化中已有显现。

　　中国历史博物馆的宋官窑贯耳瓶和安徽省芜湖市元代范文虎墓中出土的羊脂白玉贯耳壶(亦有称尊者)。粗大的管形双系、高颈、鼓腹、极具良渚鱼篓形陶罐的遗风。精美的玉器和瓷器,已成为达官贵人们的文玩。

　　尊　良渚陶尊见之上海果园村遗址和浙江湖州花城木构窖藏①。均敞口高颈、宽肩鼓腹、圈足,容量较大,用途不明确。因形似商周青铜尊而得名。果园村一件圈足已缺损(图188),花城一件为完整器(图189,1)。后者出自木构窖藏(应该是木构水井),因此,良渚陶尊有作水器的可能。

图188　陶尊　良渚文化　上海果园村遗址出土

　　商周春秋战国时代的青铜尊都作酒器、礼器。上面有神兽、神鸟等图案。如四川三星堆出土的商代三牛三鸟纹尊(图189,2),江苏丹徒出土的春秋凫尊(图189,3),安徽南陵出土春秋龙耳尊等(图189,4)。此时也有人们作日常生活用品的质地粗糙的陶尊。

　　尊的形制延续时间特长,自良渚时代始,一直沿用到现代,不过在形制、质地、用途,甚至

---

① 　上海博物馆存档资料。隋全田:《湖州花城发现的良渚文化木构窖藏》,《浙江省文物考古所学刊》,1981年。

图189 1.陶尊 良渚文化 浙江花城遗址出土 2.三牛三鸟青铜尊 商代 四川三星堆出土
3.鸟尊 春秋 江苏丹徒出土 4.龙耳青铜尊 春秋 安徽南陵出土
5.天蓝釉出戟尊 北宋 故宫博物院藏 6.莲瓣纹和田玉盂 清代 故宫博物院藏

名称上都有悬殊的变化,这是良渚其他陶器后续形式中比较少见的情况。如河南安阳张盛墓出土的隋白釉贴花尊形器,名称为壶,颈稍长,扁球腹,外贴一周铺首,有盖,是盛酒器①。上海松江城厢出土一件五代越窑莲花尊,形制上与青铜尊相去甚远,口呈仰莲瓣形,器身通体刻画重叠莲瓣纹,下部呈二级托座。高仅16.5厘米。应当作杯使用②。有的如故宫博物院藏北宋钧窑出戟尊,高32.6厘米。插花?唾盂?用途无法确定(图189,5)。同是故宫博物院藏品的元代杨茂造剔红花卉木胎尊,高仅9.4厘米,口内缘和外壁,在黄漆地上髹朱漆约七十道,雕花卉纹三匝,精致之极,实在是一件不可多得的尊形文玩。另如明定陵出土三彩人物纹尊形瓷器,可能器形稍显细高,被称之谓花觚③。故宫博物院另一件用和阗玉琢制,口大若喇叭形,扁矮腹,颈琢莲瓣纹、万年青,颈下和腹部有勾云纹、万寿菊,既是精美的工艺品,又是皇家显贵的实用唾盂(图189,6)。

<hr />

①②③ 国家文物局主编:《中国文物精华大辞典·陶瓷卷》,上海辞书出版社、商务印书馆(香港),第226,252,404页。

匜，《左传》有"奉匜沃盥"语，《礼记》："匜，酒浆器。"早期的匜如崧泽文化所见，流部不显且小，只在一般盆、钵形器一侧微鼓凸而已。良渚文化陶匜多罐形带鋬，槽形长流而独具一格。上海福泉山一件底附圈足(图190，图191，1)，江苏澄湖出土一件平底器(图191，2)。良渚先民作成此器是用它注水洗手，还是盛放美酒，无以证实。不过以匜倒水洗手，既卫生又节省用水的优点是显而易见的。生活水平低下的氏族平民不可能如此讲究，但不排除氏族显贵们已经独享其好，或者用作神圣的礼仪之前的净手器具。

图190　陶匜　良渚文化　上海福泉山遗址出土

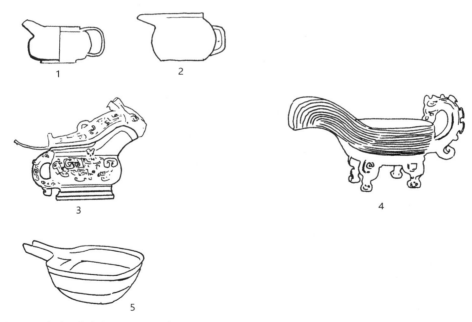

图191　1.陶匜　良渚文化　上海福泉山遗址出土　2.陶匜　良渚文化　江苏澄湖遗址出土　3.青铜觥商代后期　上海博物馆藏　4.齐侯匜　西周　上海博物馆藏　5.窦氏银匜　西汉　陕西西安青门村出土

良渚陶匜的后续形式以商周时期的青铜匜、觥为典型(图191，3、4)。近人王国维《观堂集林·说觥》一文就提出有盖作牛头形的为觥。因此，觥实为加盖的匜。觥的盖并非仅作牛头形还有羊、龙、虎、象、怪兽形多种;底附三、四足,或圈足不一。《诗·周南·卷耳》有:"我姑酌彼兕觥。"郑玄注:"罚爵也。"显然,觥是酒器,而且可能专门用于罚酒。青铜匜与觥比较除了缺盖,长流略显宽大外,制作同样精致,也有"酒浆器"的用途。由于它们都是奴隶主、贵族们享用的器皿,造型设计、纹饰内容、刻模浇铸越来繁复,随着历史发展,礼仪制度的变革,材料领域的拓展,特别是冶铁工业的腾飞,终于与整个辉煌过的青铜文化一起走向衰亡。青铜觥的形式迅速遭到淘汰,比较实用的匜也为一些银、漆木、瓷等材料制作的、形式比较简练的改良物所代替。如陕西西安青门村西汉墓出土"窦氏银匜"长流方折,平底,腹内下层及底浅刻动物纹,中层下刻铭文"容一斗七升"(图 191,5),陕西省博物馆藏唐鎏金刻花银匜等,均作酒器无疑。河北定窑一件元代影青釉印花纹匜,造型优美,飘逸自然,高仅 3.4 厘米。显然是文房用具。晚近有人用水晶、美玉等稀贵材料精雕细刻成青铜时代的匜、觥形式,多为仿古文物而少作实用。

熏炉　上海福泉山遗址曾发现过一件陶杯,描述如下:"直口,直筒形腹,圜底,矮圈足。带盖,盖上有六组三孔纹,器腹饰竹节纹。口径 9.9 厘米、通高 11.1 厘米。"(参见图 161;图 192,1)

图 192　1. 竹节纹带盖灰陶熏炉　良渚文化　上海福泉山遗址出土　2. 错金神兽纹博山炉　西汉　河北省博物馆藏　3. 鎏金竹节柄铜熏炉　西汉　陕西兴平茂陵出土　4. 镂空三兽足青釉熏炉　西晋　江苏宜兴周处墓出土　5. 越窑青瓷熏炉　北宋　浙江宁波市博物馆藏

此器盖上每孔皆穿透盖壁,既非系盖之孔(系盖孔一般在盖沿边缘,一、二孔即可,且容器口沿的相应部位也要有孔),亦非纹样装饰(良渚陶纹形式不似之前的崧泽文化镂孔加彩绘,而是习用在渗碳黑衣上用阴浅刻神秘的繁密纹)①。在器盖上穿多圆孔为的是透气,杯中盛何物需要透气?肉食?菜蔬?还是美酒?食物置杯子似乎容积上嫌小了些,盛酒,让酒味故意走漏令人不解。笔者认为此杯熏炉的可能性最大。一方面,它与以后绵延不绝、形形色色、质地各异的熏炉,在功能性结构上完全一致;另一方面,我们发现福泉山这座墓葬(T27M2)是一座随葬特别丰厚的良渚大墓。有冒、镦组合的豪华型王戚、精美的珠锥组合玉项链,以及良渚文化中刻有最细密纹的黑衣陶贯耳壶等一百六十多件文物珍品。据笔者考证,良渚社会已经进入了文明时代②。死者生前应是良渚的首领或王。

熏炉除了有驱除蚊蝇虫作用之外,也有提神醒脑、幽雅气氛的作用,在巫术盛行的年代,香烟缭绕,更让人增添了一种飘飘欲仙的满足感。封建时代的许多香料都来自境外,良渚时代与外界交往的广度不敢肯定,但香料都比较珍贵,肯定不是一般氏族平民所能享用的。如果福泉山熏炉的功能得以认可,那么,中国使用熏炉的历史可以提早一二千年。

西汉镶嵌神兽纹博山炉出自河北满城陵山中山靖王刘胜的墓中。盖上铸出高低起伏、挺拔峻峭的多层山峦,间有神兽出没,虎豹奔走,小猴蹲踞峦峰或骑在兽身上,猎人肩扛弓弩巡猎山间或正在追逐逃窜的野猪;座把透雕成三龙跃出水面状。此器虽然造型奇特,香烟从盖上山间袅袅而出,增加了不少新奇的感觉,但它的功效与良渚陶质熏炉完全一致(图192,2)。西汉竹节柄鎏金银熏炉,出自陕西茂陵东侧,铭文证实为未央宫中之物,与前者比较,基本结构只是柄体细高(图192,3)。西晋江苏宜兴周处墓出土的镂孔三兽足青釉熏炉,孔呈大三角形,球形体,顶设立鸟钮,下附托盘(图192,4)。浙江宁波市博物馆藏越窑青瓷熏炉,胎质细腻,内外施釉;花草纹镂雕出烟孔盖,炉体饰莲瓣纹(图192,5)。

良渚陶器的后续形式,如前所述,有人曾提出过质疑:"何以见得(它们)就是良渚的后续文化(形式),而不是其他的后继文化(形式)呢?"其实,这种作为一种研究思路的开拓,大可不必那样紧张。一方面,笔者列举的陶器形制,基本上是良渚文化独创的、突现的典型器,也是古代中国造型艺术中率先出现的形制,称其"祖型"没有什么不妥,因此,良渚以后只要有类似、近似的形制,首先想到良渚也未尝不可。另一方面,笔者对文中某些后续形制的讨论与认识,也不完全排除其他文化影响的可能。当然,笔者如此解释,并非强调自己的一定正确,相反,要在一条陌生的行文思路上驰骋,失当之处很难避免。不过,就此而言,我们定能发现,良渚陶器确实给中国文明产生了意想不到的深远影响。

由于各种原因,后续的现象也是各不相同的。有的昙花一现,有的若隐若现,有的持续不断。良渚三足盉至商周鸭形陶盉似可信,但后续至唐代三彩象首杯、鸭形杯、玛瑙兽首杯,就只是一种可能性。侧足鼎、鸟形盉、带流杯的后续形式,时代上延续较短,笔者认为,主要是这些器形在现实生活中逐渐失却原有的实用价值所致。如原来作为未定居原始先民随地支烧的重要炊器——陶鼎,随着灶具的发达,至商周迤后基本上被变更为轻便的锅镬所取代,其形

---

① 上海市文物保管委员会:《上海青浦福泉山良渚文化墓地》,《文物》1986年,第10期。
② 张明华:《良渚社会文明论》,《中国民间文化》,1994年,第2期,学林出版社,第133—154页。

式主要地衍化为纹饰神秘、刻工繁复、工艺精湛的权力地位象征物,祭祀天地、祖宗等的礼器——青铜鼎。以后乃至近现代,随着礼仪制度的变革,礼器品种的丰富,鼎的形式只在香炉之类上尚见一丝余容,而用途早已大相径庭。良渚侧足鼎只是良渚陶鼎中足部特殊变化的一种形式,它的完全消失也是必然的。鸟形盉,良渚初作时恐有仿生或喻天的意义,但它的造型并非人们生活中必不可少的实用器材的形制,因此,在商周有过辉煌,以后即销声匿迹。至于四川郝家坪出土战国黑漆朱绘鸮壶,河南济源西汉釉陶鸥鸮壶是否与良渚壶形有亲缘关系,因数量稀少,时隔久远,除了鸟形近似外,无法下结论。高腹带流杯,一般盛放水酒,随着白酒的发明和盛行,这种容量较大的酒器的淘汰也是十分自然的,相反,同时出现的小容量、喇叭足直腹小杯,却因造型简练、重心稳定,适宜饮用白酒的优点,被人们用金、银、玉、漆木、瓷等各种材料制作,一直沿用至今。尊的演变形式较多,由良渚原来的水器衍化为洁具(洗手)、酒(礼)器、文玩摆设。双鼻壶由良渚的酒(礼)器逐渐衍化为纯粹文玩摆设。有趣的是良渚管流盉的后裔——虎子,虽然有不少记载说及其用途同今人尚见使用的亵器——夜壶相似,但学术界却至今争论不休,在酒器、水器、亵器之间徘徊不定。至于良渚熏炉,目前还只是一家之说,如果可信,那么中国用熏炉的历史为之改写。

良渚陶器对中国历史上的影响力远不止此,良渚时代的渗碳工艺,轻薄蛋壳陶的拉坯技术,蟠螭、禽鸟、兽面纹的深蕴意义,鸟形、鳖形壶等的创意目的,随葬陶器的形式组合规律等,都是学术界亟须深入研究、进一步探明的课题。限于本文的篇幅与本人掌握的资源考虑,笔者只对比较熟悉的,良渚文化陶器中独有或特别典型的上海出土的器物,先在造型艺术上作出初步分析。笔者相信,随着良渚陶器诸多课题研究的深入开展,良渚陶器这颗古老的明珠,终将在中国文明史上重新闪发出熠熠光辉。

刻纹密布的象牙雕

1982 年 11 月 29 日，在上海市青浦县重固镇西侧的福泉山上发现了上海地区的第一座良渚文化大墓。出土的玉、石、陶器色彩斑斓，琳琅满目，总数多达 30 余件。其中鸟兽纹玉琮、兽面纹玉锥、晶莹透光的磨制玉斧、玉坠、珠环项链等都是国内罕见的文物珍品。然而，就在同一座墓葬中，一件十分重要的文物在奇珍异宝的炫光中，差一点从大家的眼皮底下溜过。

这是清理大墓的第二天，考古队员们已经完成了墓葬发掘的测绘、拍照等工作，在人骨架的腹部发现了一截呈疏松碎屑状的东西。有人说是人骨骼，有人说是四不像的枝角，也有人说似象牙，说法不一，定夺不了。可是墓葬清理既已结束，人们必须对这段"骨头"明确判断其文物与否，以最后决定保留入库，还是当场处理掉。为了防止因一时难辨而造成考古工作上的失误，笔者征得领队黄宣佩先生的同意，临时找了个铁皮畚箕，小心翼翼地用大铁锹将这段"骨头"连带泥土一起铲了起来，捧回了工地仓库。几天后，就在考古队撤离福泉山考古工地的搬运过程中，笔者似乎特别在意这件东西，径直从墙角里把它捧在自己的手上往车上搬，想不到竟然"喜从天降"。由于自然干燥的缘故，这块"骨头"与原来粘接在一起的泥土稍有分离，就在它的边缘意外地发现上面刻有繁密细小的纹饰，并不间断地向尚在泥中的底面延伸。毫无疑问，在它未被掀动的背面，一定大有文章。我不敢怠慢，立即送交博物馆修复专家清洗

图 193　兽面纹象牙器　良渚文化　上海青浦福泉山遗址

＊　本文原载自张明华：《考古上海》，上海文物出版社 2010 年版，第 131—135 页。

加固,结果发现反面竟然布满精细繁密的兽面纹(图193)。

兽面纹是动物构图比较原始的一种几何形图像,其基本结构有一双大而有神的眼睛,中间有一鼻梁,大咧口,獠牙,额顶有一对犄角。另一种形式为虎面的,无犄角有双耳,兽体躯干向两侧展开,脚下有尖锐的爪子。兽面纹在商周时期有相当大的数量,多见于青铜器,一般认为它是中原文化的产物,称饕餮纹。《吕氏春秋·先识览》有"周鼎著饕餮,有首无身,食人未咽,害及其身,以言报更也"的记载。福泉山良渚文化墓葬出土的这件象牙雕刻则为我们提供了一种出现在太湖地区的时代更早组合更原始的兽面纹形式,也是除玉石、青铜之外最早出现在其他质地——象牙上的兽面纹饰。经检索这是我国新石器时代兽面纹象牙雕刻件中的仅见之宝。

兽面纹象牙雕刻的主纹轮廓粗犷清晰,地纹纤细致密,兽面的口、眼、鼻、獠牙都是用圆、弧线、直线的几何形式组合起来的,绝无写实的风格。兽面的眼睛以正圆形作为瞳孔,以弧线及重圈构成的涡形作为眼眶,以重圈和外撇成对称的两道弯弧作为兽鼻,以两条横向的填短直线的宽带纹作为兽口的上唇,再以两组对称的同向骤交成尖角的弧线,在口内构成两副一大一小的獠牙。由于象牙表皮剥落,周围尚有不少细刻纹饰,因朽蚀而失却原来的完整形状。所以,这里的兽面纹有否双耳,有否犄角,有否锐爪,有否向两侧展开的躯干,它的下颚怎样,都不得而知。但是,不管怎样,圆瞪的双眼,明确的鼻子,尖利的獠牙,大张的方口表现的应该是一组最典型的兽面纹,显示了距今4 000多年的福泉山人的镌刻艺术,已经具有中原地区商周时代兽面纹那种突出统治地位而独具的神秘、肃穆、威严的风格,这为我们研究良渚文化的社会形态、太湖地区新石器时代文化和中原文化的相互关系提供了线索(图194)。

图194 兽面纹象牙器之特写

我国古代的象牙雕刻早在7 000年前的浙江河姆渡新石器时代遗址中已有发现,但主要是一些鸟形、盅形小器,上面大多是一些简单的雕刻直线、曲线及简单的几何图形。其中一件双凤朝阳象牙器,以近似图案化的手法,对称地刻出了两只昂首扬尾向着太阳振翅起飞的双凤。流畅的线条,生动的形象,给人以欣喜向上的感受。另一把鸟形象牙匕,将造型艺术与实用相结合,是一件不可多得的珍品。6 000多年前的马家浜文化浙江嘉兴吴家浜遗址出土过一把五齿象牙梳。距今5 000年前的山东大汶口文化中又出现了筒、梳、琮、珠、管等新形式。象牙雕筒是用整段象牙切削雕镂而成的,筒身雕出几道平行的凸弦纹,或者周身透雕有规则的花瓣纹样,一侧开裂,裂缝两边钻对称的小孔,可以穿丝结扎,可能是一些氏族首领、贵族们的佩戴饰物,或者是显示他们高人一等的与众不同的地位。一件完整的象牙梳仅16.7厘米,上面竟有16个梳齿,把部用镂孔的圆、扁条等装饰,避免了沉闷感。在时代上与之相近的崧泽文化,过去长期没有一件象牙器出土,这次发掘,终于在福泉山遗址崧泽墓葬中也发现了四件象牙手镯(图195),出土时被穿戴在人骨架的一只右手臂上,填补了这一阶段象牙雕刻工艺的空白。距今4 000年左右的新石器时代,曾经在广东的一处遗址内发现过一种喇叭形的象牙首饰,薄如蛋壳,形制简单,给人以象牙雕刻工艺走下坡路的感觉。福泉山遗址良渚大墓出土的兽面纹象牙雕刻器却使我们对良渚文化象牙雕刻的高超技术水平有了新的认识。

图195 象牙手镯 崧泽文化 上海青浦福泉山遗址

　　福泉山象牙器的边缘全已破损,现存的只是完整器上的一部分,残长25.4厘米。仅以一个兽面单位计算,长度绝不会少于30厘米,如果再有兽身或其他复合纹,它的完整个体则应更长更大。不过,就此而言,它已经是我国新石器时代体积最大纹饰最复杂的象牙雕刻器了。事实上与它一起出土的还有一段纹饰象牙,把它们拼接在一起,那么,其长度至少增加到44厘米。从其整个残留的长度、宽度、厚度观察,它似乎是一件残缺的柄形器(参见图60)。20世纪80年代中后期,笔者在研究良渚玉器的过程中,通过对浙江、江苏及上海的考古资料的归纳总结,成功地复原了良渚玉戚与冒、镦三为一体的豪华高贵结构,为其权杖的特殊功能、持有者的首领或王的地位的肯定,提供了重要的一环。考虑到兽面纹象牙残器与该墓出土的良渚文化工艺最精美的湖绿色透光玉戚和一件象牙镦靠近,因此,推测这件象牙器极有可能就是这把玉戚的象牙柄。值得庆幸的是,2010 年,就在福泉山遗址以北不远处的吴家场墓地的考古发现中,不但有了更加重大发现,而且也为这件象牙残器原来的完整形式和功能,提供了新的可能性。

这次发掘,在 207 号良渚大墓中又出土了两件象牙器。一件79 厘米,残损严重,置墓主左侧。另一件特长,97 厘米,出自墓主的右侧。片状,弓弧形,顶端斜梯状僧帽形,若玉戚的玉冒,下端榫卯结构插入椭圆形象牙镦。全器满饰繁缛的细刻纹,以及 10 组羽冠人兽纹,象牙镦上有两组鸟纹和兽面纹。硕大、精彩、繁复程度,前所未见。这是我国目前仅见的最完整、最精致、最长大、最神秘的象牙雕刻器(图 196、197)。如果判断无误,这应该是良渚首领或王的权杖。相对于冒镦组合的豪华型良渚玉戚以兵器形式呈现的权杖,是兵权、政权的象征,那么,没有实用功能且稀贵的象牙器,应该是意识形态神权的象征。象牙器上的羽冠人兽纹形象地表达了头戴羽冠的巫师,驾驭虎蹻与天地鬼神沟通的状态,那么有资格执掌这件象牙器的角色应该就是良渚的大巫师(同时是首领与王),而这件人兽纹象牙器就是当年福泉山良渚巫师与天地鬼神沟通的法器。

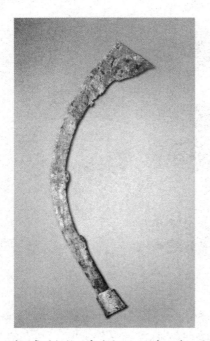 

图 196　羽冠人兽纹象牙权杖　良渚文化　福泉山遗址吴家场墓地出土　图 197　象牙权杖中段纹饰特写

兽面纹象牙雕刻是用什么工具制作的,这些工具形状如何？作为新石器文化中的一个问题,是很值得加以探讨的。只是限于出土资料欠缺,它和商周时代甲骨文刻写技术的研究一样,是个有待解答的未知数。

过去有人认为,用青铜工具直接在坚韧的甲骨上刻写,硬度似嫌不够,因而推测,是事先将甲骨置于酸性的醋液中浸软后再行刻画的。兽面纹象牙雕刻是不是浸过酸醋,当时是否已经发明了制醋技术,这里暂且不论,但从良渚文化出土大量精雕细刻的琮、锥、珮等硬度远在甲骨之上的玉石器上分析,早于青铜时代1 000多年的良渚时代,人们已经掌握了硬度超过甲骨、青铜、玉石和象牙等的刻凿工具。有资料认为,"食人鱼"的牙齿其珐琅质硬度可以达到这个要求。另外,在距今四五千年的江苏丹徒磨盘墩遗址中玉石作坊里就出土过用燧石打制的石钻和尖状器,它们的硬度足以在牙骨器上刻纹作画。

兽面纹象牙雕刻器在我国太湖地区新石器时代遗址中发现,除了其文化历史上的意义之外,对我国古生物古地貌古气候等研究也有一定的参考价值。

亚洲象是热带、亚热带气候条件下生活的一种大型哺乳动物,现在仅仅分布在亚洲南部的印度、斯里兰卡、孟加拉、缅甸、泰国、马来西亚、老挝、越南和我国云南省西南部。它们喜温暖,怕寒冷,中国大部地区第四纪时都有过这样的条件,因而广泛分布着亚洲象。然而,近六七千年来,中国气温逐渐变冷,人类活动范围扩大才促使它们分布的北界逐渐南移。这从我国大量的象化石出土资料中便可窥其一斑。

据不完全统计,我国野生亚洲象化石标本产地,目前发现已达30多处,历史记载近70处,时代自殷距今3 000多年前,一直可以追溯到距今约100万年的中、晚更新世,地域上分布在今河南阳原一线以南抵南海沿海,云南最西界一线以东至渤海、黄海、东海沿海的广大地区。上海地区的亚洲象化石标本,过去仅见于嘉定县的方泰、松江县的城厢和上海县的马桥。这次福泉山遗址崧泽象牙镯和良渚文化兽面纹象牙雕刻的出土,使上海出土亚洲象的标本增添了新的实物资料。虽然不能绝对排除由别处携入的可能,但考虑到标本所处的崧泽、良渚时期人类尚处于原始社会阶段,他们的活动范围十分有限,象牙雕刻的原料应该采自上海或上海附近地区。这一事实说明亚洲象在上海一带确曾繁衍过一个时期,因此,当时的上海及附近地区也应该是适宜亚洲象生存的雨量充沛、灌木丛生、水草丰茂的亚热带气候和地貌。

图书在版编目（CIP）数据

上海良渚文化专论 / 张明华著．-- 上海：上海三联书店，
2025.8．--（中国记忆文库 / 方立平主编）．-- ISBN 978-7-5426-
8746-3

Ⅰ. K871.134

中国国家版本馆 CIP 数据核字第 2024AM6593 号

本书由上海文化发展基金资助出版

上海良渚文化专论

著　　者 / 张明华

中国·记忆文库 主编 / 方立平

责任编辑 / 方　舟
装帧设计 / 方　舟
监　　制 / 姚　军
责任校对 / 王凌霄
校　　对 / 莲　子
统　　筹 / 7312·居鼎右图书传媒工作室

出版发行 / 上海三联书店
　　　　（200041）中国上海市静安区威海路 755 号 30 楼
邮　　箱 / sdxsanlian@sina.com
联系电话 / 编辑部 :021-22895517
　　　　　发行部 :021-22895559
印　　刷 / 上海盛通时代印刷有限公司

版　　次 / 2025 年 8 月第 1 版
印　　次 / 2025 年 8 月第 1 次印刷
开　　本 / 710mm×1000mm　1/16
字　　数 / 371 千字
印　　张 / 16.5
书　　号 / ISBN 978-7-5426-8746-3/ K·814
定　　价 / 88 .00 元

敬启读者，如发现本书有印装质量问题，请与印刷厂联系 021-37910000